庆祝中国共产党成立 100 周年

中国民航法治建设研究

车　彤　张世良　许凌洁　饶　璟
张　军　石荔菠　曾　星　◎ 编著

西南交通大学出版社
·成　都·

图书在版编目（CIP）数据

中国民航法治建设研究 / 车彤等编著. —成都：
西南交通大学出版社，2021.6
ISBN 978-7-5643-8084-7

Ⅰ. ①中… Ⅱ. ①车… Ⅲ. ①民用航空－航空法－研究－中国 Ⅳ. ①D922.296.4

中国版本图书馆 CIP 数据核字（2021）第 123255 号

Zhongguo Minhang Fazhi Jianshe Yanjiu
中国民航法治建设研究

车　彤　张世良　许凌洁　饶　璟
张　军　石荔菠　曾　星　编著

责任编辑	赵玉婷
封面设计	原谋书装
出版发行	西南交通大学出版社 （四川省成都市金牛区二环路北一段 111 号 西南交通大学创新大厦 21 楼）
发行部电话	028-87600564　028-87600533
邮政编码	610031
网　　址	http://www.xnjdcbs.com
印　　刷	成都蜀通印务有限责任公司
成品尺寸	170 mm × 230 mm
印　　张	18.5
字　　数	275 千
版　　次	2021 年 6 月第 1 版
印　　次	2021 年 6 月第 1 次
书　　号	ISBN 978-7-5643-8084-7
定　　价	88.00 元

序

当今世界正经历百年未有之大变局，我们既面临着经济文化社会发展前进道路中的挑战，也迎接着由科技革命引发的互联网革命带来的机遇。突如其来的新冠肺炎疫情既考验了国家治理体系和治理能力，也彰显了中国共产党领导和中国特色社会主义制度显著的政治优势。有着中国共产党的坚强领导，有着改革开放所积累的物质基础，有着中国传统文化精神的熏陶，全国人民团结一心，同舟共济，取得了抗击新冠肺炎疫情的战略性胜利。鹰击长空，披荆斩棘。全面建成小康社会的 2021 年即将到来，我们正翘首以待，奋力拼搏，开启全面建设社会主义现代化国家新征程。

没有共产党，就没有新中国。百年前的中国，军阀混战，民不聊生，十月革命一声炮响给我们送来了马克思主义。之后，中国共产党带领中国人民历经千辛万苦，历经万水千山，历经风吹雨打，创建了中华人民共和国。“人间正道是沧桑。”回顾近代以来我国立制、创制的艰辛历程，唯有高瞻远瞩的“领路人”、凝心聚力的“主心骨”、坚忍不拔的“革命者”——中国共产党才能带领全国人民从胜利走向胜利，实现中华民族伟大复兴的中国梦。

中国民航的发展不过百年多的时间，但最初的民航还是一个新兴的朝阳产业，当然，不仅中国如此，世界上也是如此，换句话而言，彼时的民航难以称得上是一个国家的战略支柱行业。我国民航的真正腾飞，发端于 1949 年的“两航起义”。在中国共产党的领导下，在新中国成立后，尤其是在改革开放后的四十余年，我国民航创造了世界民航发展史上的奇迹。根据中国民航局的统计，截至 2019 年末，全行业完成运输总周转量 1293 亿吨公里，继续保持自 2005 年以来世界排名第二的位置，年均增长 11%，逐年缩小与第一的差距；完成旅客运输量 6.6 亿人次、货邮运输量 753 万吨，年均分别增长 10.7%和 4.6%，境内通航城市达到 234 个。我国基本实现从航空运输大国向航空运输强国的跨越。

“没有规矩，不成方圆。”伴随着民航业的快速发展，我国民航法律法规体系经历了从无到有，从不完善到逐步完善，从照抄照搬西方发达国家民航法律法规体系到逐步形成具有中国特色的民航法律法规体系的过程。进入新时代，我国民航强国建设跨入新的征程，我国民航法治体系还需进一步完善，我们需要全方位参与新型国际民航治理体系建设，在国际民航事务中传播更多的中国声音。

“法者，治之端也。”法治是人类制度文明的发展方向，是现代国家治理的基本方式。民航法治是新时代民航强国建设的发展目标，是我国民航业实现治理能力现代化的基本方式。百年的历史昭示我们，就如同我国社会主义发展不能离开中国共产党的领导一样，我国民航的发展，包括其中民航法治的构建和完善也是离不开中国共产党的领导。总结百年沧桑，展望美好未来，我们在书中用凝练的文字讲述中国民航法治的起源、架构、内涵以及未来之发展趋势，来为建党百年献礼，来展现我们中飞院（中国民用航空飞行学院）人对于民航法治成果的提炼。

此为序。

2020 年 10 月 19 日

执笔于广汉

目 录

第一章　中国民航法治建设的历史与渊源

英国哲学家约翰·洛克在其著作《政府论》中曾指出："在一切能够接受法律支配的人类的状态中，哪里没有法律，哪里就没有自由。"[①]法律作为一种社会规范，在人类进入到阶级社会后发挥着维护统治阶级统治的定国安邦作用。法律要发挥其在国家中的重要作用，体现"法的统治"，展示其不同于依靠"人的统治"的"人治"精神，要求作为反映社会主体共同意志和根本利益的法律具有至高无上的权威，并在全社会得到有效的实施、普遍的遵守和有力的贯彻。法治作为一种先进的治国方式，要求整个国家以及社会生活均依法而治。由于长期以来受到封建社会思想的影响，中国法治建设历经磨难，可以这样说，中国法治道路从无到有，是从一片荒芜中走出来的。而民航法治作为中国法治体系的重要组成部分的更是经历了一个从无到有、从零散到系统的有较大提升的过程。在新的时期，民航法治正在发挥着其为民航强国建设保驾护航的突出作用。

第一节　中国民航法治的源起

一、世界民航的发端

探究中国民航法治的源起，必然要回溯人类民航业发展历程。民航业的发展最初发端于人们对于飞行梦的追求，例如，古希腊人为了实现飞行梦，用鸟毛制作羽翼绑在自己身上，然后从高处往下飞跃，类似于现在的伞翼飞行，而中国明朝万户飞天的故事也展示了其借助火力升空的创意，万户由此被称为"航天始祖"。到了 1783 年 11 月 21 日，法国

① 洛克：《政府论》第 1 卷，北京出版社 1990 年版，第 18 页。

人罗齐埃和达尔朗德兄弟登上了由蒙戈费尔兄弟设计制造的热气球，在巴黎上空进行了人类首次升空自由飞行，热气球的发明标志着轻于空气的航空器的诞生。1891 年，德国人李林塔尔通过改进技术制造了一架蝙蝠状的弓形翼滑翔机，并成功进行了滑翔飞行，而滑翔机的问世也标志着重于空气的航空器的诞生。当然，由于热气球和滑翔机都没有足够的动力，这些发明最多也只能用于表演或者进行一些冒险活动，以至于李林塔尔就在 1896 年 8 月 10 日一次飞行活动中与滑翔机一同坠落到了地面，不幸遇难。1903 年 12 月 17 日，美国奥维尔·莱特和威尔伯·莱特兄弟在借鉴前人的基础上，制造出内装发动机和螺旋桨的飞机“飞行者一号”，首次进行了持续的、有动力的、可操作的载人飞行，翻开了人类航空业的新篇章。

在莱特兄弟发明了这种被称为“飞行者一号”的飞机之后，世界上许多国家也开始了对于飞机的研制。在 1914 年 7 月 28 日第一次世界大战爆发前，飞机的性能已经得到了很大提高。而在第一次世界大战期间，飞机更是逐步应用到战场上，这也直接促进了飞机性能的较大改进。在第一次世界大战即将结束的 1918 年 2 月 18 日，世界上第一条定期空中航线在伦敦和巴黎之间开通，从此民航运输进入商业用途阶段。1920 年，美国在华盛顿和纽约之间开办了民用邮政航班，第二年开办了洲际白天航空邮政业务，1921 年开办了日夜航班。而在欧洲，伦敦到巴黎航线成为当时世界上最繁忙的航线。从第一次大战结束到第二次世界大战期间，许多国家开始把剩余的军用飞机改装为民用飞机，使民用航空迎来了特别的发展期，被称为民用航空史上的第一个黄金时代。在飞机改装的过程中，单翼机逐步取代了双翼机，飞机结构也逐步由木制向金属机身发展，大功率航空活塞发动机也得到广泛使用。飞机性能在不断提高的同时，飞行速度也得到前所未有的提高，从而导致飞行距离越来越长。1927 年 5 月 20 日，美国人查尔斯·林白独自驾机从纽约起飞，一直向东飞行。经过 33 小时 30 分钟的飞行，林白飞越了 5810 千米的航程，安全降落在法国巴黎附近的布尔歇机场，完成了世界上第一次不着陆的洲际飞行，向人们展示了民用航空在长途运输中所具有的无与伦比的优势。第二次世界大战期间，交战各方为了争夺制空权，更是投入巨资加紧研制新型作战飞机，各种性能的飞机得到广泛利用，甚至在某些战场上，作战飞机发挥了决定性作用。例如，1940 年 9 月 7 日，为了报复英国空军空袭德国首都柏林，希特勒命令德国空军重点进攻伦敦，对其进行大规模的狂轰滥炸，妄图使英国人屈服。但英国人并没有屈服，他们在与德国空军的激烈较量中逐渐取得了优势，并击溃了德国空军的攻势，也使得德军入侵英伦三岛的计划彻底落空。同样在中国战区，著名的“驼峰航线”作为中国和盟军一条主要的空中通道，为打击日本法西斯作出了重要贡献。与第一次世界大战一样，经过战争洗礼，通过战争的推动，飞机的制造水平已经有了大幅度提升，特别是在战争期间喷气式飞机的发明为战后民航业的发展创造了更加有利的条件。

第二次世界大战后，民用航空在军用航空技术的推动下得到更大的发展，战时应用在军用航空中的先进技术也开始更多地向民用航空倾斜，民用航空进入快速发展的新阶段。尤其以英国的“彗星”喷气式客机的投入使用为标志，正式宣告了民用航空进入到喷气式时代。从此以后，民航运输不再局限于为少数富人以及政府官员服务，逐渐演变成一种公共运输工具。

莱特兄弟发明飞机后的一百多年以来，民用航空有了飞速发展，仅从全球航空公司机队规模来看，低成本的扩张和新飞机的技术革新逐渐成为令人瞩目的焦点。国际航空运输协会数据显示，全球航空公司的机队规模在 2019 年已经达到 2.9 万架①。

二、中国民航的诞生

（一）中国航空业的产生和影响

自古以来，中国人民便有飞向高空的梦想，嫦娥奔月、羽人飞车等丰富的民间神话至今仍是家喻户晓，而在美国莱特兄弟第一次驾驶“飞行者一号”实现载人飞行之后的第六年，即 1909 年 9 月 21 日，旅美华侨青年冯如也驾驶自己设计制造的飞机在奥克兰附近一个圆形山丘派得

① 民航资源网，http：//news.carnoc.com/list/519/519555.html，2020 年 1 月 9 日。

蒙特山旁进行了第一次试飞，取得了飞行高度 4.6 米和飞行距离约 805 米的成绩，其飞行距离远远超过莱特兄弟的“飞行者一号”第一次试飞时创造的 36.5 米的飞行距离。冯如的飞行实践赢得了当地新闻媒体的关注，两天后的美国《旧金山观察者报》就在头版显著位置，刊登了《东方的莱特在飞翔，自制的双翼飞机》的新闻，在报道中提到“天才的中国人冯如自己制造飞机，并且装上自制的发动机进行试飞”的经过。而早年旅居美国的余焜和也在 1910 年初制作完成并成功试飞我国第一艘小型飞艇。与此同时，出生于美国旧金山的广东人谭根在当地华侨资助下自行设计并制造出一架船身式水上飞机参加万国飞机制造比赛大会并获奖，他被誉为“我国水上飞机设计制造第一人”。

清末民初，随着冯如等人对于飞机的研制和试飞，无论是穷途末路的清政府，还是刚刚成立的民国政府都开始越来越重视引进和发展航空业。例如，1905 年，湖广总督张之洞受到当时航空思想的启发，就从日本引进购买两只应用在军事上的山田式侦察气球；1909 年，清朝摄政王载沣还曾接受当时的军事最高参谋机构军谘府提议,大力兴办军事航空，并组织留学海外人员学习航空制造与驾驶技术，官费资助留英学生厉汝燕进入英国布里斯托尔飞行学校学习，其毕业后经英国皇家航空俱乐部考试合格，取得飞行员执照；1910 年 8 月，当时的军谘府还拨款在北京南苑开办飞机修造厂试制飞机，并利用南苑庑店的毅军操场修建供飞机起降的简易跑道，自此，南苑驻军的操场成为我国历史上第一个机场。与此同时，从日本留学回国的刘佐成、李宝焌受清政府委托也在南苑建立厂棚，组建飞行器研究所，研究制造飞机和气球，并于次年 4 月制造了一架飞机，刘佐成和李宝焌被公认为在国内建立航空工厂并制造飞机的先驱。1911 年 4 月 6 日，被清政府选派到法国留学学习飞机驾驶技术的秦国镛带回一架法国生产的高德隆型号单座教练机，他在北京南苑起飞，绕场飞行 3 圈后平安落地。这是中国人在自己领空上的首次驾机飞行。此后在 1913 年，秦国镛创建了国内第一所航空学校并亲自担任校长，这所航空学校开办了 15 年之久，先后毕业了 4 期 157 名学员，加上少数尚未毕业而被各地提前聘用的飞行员，总计达到 160 多人，这些飞行学员成为各地航空队伍建设的骨干，在 1928 年以后，他们中的绝大部分人员又成为南京国民政府初期创立空军的中坚力量。而在民国时期，发展航空事业的步子也没有停止，袁世凯就任中华民国临时大总统后，继续支持秦国镛创办的南苑航校并加以充实完善，当时南苑航校的学生选拔、学制标准、教员聘任、教学训练以及教练机和航空器材的配置都是较为严格和正规的。此外，由潘世忠设计、制造并驾驶的飞机于 1913 年 10 月在南苑机场试飞成功，成为中国人自己制造飞机成功最早的记录。此前的 1913 年 1 月 14 日，北洋政府还向法国高德隆飞机公司订购了 12 架训练机，成为有史以来第一次大规模购机的开始，即便是在袁世凯病死后，黎元洪担任中华民国临时大总统期间也十分重视发展航空，甚至还在 1917 年初资助美国女飞行家凯瑟林·史汀生在上海的飞行表演。

航空业的发展除了飞机性能技术的提高以外，还必须有相应的管理机构。为此，在民国初期就明确有关航空训练及飞机调度等相关事务均由军方的参谋本部负责，直属大总统，1916 年并入军事部，改名为参谋署。到了 1919 年 3 月，当时的交通部专门成立航空事宜筹备处，将由军方管理的航空事务改由交通部管辖，同年 10 月，又在国务院下面单独设立航空事务处，专门负责全国航空一切行政事务。这样就形成了两套航空管理机构，二者之间常常因为职权问题发生争执，这种局面直到 1920 年 8 月，北洋政府决定撤销航空事宜筹备处，并将其并入航空事务处才得以结束。此后又于 1921 年 2 月将航空事务处升格为航空署，直属军政部。

航空业发展初期，不仅是国家政府高度重视，地方各级也重视引进设备和发展航空。1920 年 8 月，直系军阀曹锟、吴佩孚就与奉系军阀张作霖组成联军会师北京，奉系军队将南苑航校的全部飞机以及重要机器设备运往沈阳，而直系军队也将在南口工厂的教练机抢运到保定，作为两派各自日后建立航空队的物质基础。随后奉系军阀成立东三省航空处，直系军阀成立直鲁豫航空处，在两次直系和奉系战争中，双方都将刚刚组建的航空队投入战斗。不仅是直系和奉系军阀如此重视发展航空，从 1920 年 7 月到 1926 年 12 月，云南、山东、江苏、浙江、山西等地军阀也开始重视发展航空，成立航空管理机构，组建各自的航空队。1922 年 5 月，云南军阀唐继尧组建航空处，又于次年 4 月设立云南航空学校；1925 年 8 月，山东组建飞行队，并与东北航空处合并；1923 年 8 月，江苏成立陆军航空队；1924 年 2 月，浙江航空队在杭州笕桥成立，次年 8 月改称浙江省陆军航空队；1925 年 12 月，山西成立航空兵团，并于次年 5 月改建为山西航空队，到了年底，山西还成立航空预备学校。

从上述有关我国航空业的发展历程不难看出，初期的航空业发展更多的是应用于军事领域，而这种伴随着军事应用发展航空事业的理念与孙中山先生倡导并实践的"航空救国"思想有着密切联系。1911 年辛亥革命前，孙中山先生为达到外御侵略、内除军阀、统一中国的目的，曾经游历英、法、美、日等国，广泛宣传国民革命，努力筹措资金，组织革命力量。他在游历各国的过程中目睹西方飞机发明、发展及其应用，从而敏锐地认识到飞机在未来应用于军事作战及国家建设的重要性，为此，他大力倡导航空救国。要实现航空救国，孙中山先生认为航空人才极为重要，实乃不可或缺。他对于旅美华侨青年冯如尤为爱惜，当冯如在奥克兰进行表演时，孙中山先生就亲临现场进行观看，称赞道"我们中国有杰出的人才"，而在 1912 年 8 月 25 日，冯如自驾自制飞机飞行失事后，孙中山先生就下令褒扬冯如开创中国航空业的巨大贡献，批准"从优照少将阵亡例给恤，并将事实宣付国史馆"。此后冯如被安葬在广州黄花岗烈士墓左侧。同时，为了表彰和鼓励旅美青年杨仙逸自行设计和制造飞机，1923 年 7 月，在广州大沙头机场的飞机试飞仪式上，孙中山先生题写"航空救国"，并亲笔书写"志在冲天"的横幅赠送给杨仙逸。孙中山先生不仅重视航空人才的培养，也非常注重规划航空事业的发展以及研制飞机，他在 1921 年曾经致函廖仲恺，提出了包括航空港建设、飞机制造、人才培养、空军建设等详细国防发展计划，并支持筹办飞机学校，创办广东飞机修理厂和制造厂等。当然，孙中山先生所提倡的"航空救国"思想在当时内忧外患的历史背景下，主要还是偏向于航空军事领域的应用，对于通过发展民航，提升现代化交通事业还没有深入的研究，但这一思想在民国后期也扩展到交通运输领域中的应用。

（二）中国民用航空的发端

中国民航真正意义上的发端应当是在 1919 年 3 月，当时的北洋政府交通部成立了航空事宜筹备处，通过这一航空行政管理机构购进飞机，制定航线规划，推进航空运输发展。这一时期发展民用航空也与当时的国际环境有着密切关系。首先，第一次世界大战刚刚结束不久，由于战争的催化作用，航空技术发展迅猛，而战争结束后必然会将此前仅仅应用于军事领域的航空技术延伸到民用航空领域；其次，在欧美国家掀起的航空技术军转民热潮的影响下，航空事宜筹备处成立之后很快就订购到六架亨得利·佩治商用飞机，这是中国首批购买的民用客机，此后在1920年初，航空事宜筹备处便拟定出全国航空线路计划图，包括从北京飞广州的京粤线、北京飞上海的京沪线、北京飞成都的京蜀线、北京飞哈尔滨的京哈线和北京飞库伦（今蒙古国首都乌兰巴托）的京库线的五条航空线路，不过因为种种原因，这五条航线除了京沪线中的北京到天津航段和北京到济南航段投入商业运营之外，其他航线实际上均未正式运行。1920年4月24日，亨得利·佩治型号客机试航北京至天津航段成功，并于5月8日正式从北京飞往天津，成为我国民用航空运输中的首次旅客及邮件运输。总体来讲，当时的北洋政府在发展民用航空方面做了不少尝试，但由于所处的军阀混战时期，航空事宜筹备处（包括此后设立的航空署）并不能管理全国的航空运行。直到1928年南京国民政府时期，随着国内形势趋于缓和，加快发展民航的呼声也更加高涨，这一时期，采取了利用外资购买飞机和利用外国技术开辟航线的措施，与此同时，西方国家对于推进中国民用航空、占领中国民航市场也表现出越来越大的兴趣，一些西方航空人士更是认为在中国的商业航空的价值超过其他任何国家，正是在这样的背景下，民国时期有名的中国航空公司和中央航空公司“两航”就应运而生了。中国航空公司于1929年2月由美国寇蒂斯·莱特公司与南京国民政府合作成立，史称“前中国航空公司”，到了1930年7月18日，南京国民政府行政院批准交通部与美国飞运公司重新签订《中美航空运输合同》，成立新的航空公司，并仍然沿用“中国航空公司”的原名称。另一家合资的著名航空公司就是中央航空公司，其前身是成立于1931年2月的欧亚航空邮运股份有限公司，而欧亚航空邮运股份有限公司则是由南京国民政府与德国（汉莎航空公司）合办的航空运输企业，由于经营状况不佳，到了1943年3月1日，南京国民政府交通部会同航空委员会，将这家公司改组为中央航空运输公司，即便如此，仍然没有改变连年亏损的局面。此外，在民国时期还产生了地方组建的西南航空公司以及南京国民政府与苏联合办的中苏航空公司。除了成立航空公司，发展民用航空业以外，涉及民用航空的行业协会也在这一时期得到发展，1921 年 5 月 1 日，我国最早的民间航空组织中华航空协会在北京成立，此后，在全国其他地方也相继成立了一些民间航空组织，到了 1933 年 1 月，在南京国民政府的支持下，半官方性质的“中国航空协会”在上海组建成立。为了进一步推动国内民用航空的发展，南京国民政府还于同年 5 月组建全国航空建设会，两年后的 1936 年 9 月 16 日，南京国民政府决定将全国航空建设会和中国航空协会予以合并，成立中国航空建设协会，并由蒋介石兼任理事长，其他各地的民间航空组织则改为该协会的分会和支会。

中国民用航空的发端主要是在民国时期，应该说，当时的政府也开始逐步认识到民用航空在交通运输业中的重要地位，一方面，与国外航空公司的合作发展民用航空，另一方面，也支持和鼓励国内资本进入民用航空领域，推进民用航空的发展。根据国际民航组织公布的数据，1936 年中国完成航空运输总量为 0.01 亿吨公里，到了 1945 年增长为 0.31 亿吨公里，1948 年达到峰值为 0.76 亿吨公里，较 1936 年增长了 76 倍；中国航空运输总周转量占世界的比重，1936 年为 0.8%，到了 1949 年则为 1.3%；客运总周转量在 1936 年就占到了世界的 2.8%。

（三）新中国成立前后时期的民用航空发展

中国共产党在领导人民开展革命斗争的过程中很早就认识到培养航空人才和发展航空业的重要性。在早期国共合作时期，由国共两党合作创立的军事飞机学校聘请苏联顾问，并选送两批学员到苏联进行训练；到了 1927 年 8 月至 1937 年 7 月的土地革命时期，中国共产党一方面继续依靠苏联培养航空人才，另一方面，利用缴获的飞机进行技术研究；在抗日战争时期，航空人才的培养和储备更加受到重视，1937 年 8 月，中共驻新疆代表陈云与新疆军阀盛世才达成协议，向新疆航空队选送学员，由苏联教官采用苏式装备进行培训，这批学员在 1946 年 7 月 11 日回到延安后组成了八路军总部航空队，他们中的许多人员后来也成为新中国空军和民航建设的骨干力量。此外，中共中央还在1941年1月批准成立军委航空工程学院，对外成为第十八集团军机械工程学院，主要训练飞行员和机械师，到了1944年5月，中央军委决定在第十八集团军总参谋部下设立航空研究小组，即中央军委作战部空军组，这也是中国共产党最早正式成立的负责管理航空事务的组织机构，主要做了扩建延安机场、负责苏联飞机的勤务保障和组织人员接收华北和东北日军的航空器材和设施工作。进入解放战争时期，为了夺取全国解放战争胜利的需要，1945年8月23日，中央决定组建晋察冀军区航空站，同年11月，中共中央东北局决定成立航空委员会，并明确委员会的主要任务就是筹建航校。到1946年3月东北民主联军航空学校在吉林省通化正式成立，1948年1月，学校名称改为东北人民解放军航空学校，并在1949年3月从通化迁至长春，航空学校的成立标志着新中国人民航空事业进入快速发展阶段。在解放战争即将取得全国胜利的紧要关头，中央将加快发展航空事业提上了议事日程，3月17日，中央决定成立军委航空局，下设民航处，成为领导全国空军和民航的管理机构。新中国成立后，中央立即开始加快发展民用航空，首先是将此前成立的军委航空局分成空军和民航两套机构设立，在《中国人民政治协商会议共同纲领》第三十六条提出“必须迅速恢复并逐步增建铁路和公路，疏浚河流，推广水运，改善并发展邮政和电信事业，有计划有步骤地建造各种交通工具和创办民用航空”。1949年11月2日，中央政治局决定在“人民革命军事委员会下设民用航空局，受空军司令员之指导”。民用航空局内设八个机构，下设五个办事处，管辖中国航空公司和中央航空公司（合称“两航公司”），此外，还设有俄语训练班（俄文专修学校）。次年8月10日，民用航空局对外名称更改为“中央人民政府民航局”，军委空军司令部负责空中指挥，政务院负责行政领导工作。新中国民航在发展初期面临诸多困难和挑战，但在党的领导下，民航业也在逐步推进发展，一方面是充分利用“两航”起义①所留下的人才和物质技术，另一方面又根据当时所处的国

① “两航”起义是指原中国航空股份有限公司10架飞机与原中央航空运输股份有限公司2架飞机于1949年11月9日在中国共产党领导下从香港启德机场起飞，先后飞到北京和天津，此后两家公司2000多名员工通电起义。

内外环境，提出采用“小飞原则”和“采取企业制”的民航经营方针，所谓“小飞原则”就是开辟的航线不宜多，维持现有工作为主，并为将来大规模发展民航事业奠定基础。在这一思想的指导下，新中国初期的民航业仍然取得了不少成就，包括1950年3月27日，中苏两国决定组建中苏民用航空股份有限公司，并于同年7月1日开航，在开通五条对苏的航线之外，又于8月1日正式开通天津—汉口—广州和天津—汉口—重庆航线，这两条航线的开通恰逢建军节，也被称为“八一”开航，标志着新中国民用航空的正式启航。

三、中国民航的发展催生民航法治的产生

以美国莱特兄弟驾驶“飞行者一号”为标志的民用航空产生后，尚未有对于相关法律法规的重视，加之，刚刚作为一种运输体系的民用航空的发展还无法与铁路、公路交通相提并论，民用航空尚处于试验阶段。经历第一次世界大战之后，世界民航业有了较快发展，1919年，《关于管理空中航行的公约》在法国巴黎签订，正式拉开世界范围内民航立法的大幕。1929年签订的《关于统一国际航空运输某些规则的公约》（简称《华沙公约》）作为第一部航空私法解决了国际航空旅客和货物运输的法律冲突，初步实现了航空运输规则的统一。中国民航是随着民航业在全球范围内不断兴起的背景下逐步发展的，国际航空法律制度的制定和出台，也推动了中国民航法治的产生。

（一）新中国成立之前的民航法治雏形

在1919年当时的北洋政府筹办航空事宜处这一最早的民用航空管理机构的过程中，便开始拟定一些航空条例草案，在1921年航空署成立之后，就先后公布《京沪航空线京济运输暂行规则》《京济间载客暂行章程》《飞机乘客应守规则》《招商代收及接送客货暂行办法》这样一些早期民航管理规定。航空活动除了在本国领空内进行，也在国家间开展，国际航空运输活动的发展促使与国际航空运输相关的公约的制定和完

善，在第一次世界大战结束后的巴黎和会上，西方国家就缔结了世界上第一个国际航空法典《空中航行管理公约》，在这部公约第一条中就将领空主权确定为国际法规则，即缔约各国承认，每个国家对其领土之上空气空间具有完全的和排他的主权。这条领空主权原则十分重要，奠定了民航法治的基础，只是当时的北洋政府并没有认识到领空主权原则的重要性，因此，并没有在这一公约上签字。

其后的十几年间，随着民航业的重要性逐步显现，当时的南京国民政府更加重视民航法治建设，于 1935 年 1 月 19 日颁布《外国民用飞机进入国境暂行办法》，1941 年 1 月 18 日颁布《空中交通规则》和《航空无线电台设施规则》，5 月 30 日正式颁布中国第一部《民用航空法》，不过，这部民航法因为种种原因并没有施行。之后，南京国民政府还陆续颁布了《民用航空驾驶员检定给照暂行规则》《民用航空人员体格标准暂行规则》《空中交通暂行规则》《民用航空器登记暂行规则》《民用航空器标志暂行规则》《空中交通管制员检定给照暂行规则》《航空器灯光及目视信号规则》《外国民用航空器飞航国境机航规则》《民用航空器适航证书请领规则》等九部民航规章。

随着全球民航业的进一步发展，尤其是涉及国际航空旅客及货物运输中的法律问题的处理，亟需在世界范围内产生一个具有协调机制的组织，并制定相应的共同遵守的规则。于是，在第二次世界大战后期，由美国倡导订立了《国际民用航空公约》(简称 1944 年《芝加哥公约》)，根据这一公约，1947 年 4 月 1 日，国际民用航空组织正式成立，当时的南京国民政府于该公约上签字，此后中华人民共和国政府于 1974 年 2 月 15 日承认了该公约。

总体而言，随着民航的发展，无论是国内立法还是国际法规的制定都进入了初始阶段。

（二）新中国成立初期的民航法治进程

新中国成立之后亟需对于此前国民党政府时期的相关法律法规予以厘清，《中国人民政治协商会议共同纲领》第十七条明确规定：“废除国民党反动政府一切压迫人民的法律、法令和司法制度，制定保护人民的法律、法令，建立人民司法制度。”由此就需要对国民党政府时期制定的包括民航法律法规在内的所有法律、法令和司法制度予以清除。涉及民航的第一部新的法规是 1950 年 11 月 1 日中央人民政府人民革命军事委员会颁布的《中华人民共和国飞行基本规则》，这部规则中有关高度层的划分主要参考沿用了当时苏联的体系，如“东双西单”，而与国际民航组织的飞行系统高度层分配相反；在管制方面采用活动空域分别予以实施。同时，还由民用航空局颁布了《外国民用航空器飞行管理规则》；1951 年 4 月 24 日，中央财政经济委员会颁布《旅客意外伤害强制保险条例》；1951 年 5 月 24 日，政务院公布《进出口飞机、机员、旅客、行李检查暂行通则》。这些规章成为新中国早期颁布实施的航空法规，由此引领民航立法成功起步。此后两年，又陆续颁布了《中国民航飞行条令》等一系列飞行规章，作为组织和实施专机飞行的依据。此外，民航局和国家相关部门还发布了《电信业务管理暂行办法》《民用航空通信规则》《旅客意外伤害强制保险条例》等有关航空电信、航空气象、航空旅客运输等方面的法规、规章。应该说，这一时期民航立法工作还是较为活跃，当然，鉴于当时的历史条件，中国民航尚未走上真正意义上的法治道路。一方面，立法工作方法较为单一，另一方面，制定出的民航规章制度也较为零散，缺乏系统完整性，而且依靠行政手段管理，政企不分。从 1956 年开始，随着我国立法活动整体上开始走向萧条、停滞直至几乎被废弃的境地，民航立法也进入萧条期，仅存在少量修法活动，例如在 1957 年，民航局正式颁布《中国民航特殊飞行规则细则》，该细则的颁布使得专机飞行的组织和实施有章可循。

（三）改革开放后的民航法治建设

1978 年 12 月召开的十一届三中全会明确提出健全社会主义民主和加强社会主义法制的任务，此后在 1979 年初，外交部召开会议，布置了一批涉外法律的起草工作，其中包括起草航空法。由此，民航局专门成立了航空法领导小组和起草小组，设置了法制机构，民航立法开始提上日程，逐步得以恢复。从 1979 年到 1995 年的 16 年时间里，国务院共颁布了 11 部关于民用航空的行政法规以及 91 部民用航空规章。我国民航法治建设取得初步成效。

1995 年 10 月 30 日，新中国历史上第一部民用航空法《中华人民共和国民用航空法》的诞生成为我国民航法治建设上重要的里程碑。这部法律作为规范我国民用航空业的最基本的法律，贯穿了我国领空主权、航空权益的基本原则，对民用航空领域里的各个方面都做出了明确的规定。该法的实施对于维护国家的领空主权和民用航空权利、保障民用航空活动安全和有秩序地进行、保护民用航空活动当事人各方的合法权益、促进民用航空事业的发展起到了重要的保障作用。至此，中国民航立法初步形成以《中华人民共和国民用航空法》为龙头，以国务院颁布的有关民航的行政法规为基础，以民航局颁布的民航规章以及其他民航规范性文件为补充的民航法规体系。此后，《中华人民共和国民用航空法》又经历了 2009 年、2015 年、2016 年、2017 年和 2018 年五次修正，民航法治建设取得前所未有的发展，民航立法内容更加丰富，民航执法更加有效，民航法治国际化更加推进，到了 2019 年，我国民航法治逐步呈现出科学立法、严格执法、全员守法的崭新局面。

总结改革开放后的民航法治建设，不难看出在我国在民航立法方面表现为以下三个方面的特点：一是民航立法内容广泛，不仅涉及民航飞行和航空技术安全，而且从飞行安全管理到服务质量监督，从政府行业管理到企业依法经营，从保证企业合法权益到维护旅客货主权益，从维护市场秩序到保护航空环境，都逐步被纳入了法治的轨道；二是民航立法始终坚持以民航安全为核心，不论是民用航空器的管理还是空域管理，无论是飞行管理还是公共航空运输，无论是搜寻援助还是事故调查，均体现了安全的核心地位；三是民航立法更加规范化和国际化，民航立法借鉴或者移植其他国家的先进立法成果，高度关注和吸纳国际标准，自觉履行我国加入的民用航空条约的义务，参照国际惯例和国际规则，制定一系列的民航法规规章及技术标准，体现了民航立法的国际性。

第二节　中国民航法律体系的渊源

一、国际航空法规

国际航空法规是我国民航法律体系的渊源之一，英国法学家肖克罗斯和博蒙在合著的《航空法》中指出，“国际航空法是国际公法和国际私法的结合体”。由此，阐释了国际航空法规的性质。不过，进一步分析国际航空法规的性质，往往是采用条约、公约、协定等方式来予以体现，而这种采用条约、公约、协定等来加以约定相互权利义务方式的法规更多的是体现了公法性质，也就是国家及其他国际法主体之间所缔结的以共同遵守的法规为基础的法律形式。

1919 年 10 月 13 日，《关于管理空中航行的公约》在法国巴黎签订，这一公约确立各国对其领空的完全和排他的主权、他国航空器的“无害通过权”以及外国航空器非歧视等原则，从而拉开了世界范围内民航立法的大幕。1929 年 10 月 12 日签订的《关于统一国际航空运输某些规则的公约》作为第一部航空私法解决了国际航空旅客和货物运输的法律冲突，初步实现航空运输规则的统一。

（一）带有全球性质的民用航空公约

这种带有全球性质的公约适用于加入该公约的所有国家，具有普遍适用性和约束力，为国际社会广泛遵守。

1.《国际民用航空公约》

该公约于 1944 年 12 月 7 日订立于美国芝加哥，因此又称为 1944 年《芝加哥公约》，1947 年 4 月 4 日起生效。这一公约涉及国际民用航空在政治、经济、技术等方面的问题。当时的南京国民政府在该公约上签了字。新中国成立后，我国于 1974 年 2 月 15 日承认该公约，同时决定参加国际民用航空组织的活动。

《国际民用航空公约》分为“序言”“空中航行”“国际民用航空组织”“国际航空运输”以及“最后条款”5个部分，共计22章99条，是所有国际航空法规中最基本的公约。该公约通过后就取代了1919年《巴黎公约》和1928年《哈瓦那公约》，现有18个附件作为国际标准和建议措施，又被称为“国际标准和建议措施”，是由国际民航组织在《国际民用航空公约》的原则下制定的包括民航各个活动的具有约束力的技术文件，内容包括人员执照颁发、空中规则、国际航空气象服务、航图、航空器的国籍、运行、适航性、失事调查、机场等。这一公约确立了有关现代国际航空的基本原则，是现行国际航空最基础的法律文件，也昭示着新的国际航空公法秩序的形成。

2.《国际航班过境协定》

1944年12月7日签订于美国芝加哥并于次年1月30日生效的《国际航班过境协定》，也称《两大自由协定》，规定了在多边框架内为缔约国的定期国际航班交换飞越权和非业务经停权。

该协定规定了关于定期国际航空的两种空中自由：（一）不降停而飞越其领土的权利；（二）非运输业务性降停的权利。该协定还规定了两种权利的行使：（一）指定任何国际航班在其领土内应该遵循的航线及其可以使用的机场；（二）对任何此项航班在使用机场及其他设备时征收或准予征收公平合理的费用，此项费用应不高于其本国航空器在从事同样国际航班时使用此项机场及设备所缴纳的费用。但如经一有关缔约国申诉，则对使用机场及其他设备所征收的费用应由根据上述公约设立的国际民用航空组织的理事会予以审核。该理事会应就此事提出报告和建议，以供有关国家考虑。此外，还规定了行使权利的限制条件：每一缔约国如对另一缔约国的空运企业的主要所有权和有效管理权属于该缔约国国民存有疑义，或该空运企业不遵守其飞经国家的法律，或不履行本协定所规定的义务时，保留扣发或撤销其证书或许可证的权利。

3.《国际航空运输协定》

前述《国际航班过境协定》为涉及缔约国的定期国际航班交换飞越

权和非药物经停权的两种自由协定，而同时在美国芝加哥签订稍后生效的《国际航空运输协会》被称为《五大自由协定》，所谓“五大自由”就是指在该协定中规定，缔约各国之间相互给予对方国际定期航班五种自由，即第一航权、第二航权、第三航权、第四航权和第五航权。这里的第一航权是指领空飞越权；第二航权是指技术经停权；第三航权是指一个国家或者地区的航空公司自其登记国或者地区载运客货至另一个国家或者地区的权利；第四航权是指一个国家或者地区的航空公司自另一个国家或者地区载运客货返回其登记国或者地区的权利；第五航权是指一个国家或者地区的航空公司在其登记国或者地区以外的两国或者地区间载运客货，但其航班的起点必须为其登记国或者地区的权利。随着国际航空运输的发展，五大自由现已延伸为九大自由，增加了涉及桥梁权的第六航权、完全第三国运输的第七航权、延续的国内运输的第八航权以及非连续的国内运输的第九航权。

4.《关于统一国际航空运输规则的条约》

该条约共由八个相关文件组成，于1929年10月12日在波兰首都华沙签订，自1933年2月13日生效。以这一公约为依托，由一系列法律文件构成的以航空运输凭证、承运人对旅客的人身和财产赔偿责任规则为重要内容的国际航空运输体系被称为“华沙体制”。“华沙体制”并非全部在20世纪二三十年代完成，其时间跨度达到六十年，以1999年5月28日在加拿大蒙特利尔签订同样名称的新条约而画上圆满句号。其间有1955年9月28日在荷兰海牙签订的《修改一九二九年十月十二日在华沙签订的统一国际航空运输某些规则的公约的议定书》(简称1955年《海牙议定书》)、1961年9月18日在墨西哥瓜达拉拉哈拉签订的《统一非订约承运人所办国际航空运输某些规则以补充华沙公约的公约》(简称1961年《瓜达拉哈拉公约》)、1971年3月8日在危地马拉的危地马拉城签订的《修改一九五五年九月二十八日在海牙签订的议定书修正的一九二九年十月十二日在华沙签订的统一国际航空运输某些规则的公约的议定书》(简称1971年《危地马拉议定书》)、1975年9月25日在加拿大蒙特利尔签订的《修改一九二九年十月十二日在华沙签订的统一国际航空运输某些规则的公约的第一号、第二号、第三号、第四号附加议定书》（分别简称 1975 年《蒙特利尔第一号附加议定书》《蒙特利尔第二号附加议定书》《蒙特利尔第三号附加议定书》及《蒙特利尔第四号附加议定书》）以及 1966 年 5 月 4 日在蒙特利尔由 22 家经营美国航线的外国航空公司和 12 家美国航空公司共同订立的《蒙特利尔协议》。此后，各国又于 1999 年 5 月 28 日在蒙特利尔签订《统一国际航空运输规则的公约》（简称《蒙特利尔公约》），该公约采用单一法律文件方式，其最大特点就是确定了"双梯度责任制度"。"双梯度责任制度"规定：第一梯度的责任是严格责任制度，承运人只要造成旅客死亡或者伤害的事故是在航空器上或者在上下航空器的任何操作过程中发生的，在每名旅客不超过 10 万元特别提款权的赔偿额度内，承运人不得免除和限制责任；第二梯度的责任是过错责任制度，对于公约第 17 条第一款所产生的损害赔偿，每名旅客超过 10 万元特别提款权的部分，承运人不能证明有下列情形的，应当承担责任：a.损失不是由于承运人或者其受雇人、代理人的过失或者其他不当作为、不作为造成的；b.损失完全是由第三人的过失或者其他不当作为、不作为造成的。总体而言，这一公约所规定的赔偿责任限额较高，应该说是国际民航组织在总结华沙体系责任制度的基础上，结合民航发展进一步发展形成的。

发端于 1929 年《华沙公约》的华沙体制对于航空运输发展初期的世界各国航空运输立法的统一性具有重要的指导意义。在《华沙公约》中，航空旅客与承运人是完全的运输合同法律关系，也为华沙体制下航空旅客与承运人的法律定位奠定了基础。如今，《华沙公约》和《蒙特利尔公约》为调整同样事项的两份公约，尽管《蒙特利尔公约》已经取得大部分《华沙公约》国家的认可并加入，但仍然有少部分国家留在华沙体制而没有加入《蒙特利尔公约》，所以，华沙体制现在依然有效，而《蒙特利尔公约》则在绝大多数国家中取得了替代地位。

5.《关于在航空器内犯罪和某些其他行为的公约》

该公约于 1963 年 9 月 14 日在日本东京签订，自 1969 年 12 月 4 日起生效，简称 1963 年《东京公约》，目前已有 137 个国家加入了这一公约，我国于 1978 年 11 月 14 日交存加入书，1979 年 2 月 12 日该公约对我国产生效力。

《东京公约》是国际航空安保领域的基础性公约，对于航空器内违反刑法的罪行以及其他危害行为作了明确界定，成为统一航空器内犯罪和非法行为的处置的标准。该公约主要内容包括：在航空器上实施任何触犯刑法之行为的任何人均适用本公约；确认航空器登记国对发生在航空器上的犯罪行为有优先管辖权；机长有权对机上犯罪者采取正当而必要的措施，以保证飞机安全；规定了非法劫持航空器的概念；规定航空器降落国有义务允许旅客与机组人员尽快继续其旅程，并将航空器及其所载货物交还给其合法所有人。

6.《制止非法劫持航空器的公约》

该公约于 1970 年 12 月 16 日在荷兰海牙签订，自 1971 年 10 月 14 日起生效，简称 1970 年《海牙公约》，目前已有 144 个国家加入了这一公约，我国于 1980 年 10 月 10 日加入。

《海牙公约》是在大量劫机事件发生的背景下产生的专门处理劫持航空器犯罪的公约。该公约明确规定劫持航空器罪的构成要件，并宣布此种犯罪为国际罪行，各缔约国对劫机者享有普遍的刑事管辖权，实行“或引渡或起诉”的刑事追究原则。

7.《制止危害民用航空安全的非法行为的公约》

该公约于 1971 年 9 月 23 日在加拿大蒙特利尔签订，自 1973 年 1 月 26 日起生效，简称 1971 年《蒙特利尔公约》，我国于 1980 年 9 月 10 日加入这一公约，同时声明我国政府将不受关于将争端提交国际法院的规定的约束，同年 10 月 10 日该公约对我国产生效力。

《蒙特利尔公约》针对更加多样的犯罪手段，规定了犯罪行为处理模式。同时，该公约将惩治的罪行范畴由原来的“空中劫持”扩大为不仅包括针对“飞行中”的航空器的犯罪，还包括针对“使用中”的航空器的犯罪，不仅包括针对航空器的犯罪，还包括针对航空设备的犯罪。

8.《制止在用于国际民用航空的机场的非法暴力行为以补充一九七一年九月二十三日订于蒙特利尔的制止危害民用航空安全的非法行为的公约的议定书》

该议定书于 1988 年 2 月 24 日在蒙特利尔签订，自 1989 年 8 月 6 日起生效，简称 1988 年《蒙特利尔补充议定书》。

《蒙特利尔补充议定书》将针对航空运输终端机场的犯罪行为纳入处置范围。

9.《关于注标塑性炸药以便探测的公约》

该公约于 1991 年 3 月 1 日在蒙特利尔签订，自 1998 年 6 月 21 日起生效，简称《炸药公约》。

《炸药公约》更加强调技术上的统一要求，旨在通过责任方采取适当的方法确保这类塑性炸药的注标使其能够被探测，有助于防止与塑性炸药的使用有关的非法行为。责任方被强制采取必要和有效的措施，禁止和防止在其领土上制造未注标的塑性炸药；同样禁止和防止未注标的塑性炸药流入或者流出其领土。

10.《制止与国际民用航空有关的非法行为的公约》《制止非法劫持航空器公约的补充议定书》

《制止与国际民用航空有关的非法行为的公约》和《制止非法劫持航空器公约的补充议定书》均是在 2010 年 9 月 10 日国际民航组织在北京召开的航空安保外交会议上得以通过，前者简称《北京公约》，后者简称《北京议定书》。

《北京公约》充分考虑新型恐怖主义的犯罪行为，纳入与民用航空器可能有关的犯罪行为，而《北京议定书》则将其他未来可能出现的犯罪方式涵盖在“以任何技术手段”的犯罪中。此外，《北京公约》和《北京议定书》另还对共同犯罪人做出统一的规定，吸收国际反恐怖公约的新成果，对于组织或者指挥他人实施公约所规定的犯罪行为者，协助犯罪行为人逃避调查、起诉或者惩罚的国际航空犯罪行为的协助实施者等共同犯罪人做了系统规定，并且首次将“与他人商定实施公约所规定的犯罪行为者”纳入公约惩治的范围，明确地将武装冲突中武装部队的活动及一国军事行为排除在民用航空法的适用之外，这一军事豁免权并不意味着国家的刑事责任完全不受到国际公约的制裁。同时，《北京公约》和《北京议定书》还增加了有关法人犯罪的规定，即“如果负责管理或控制该法人的人，以其身份实施第一条所述犯罪，得以追究该法人的责任。这种责任可以是刑事、民事或者行政责任”。根据这一规定，各国可以选择适用法人承担责任的方式，无论法人承担何种性质的责任，都不影响负责管理或者控制该法人的人承担个人刑事责任。这种选择承担责任的方式可以保证公约得到更多国家的批准。

11.《修订〈关于在航空器上犯罪及其他某些行为的公约〉的议定书》

该议定书于 2014 年 4 月 4 日在蒙特利尔开始开放签署，自 2020 年 1 月 1 日起生效，简称《蒙特利尔议定书》，这一议定书在 1963 年《东京公约》的基础上加以完善，在“适用范围”“管辖权”和“机长职权”等方面做了重大修改，进一步明确非循规行为和扰乱行为的法律规制。

12.《关于外国航空器对地（水）面上第三人造成损害的公约》（1933 年）

该公约于 1933 年 5 月 29 日在意大利罗马签订，简称 1933 年《罗马公约》，这一公约是国际社会以条约形式统一航空器导致地（水）面第三方损害问题的若干法律规制的首次尝试，被称为 1929 年《华沙公约》的“姊妹篇”，公约除了涉及第三方损害问题的部分规则外，还涉及在外国领土上空飞行的航空器对地（水）面的损害赔偿强制适用第三方责任险的规定。

13.《关于外国航空器对地（水）面上第三人造成损害的公约》（1952 年）

该公约于 1952 年 10 月 7 日在罗马签订，自 1958 年 2 月 4 日起生效，简称 1952 年《罗马公约》，我国尚未加入这一公约。

14.《修改一九五二年十月七日在罗马签订的关于外国航空器对地（水）面上第三人造成损害的公约的议定书》

该议定书于 1978 年 9 月 23 日在蒙特利尔签订，尚未正式生效，简称 1978 年《蒙特利尔议定书》。

15.《国际承认航空器权利的公约》

该公约于 1948 年 6 月 19 日在瑞士日内瓦签订，1953 年 9 月 17 日生效，简称 1948 年《日内瓦公约》。

16.《关于航空器对第三方造成损害的赔偿的公约》《关于因涉及航空器的非法干扰行为而导致对第三方造成损害的赔偿的公约》

这两个公约是2009年5月2日在蒙特利尔召开的国际航空法会议上审议通过的，前者简称《一般风险公约》，后者简称《非法干扰赔偿公约》，至此标志着罗马公约现代化取得阶段性成果。

（二）带有区域性质的民用航空条约

1.《关于欧洲不定期航空运输商业权利的多边协定》

该协定属于 1956 年 4 月 30 日在法国巴黎签订的适用于欧洲的区域性条约。

2.《关于成立非洲和马达加斯加空中航行安全设施管理局的公约》

该公约于 1959 年 12 月 12 日在塞内加尔圣路易签订。

3.《关于成立中美洲空中航行服务公司的公约》

该公约于 1960 年 2 月 26 日在洪都拉斯特古西加尔巴签订。

4.《关于进口航空器适航证的多边协定》

该协定于 1960 年 4 月 22 日在法国巴黎签订。

5.《关于空中航行合作的公约》

该公约于 1960 年 12 月 13 日在比利时布鲁塞尔签订。

6.《关于收取航路费的多边协定》

该协定于 1970 年 2 月 7 日在比利时布鲁塞尔签订。

7.《关于制订欧洲内部定期航班运价程序的国际协定》和《关于制订欧洲内部定期航班运价力分享国际协定》

该两项协定于 1987 年 6 月 16 日在法国巴黎签订。

二、国内法律法规

除了国际航空法规之外，国内法律法规也是我国民航法律体系的重要渊源，主要包括以下两个方面：

（一）宪　法

宪法作为拥有最高法律效力的母法，也是我国民航法律体系的重要渊源。《中华人民共和国宪法》（下文简称《宪法》）序言部分提出要“不断完善社会主义的各项制度，发展社会主义市场经济，发展社会主义民主，健全社会主义法治，贯彻新发展理念，自力更生，艰苦奋斗，逐步实现工业、农业、国防和科学技术的现代化，推动物质文明、政治文明、精神文明、社会文明、生态文明协调发展，把我国建设成为富强民主文明和谐美丽的社会主义现代化强国，实现中华民族伟大复兴”。在第十四条中第三款中提出“国家合理安排积累和消费，兼顾国家、集体和个人的利益，在发展生产的基础上，逐步改善人民的物质生活和文化生活”。虽然在《宪法》中尚未明确提及发展我国民航业，但民航作为国家交通运输领域中的重要组成部分，已经成为推进交通强国建设中的重要组成部分，尤其是作为交通强国建设中的民航强国战略，更是成为助推社会主义现代化建设的重要环节。宪法是我国民航法律体系制定的根本遵循，现行的一部民航法律（《民航法》）、27 部行政法规和行政法规范性文件以及 115 部现行有效规章都必须依据宪法这样的根本大法加以制定。

（二）商法和经济法

新中国成立至 20 世纪 60 年代，基于当时的国内外环境，我国民航管理体制基本上实行政军、政企合一，以军队领导为主的模式，不过在这一阶段也经历了多次调整。

十一届三中全会开启了我国改革开放的新征程，民航管理体制也进行了重大变革，迅速激发了行业活力。站在新时代民航发展的新的起点上，我国民航企业按照现代企业发展的模式做好法人结构治理，而其法律依据则主要是现行商法和经济法，包括《中华人民共和国公司法》《中华人民共和国中外合资经营企业法》《中华人民共和国中外合作经营企业法》《中华人民共和国外资企业法》《中华人民共和国证券法》《中华人民共和国保险法》《中华人民共和国企业破产法》《中华人民共和国反垄断法》《中华人民共和国反不正当竞争法》《中华人民共和国消费者权益保护法》《中华人民共和国企业所得税法》《中华人民共和国劳动法》《中华人民共和国劳动合同法》《中华人民共和国劳动争议调解仲裁法》《中华人民共和国社会保险法》等。

1.《中华人民共和国公司法》

涉及民航法律法规的渊源包括：有限责任公司的设立和组织机构，国有独资公司的特别规定，有限责任公司的股权转让，股份有限公司的设立和组织机构，公司董事、监事、高级管理人员的资格和义务，公司债权，公司财务、会计，公司合并、分立、增资、减资，公司解散和清算。

2.《中华人民共和国中外合资经营企业法》

涉及民航法律法规的渊源包括：合营企业活动遵循的原则、合营企业的形式、合营企业的期限、合营企业争议解决的方式。

3.《中华人民共和国中外合作经营企业法》

涉及民航法律法规的渊源包括：合作企业遵循的原则、合作企业设立的条件。

4.《中华人民共和国证券法》

涉及民航法律法规的渊源包括：证券发行、证券交易、上市公司的收购、信息披露。

5.《中华人民共和国保险法》

涉及民航法律法规的渊源包括：保险合同。

6.《中华人民共和国企业破产法》

涉及民航法律法规的渊源包括：申请和受理、管理人、债务人财产、破产费用和共益债务、债权申报、债权人会议、重整、和解、破产清算。

7.《中华人民共和国反垄断法》

涉及民航法律法规的渊源包括：垄断协议、滥用市场支配地位、经营者集中、滥用行政权力排除、限制竞争、对涉嫌垄断行为的调查。

8.《中华人民共和国反不正当竞争法》

涉及民航法律法规的渊源包括：不正当竞争行为、对涉嫌不正当竞争行为的调查。

9.《中华人民共和国消费者权益保护法》

涉及民航法律法规的渊源包括：消费者的权利、经营者的义务、国家对消费者合法权益的保护、争议的解决。

10.《中华人民共和国企业所得税法》

涉及民航法律法规的渊源包括：应纳税所得额、应纳税额、税收优惠、源泉扣缴、特别纳税调整。

11.《中华人民共和国劳动法》

涉及民航法律法规的渊源包括：劳动合同和集体合同、工作时间和休息休假、工资、劳动安全卫生、职业培训、社会保险和福利、劳动争议。

12.《中华人民共和国劳动合同法》

涉及民航法律法规的渊源包括：劳动合同的订立、劳动合同的履行和变更、劳动合同的解除和终止。

13.《中华人民共和国劳动争议调解仲裁法》

涉及民航法律法规的渊源包括：调解、仲裁。

14.《中华人民共和国社会保险法》

涉及民航法律法规的渊源包括：工伤保险、失业保险、生育保险、社会保险费征缴、社会保险基金、社会保险经办。

三、参考的国外立法

我国民航法律体系建设也借鉴了欧美民航发达国家的有益做法，尤其是在改革开放以来，我国在民航法律体系建设方面很多都参考了欧美国家的做法。

（一）美国立法

现代意义上的第一架飞机是在美国发明的，最早的航空运输也是在美国出现，而航空业的发展离不开法规制度的保障，因此，航空法的历史也发端于美国，早期的航空运输主要是从事邮件送达，由此，制定的航空法律法规就与邮政管理联系起来。1925 年，美国国会首次就航空进行国内立法，制定了《合同空运邮件法》，这部法律在世界民航航空立法的发展史上具有里程碑意义，标志着国家对于民航通过立法管制的开始。之后，美国民航法律体系发展日趋完善。从目前来看，美国民航法律法规主要涉及机场运营管理、飞行器运行及航空设施维护等方面，并且无论是联邦政府还是各州政府都出台有航空法规。目前美国联邦政府出台的航空法律主要有：1926 年颁布的《商业航空法》（该法对于州际及国外飞行器的核实与记录作了法律规定），1938 年颁布的《民用航空法》（该法对于 1926 年的《商业航空法》进行了修改，并成立民用航空专家小组专门负责管理美国联邦司法权限内的一切航空事务),1958 年颁布的《联邦航空法》,1970 年颁布的《机场与航线发展法》,1978 年颁布的《航空公司放松管制法》,2001 年颁布的《航空消费者知情权法案》,等等。此外,除了民航法律法规之外,美国还有命令和民航通告两种准法律形式,命令又包括两种方式,即行政命令和联邦航空总署命令,二者的区别在于前者是更高层次由总统颁布的命令,后者则是直接由联邦航空总署下达的内部命令。民航通告是由联邦航空总署拟定,旨在提供遵守民航法律法规的咨询告示,相当于我国民航咨询通告。美国作为民航强国在民航法律体系建设方面已经较为成熟,目前基本形成了由《联邦航空法》、民航单行法规、联邦航空局的规定以及关于民航的法院判例等构成的民航法律体系。美国民航法律体系不仅形式完备,而且内容完善,涉及航空领域的方方面面,是美国民航发展的重要保障。目前,美国民航法律体系实际上是融合于航空法模式之中,也就是说美国通过制定一部综合的“大”航空法统一规范管理各种航空活动,包括民用航空活动与非民用航空活动,而不单独制定一部只用来规制民用航空活动的法律。对于这种立法模式,我国现阶段正在探讨研究中。此外,美国也比较注重民航行业监管,制定了一系列行政监管法规,如《适航监察员手册》《航空运输运行监察员手册》《通用航空监察员手册》都是通过立法形式予以制定并加以实施。

(二)欧盟立法

1993 年 11 月 1 日随着《马斯特里赫特条约》正式生效,欧盟就此诞生。欧盟成立后尤其注重法律法规体系建设,而对于民航业政策法规体系的建立与调整,主要涉及三个方向:一是与适应并促进欧盟一体化,二是促进民航业从管制走向自由化,三是加强安全监管与注重可持续发展。

在有关市场管理方面,主要包括航空公司领域的三次一揽子自由化规定,即制定《1992 年第 2407 号关于航空承运人许可证条例》《第 2408 号关于共同体承运人进入共同体内部航线条例》和《第 2409 号关于航空服务票价和费用条例》。

在涉及机场领域方面，主要有机场时刻分配的理事会条例、《1996 年 97 号关于进入共同体机场地面服务市场的理事会指令》和根据该指令第九条欧盟委员会做出的对成员国相关豁免要求的一系列决定、《共同体条约第 87、88 条和欧洲经济区协议第 61 条有关政府补贴在航空运输领域的适用的指南》。

在涉及市场竞争方面，主要有两个层次的法规，第一层次是《共同体条约》中的相关规定，包括《共同体条约》第 81 条（禁止限制性协议）、82 条（禁止滥用支配地位）、86 条（承担公共利益的服务）和 87-89 条（政府补贴）等；第二层次是执行《共同体条约》相关条款的理事会条例和指南（例如：《2004 年第 139 号关于控制企业集中的理事会条例》《2003 年 1 号关于执行条约第 81 和 82 条有关竞争规则的理事会条例》《关于评估横向协议的委员会指南》《关于评估纵向协议的委员会指南》《水平合并指南》等），以上两个层次的法规都直接适用于民航业。此外，由于在《共同体条约》相关竞争性条款中还包括一些豁免规定，所以，第二层次的法规中还包括若干如何适用这些豁免的理事会或者委员会条例。民航业的相关豁免法规主要是《1987 年 3976 号关于确定民用航空业适用条约第 81（3）条相关协议和协同行为的理事会条例》，该条例确定民航业可豁免于禁止限制性协议的范围，并分别于 1990 年、1992 年和 2004 年进行修订。竞争性法规原只适用于欧盟内部航空运输，但根据 2004 年颁布的《2004 年 411 号关于废止理事会条例 3975/87 和修订 3976/87 和 1/2003，有关共同体和第三国航空运输的理事会条例》，欧盟将竞争性法规的适用范围扩大到了国际航空运输领域，不过，由于航空运输的特殊性，国际航空运输间的协调运价、运力和机场时刻分配等协议仍然属于豁免于禁止限制性协议之外。

在消费者保护方面，欧盟于 2005 年 2 月 17 日制定《关于建立拒绝登机、航班取消和长时间延误时旅客赔偿和援助的通用规则的议会和理事会条例》。该条例适用于所有乘坐始发于欧盟各成员国机场的定期和包机航班的航空旅客，以及欧盟承运人运营的始发于第三国机场飞往欧盟各成员国机场的定期和包机航班的旅客，该条例大幅度提高了航空公司需支付给旅客的现金赔偿额度，根据航程和延误时间的不同，旅客可以获得 250 至 600 欧元的赔偿。同时，在取消航班和长时间延误时，运营人还需向旅客提供免费餐饮及必要时提供住宿。为保证该条例的有效实施，条例还要求欧盟各成员国指定专门机构负责航空消费者保护事宜。

在安全管理与航空安保方面，2002 年 7 月，欧盟颁布了《2002 年 1592 号关于航空运输领域统一规则和建立欧洲航空安全局的议会和理事会条例》，在欧盟内部组建欧洲航空安全局，随后又建立了一套新的欧盟安全法规体系。第一层次是议会和理事会通过条例确定的纳入欧盟管辖的航空安全范围和职责；第二层次是欧盟委员会制定的相应实施细则（包括《2003 年 1702 号关于适航和环境认证的委员会条例》和《2003 年 2042 号关于持续适航的委员会条例》）；第三层次是欧洲航空安全局制定的实施标准和指南；

在航空安全事故预防和调查方面，欧盟层次的法规包括《1994 年 56 号关于建立空难和航空事故调查基本原则的理事会指令》以及《2003 年 42 号关于航空不安全事件报告的议会和理事会指令》。此外，《2004 年 36 号关于使用成员国机场的第三国航空器的安全要求的议会和理事会指令》也要求各成员国对于使用其机场的第三国航空器进行机坪安全检查的通用项目和各成员国之间的信息交流制度。“9·11”事件发生后的第二年，欧盟又迅速制定了《2002 年 2302 号关于建立航空运输安全保卫通用规则的议会和理事会条例》，而在 2003 年又制定了《2003 年 622 号关于制定实施航空安全保卫通用基本标准的方法的委员会条例》，并对于 2302 号规定的安保通用规则明确了实施的具体方式方法。

最后，欧盟还制定有民航市场管理方面的重要法规，包括《2004 年 785 号关于对航空承运人和航空器运营人保险要求的议会和理事会条例》和《2003 年 437 号关于反馈航空运输旅客、航班和邮件统计数据的议会和理事会条例》，前者设立了对旅客、行李、货物和第三方损害的最低投保要求，适用于所有在欧盟内部飞离、飞往以及穿越欧盟成员国国境的航空承运人和航空器运营人。对于违反该条例的欧盟成员国运营人，可以最高实施收回运营许可证的处罚；对于非欧盟成员国运营人，成员国可以拒绝其在成员国领土内降落与起飞。为了给航空运输政策的制定提供真实的行业状况数据，后者规定了成员国需统计境内所有年吞吐量15万人以上的机场的运输数据并予以通报。

总之，欧盟的民航立法一直在引领行业的发展，不仅对于其他国家具有借鉴意义，也为国际公约的制定提供了相应的蓝本。《蒙特利尔公约》所规定的严格责任、先行支付、举证责任分配以及赔偿责任限额等规则均源于欧盟的相关规定。同时欧盟还规定了承运人和机场对特殊旅客权益保护的义务，欧盟各成员国设立独立机构以处理特殊旅客的投诉，并通过向执行机构投诉、向法院起诉以及替代纠纷解决方式等救济旅客的权益。在航空碳排放领域，欧盟最先提出通过市场化机制实现航空碳减排，并付诸实践。《欧盟排放权交易体系指令的第二次修正案》将航空碳排放纳入了碳排放权交易的范围。根据该修正案的要求，从2012年1月1日起从欧盟成员国范围内起降的航空器在航班全程中排出的二氧化碳都将被强制性地纳入碳排放权交易体系。虽然修正案于2014年修订后仅适用于欧盟内部航线，但作为航空碳减排的重要途径，航空碳排放权交易机制无疑将成为民航可持续发展的一个重要方式。2015年7月30日，欧洲航空安全局颁布《无人机运营规章框架说明》，根据无人机的性能和飞行风险高低，将无人机划分为开放类、特许运营类以及审定类三大类。

（三）其他国家的立法

除了美国和欧盟的民航立法对于我国民航法律体系发展具有重要的指导意义以外，加拿大、日本等国在民航法治建设中的有益做法也值得我们深入学习和借鉴。

加拿大对于制定民航法规一直走在世界前列。加拿大不仅在立法方面制定了《航空法》和《加拿大航空规章》以及各种标准规范等，而且创新了市场监管机制。加拿大对民航市场采取了自律监管与政府监管相结合的方式，为负责监管的监察员制定详细的监察员手册，以便监察员能够准确地把握法律法规。为加强对民航市场监管行为的监督，加拿大设立了相对独立的运输申诉庭作为监督机构，从而保证了市场监管行为的合法、有效。

日本为了促进民航业的发展，在 20 世纪 80 年代通过废止《日本航空股份公司法》实现航空市场由民营企业主导。2000 年，日本修订后的航空法废除国内航空市场供求调整规制，并放松价格管制。为提高市场监管效率和水平，日本政府还引入了“管制影响分析”评估体系。在无人机管控方面，日本于 2015 年修订《航空法》，不仅对无人机进行严格界定，而且对于无人机的飞行线路进行严格约束。随后，日本于 2016 年制定《无人机规制法》，以专门立法的形式对无人机进行规范，并划定禁飞区。新加坡则出台了遥控无人机管制条例，对无人机实施分类管理。如质量超过 7 千克的无人机需要遵守有人驾驶飞机相关条例，同时，放飞此类无人机需要取得无人机驾驶执照和无人机活动许可证。由此，日本民航法律体系也得到健全和完善，法律构架由“法律”“政令”和“省令”三个层次组成，法律层面上以《航空法》为基本法，《机场建设和管理法》《飞机噪音防治法》《国土交通省设置法》《航空、铁道事故调查委员会设置法》等专门法律为辅，共同构成日本法律体系，“政令”和“省令”相当于我国民航的“法规”和“规章”。日本民航管理体制实行两级行政管理体制，中央政府层面是国土交通省航空局，同时，国土交通省还下设东京和大阪两个地区管理局，执行国土交通省航空局的法令、通知和政策，按照地域分别管理南部和北部国土的航空事务，负责区内小规模航空企业的申请、起飞等审批事宜。

第三节　中国民航法律体系的发展

一、中国民航法律体系的起步阶段

1950 年，在新中国成立后的第二年，我国民航开启了法律法规体系建设，颁布了《中华人民共和国飞行基本规则》《外国民用航空器飞行管理规则》《旅客意外伤害强制保险条例》《进出口飞机、机员、旅客、行李检查暂行通则》等最早的航空法规。此后又于 1952 年颁布了《中国民航飞行条令》和《民用航空通信规则》，这一时期我国民航立法较为活跃。到了 1956 年以后，我国立法活动整体陷入萧条停滞状态，民航立法也进入举步维艰阶段，这一状态一直持续到 1978 年改革开放。

二、中国民航法律体系的转折阶段

十一届三中全会开启了我国改革开放和社会主义现代化的伟大征程，与此同时，我国也加快推进民航法律体系的建设。1979 年 2 月 23 日，国务院发布《外国民用航空器飞行管理规则》，对于外国民用航空器的出入境、飞行停留、定期航班飞行、非定期航班飞行、特殊情况的返航、无线电联络沟通、飞行安全高度、海关边防及检疫和必须遵守的规章等都作了明确的规定，标志着我国民航法律体系进入了新的发展阶段。1980 年 3 月 15 日，国务院、中央军委发布了《关于民航管理体制若干问题的决定》，自此我国民用航空实现了“军转民”，民航局不再由空军代为管理，为民航的发展奠定了坚实基础。此后，我国出台了一系列有关安全的行政法规，这是我国民航法律体系建设的转折时期。

1983 年 8 月，民航局颁布了五项规章，即《民用航空器国籍登记及管理暂行规则》《民用航空器适航证颁发程序及管理暂行规则》《民用航空器加载无线电设备电台执照管理暂行规则》《民用航空器维修人员执照申请及颁发程序》《民用航空器维修单位生产许可证的申请及颁发程序》。1986 年 4 月 6 日，国务院颁布《民用机场管理暂行规定》，明确了民用机场规划、类别、许可等。1987 年 5 月 4 日，国务院颁布《中华人民共和国民用航空器适航管理条例》，该条例共有 29 条，对于以确保飞行安全为目的民用航空器的设计、生产、使用和维修实施的技术鉴定和监督，都作了全面规定。民用航空器的适航管理由民航局负责，民航局负责对于民用航空器的设计、生产、使用和维修进行检查，凡是违反该条例的行为，民航局将予以处罚。同年 12 月 26 日，民航局为上海虹桥国际机场颁发机场使用许可证，上海虹桥国际机场成为国务院颁布该条例后第一个补发使用许可证的民用机场。

三、中国民航法律体系的完善阶段

进入 20 世纪 90 年代，我国法治建设取得更大的发展，民航法律体系也进入进一步完善阶段。1990 年 4 月 29 日，民航局颁布《中国民用航空局法规起草、制定程序的规定》(民航局令第 1 号)，该规定的颁布具有重要意义，标志着我国民航立法走上科学化、规范化和制度化的道路。之后的 30 多年的时间里，我国民航法律体系实现了跨越式发展，形成了以《中华人民共和国民用航空法》为龙头，以 26 部行政法规和法规性文件、108 部部门规章、36 项国家标准、246 项行业标准、64 项团体标准为主体的民航法律体系，具体表现在以下五个方面：

(一) 颁布民航领域的根本大法——《中华人民共和国民用航空法》

1995 年 10 月 30 日，第八届全国人民代表大会常务委员会第十六次会议通过《中华人民共和国民用航空法》，自 1996 年 3 月 1 日起施行。这是我国民航领域第一部专门法律，这部法律的出台历经十六年的努力，标志着我国民航事业迈向依法治理发展的新阶段。此后，这部法律又分别于 2009 年 8 月 27 日、2015 年 4 月 24 日、2016 年 11 月 7 日、2017 年 11 月 4 日、2018 年 12 月 29 日、2021 年 4 月 29 日进行了六次修正。下一步根据习近平法治思想和中央的重大战略决策部署，还将有效发挥民航法律体系应有的固根本、稳预期、利长远的保障、规范和引领作用：一方面推进《中华人民共和国民用航空法》的第六次修正，主要侧重于在加强民航安全管理、优化行政许可、推进通航发展、强化公众合法权益保护等方面做好充实完善工作；另一方面还要深入开展《中华人民共和国航空法》的制定研究，筑牢法治民航的根基，这主要是因为现行的民航法律体系调整范围限于民用航空，不能对空域管理进行全面规定，只有制定一部空间范围更加广泛的航空法才能从根本上解决空域分类管理以及与此相关的体制性问题。

（二）注重制定民航行政法规，夯实民航法律体系

根据《中华人民共和国民用航空法》的基本原则，这一时期的民航行政法规也不断出台，1996 年 7 月 6 日，时任国务院总理李鹏签署第 201 号国务院令，颁布《中华人民共和国民用航空安全保卫条例》，这一条例的制定与当时的国内外空防安全形势有着密切联系，旨在防止对民用航空活动的非法干扰，维护民用航空秩序，保障民用航空安全，此后，于 2011 年 1 月 8 日，国务院对该条例进行了一次修订。1997 年 10 月 21 日，时任国务院总理李鹏签署第 232 号和 233 号国务院令，发布《中华人民共和国民用航空器国籍登记条例》和《中华人民共和国民用航空器权利登记条例》，前一个条例旨在加强对民用航空器国籍的管理，保障民用航空活动安全，维护民用航空活动秩序；后一个条例则是依据《中华人民共和国民用航空法》，做好民用航空器的权利登记工作。2000 年 7 月 24 日，国务院、中央军委发布第 288 号令，公布《中华人民共和国飞行基本规则》，该规则的制定旨在维护国家领空主权，规范中华人民共和国境内的飞行活动，保障飞行活动安全有秩序地进行。2003 年 1 月 10 日，国务院、中央军委发布第 371 号令，公布《通用航空飞行管制条例》，该条例的制定旨在促进通用航空事业的发展，规范通用航空飞行活动，保证飞行安全。2007 年 12 月 10 日，民航总局公布《民用机场运行安全管理规定》，此后，交通运输部于 2018 年 12 月 14 日，对该规定进行修改，并将其名称更改为《运输机场运行安全管理规定》，旨在保障运输机场安全、正常运行。2009 年 4 月 1 日，国务院第 55 次常务会议通过《民用机场管理条例》，该条例的制定旨在规范民用机场的建设与管理，积极、稳步推进民用机场发展，保障民用机场安全和有序运营，维护有关当事人的合法权益。上述一系列重要的民航行政法规的出台既夯实了民航法律建设的基础，也为制定和完善民航规章提供了上位法依据。

（三）加快推进制定和完善民航部门规章，强化行业依法治理能力

《中华人民共和国民用航空法》和其他相关行政法规的制定和实施为完善民航规章提供了重要和根本依据。从 1990 年到 2009 年，民航局一共颁布了 193 部部门规章，每年平均颁布 9.65 部，在初期颁布的部门规章较多，而后期随着民航发展需要修订的部门规章较多。这些部门规章绝大部分属于安全管理类规章，主要包括飞行标准、航空器适航、空中交通、机场管理、安全监察、空防保卫等六大方面十五类别的相关内容。民航规章的分类方式参考民航国际公约及其相关附件，分类方式相对成熟稳定，同一规章不同版本的编号也相对固定。对于规章的立项申请、起草及编撰工作由民航局各职能部门负责，民航局法制机构负责规章制定工作的指导和监督，负责规章起草计划汇总、审查监督以及与全国人大法制机构、国务院法制机构的联系、协调及规章备案工作，此外，民航局法制机构还要对拟制定的规章的合理性、合法性、规范性等方面进行全面审查，同时，根据上位法的调整变化以及规章在执行过程中暴露出的问题，及时开展立、改、废、释相关工作，确保规章的时效性。我国民航部门规章的制定和完善的根本出发点是做好民航行业安全保障工作。例如，民航规章的编订工作一开始就参照美国民航法律体系，逐步制定了 CCAR-21 部《民用航空产品和零部件合格审定规定》、CCAR-23 部《正常类、实用类、特技类和通勤类飞机适航规定》、CCAR-35 部《螺旋桨适航标准》、CCAR-33 部《航空发动机适航规定》、CCAR-27 部《正常类旋翼航空器适航规定》等重要航空规章。

此外，为了适应民航改革发展需要，通过制定和完善涉及职能转变的部门规章和政策办法，加强行业治理能力建设。1999 年 7 月 5 日，民航总局颁布《中国民用航空空中交通管理规则》，该规则是规范空中交通管制活动的重要民航部门规章，此后经历了三次修订，该规则确立了《中华人民共和国民用航空法》对于空中交通服务的分类，详细定义了空中交通管制服务、飞行情报服务和告警服务的概念，同时，为了明确各空

管单位的职责，便于组织、实施和监督空中交通服务，还进一步将交通管理单位划分为六种类型，即机场塔台空中交通管制室、空中交通服务报告室、进近管制室、区域管制室、民航地区管理局空中交通调度室、民航总局空中交通管理局总调度室。2004 年 5 月 26 日，民航总局颁布《民用航空使用空域办法》(CCAR-71)，根据这一办法，我国空域被划分为 A、B、C、D 四类，其中，A 类对应高空管制区；B 类对应中低空管制区；C 类对应（进近）管制区；D 类对应机场塔台管制区，这四类管制区存在不同的运行条件，并分别对应不同的运行规则。应该说，该办法中的各项空域划分规定较之前的法规有较大的进步，对于规范我国空域划分工作，提升空域划分的科学性具有重要的现实意义。2006 年 1 月 16 日，民航总局颁布《中国民用航空国内航线经营许可规定》：放宽国内航线经营许可管理，国内大部分机场之间的航线经营许可实行登记管理；资源紧张机场、繁忙机场、飞行流量较大机场以及在飞行安全方面有特殊要求机场的航线经营许可，实行核准管理；以安全、服务、诚信作为评审标准，下放管理权限，扩大地区管理局管理范围；建立评审委员会评审和公示等制度。2006 年 3 月 31 日，民航总局颁布《中国民用航空销售代理资格认可办法》，2007 年 12 月 28 日，民航总局、国家发改委联合颁发《民用机场收费改革方案》和相应的实施办法，划分机场收费类别、统一机场收费项目、改变机场收费管理方式，建立机场分类收费、政府管理和市场调节相结合的机场收费管理机制，并逐步统一境内外航空公司的收费标准。2009 年 4 月 13 日，国务院发布第 553 号令，颁布《民用机场管理条例》，旨在规范民用机场的建设与管理，积极、稳步推进民用机场发展，保障民用机场安全和有序运营，维护有关当事人的合法权益。2013 年 2 月 23 日，民航局颁布《国内航线航班代码共享管理办法》，对于航空公司在国内航线上的代码共享行为予以监督。2014 年 11 月 26 日，中国航空运输协会、中国民航飞行员协会和四十二家航空公司及部分飞行员代表共同签署《航空公司飞行员有序流动公约》，此后又于 2018 年 12 月 21 日进行修订，到 2019 年年底实现运输航空公司的全覆盖，逐步形成了飞行员有序流动格局。2017 年 11 月 14 日，民航局印发《民航行业信用管理办法（试行）》，对民航行业信用信息的采集、使用、移除等事项进行规范，设立全国统一的民航行业信用信息记录，全面统计在我国境内从事民用航空活动或者在我国境外从事需要我国批准的民用航空活动的组织和个人的基本信息和违法失信信息。

（四）加强民航行业标准化建设，规范行业发展

1996 年 10 月 11 日，民航总局发布第 55 号令和第 56 号令。第 55 号令公布《中国民用航空计量管理规定》，旨在加强民用航空计量工作监督管理，保障民用航空量值的准确可靠，以利于实现安全第一、正常飞行和优质服务；第 56 号令公布《中国民用航空计量检定规程管理办法》，旨在加强对民用航空部门计量检定规程的规范化管理，保障民用航空计量检定工作有序进行。

为了进一步完善计量管理工作，1997 年 8 月 1 日，民航总局发布第 64 号令，公布《中国民用航空计量技术委任代表和委任单位代表规定》，旨在充分发挥民用航空企事业单位技术力量的作用，规范民用航空计量技术委任代表和委任单位代表的委任程序及职责，加强对民用航空计量技术工作的监督管理。

在制定了上述行业中某一领域标准化管理规定和办法之后，为了更好地加强全行业标准化工作，1998 年 7 月 20 日，民航总局局务会会议通过《中国民用航空标准化管理规定》，此后又于 2014 年 11 月 24 日修订，该规定旨在规范民用航空标准化活动，加强民用航空标准化工作的管理，推动行业技术进步，保证航空安全，促进民用航空事业发展。

2015 年 12 月 29 日，民航局根据无人机迅猛发展的监管需要，发布《轻小无人机运行规定（试行）》，此后为了进一步规范轻小无人机运行，固化前期无人机云系统试运行的成功经验，确保管理理念和政策与无人机技术发展相适应，又在 2019 年对于该规定进行了相应修改。

2017 年 5 月 24 日，民航局发布《民用航空产品和零部件合格审定规定》（CCAR-21-R4），该规定是对 1990 年 8 月 8 日的规定的第四次修订，规定以证件管理为基础，适用于民航产品和零部件的合格审定，包括型号合格审定、生产合格审定以及适航合格审定，并通过颁发证件进行相应授权与管理，核心是进行适航证管理，确保民航产品及零部件的适航性。

（五）制定民航法治建设规划，提升民航法治水平

党的十八届四中全会提出全面依法治国的总目标和重大任务，为了落实中央全面依法治国的战略部署，进一步做好民航法治建设工作，推动民航行业安全健康发展，2015 年 5 月 19 日，民航局首次印发《加强民航法治建设若干意见》，根据这一意见，到 2020 年，我国将基本建成以《民航法》为核心，覆盖行业各领域和各环节，科学规范、层次分明、配套衔接的民航法规体系；民航法治政府建设取得新的进展，行业监管体制机制进一步完善，监管效能显著提升；民航法律法规普及深度和广度明显增加，从业人员依法办事水平全面提高，民航消费者守法用法意识普遍增强，矛盾纠纷化解更加及时有效。加强民航法治建设的指导思想是以强化民航行政机关依法行政、民航经营者依法从业和民航消费者依法维权为出发点，以完善民航法规体系、健全民航行业监管机制、增强民航市场主体守法意识为重点，全面推进民航法治建设，维护民航安全和运行秩序，保护民航经营者和民航消费者的合法权益，确保民航改革发展在法治轨道上稳步前行，为建设民航强国提供有力的法治保障。民航法治建设的基本原则是坚持统筹衔接，把“优立法、严执法、强守法、善用法”融为一体，统筹设计、整体推进，提高民航法治建设工作的系统性和协调性；坚持协同共进，正确处理法治建设与深化改革的关系，更好发挥“两个车轮”的协同效应，共同推进民航安全健康发展；坚持包容兼蓄，立足国情和行业实际，与民航国际公约和国际惯例有效对接，推动我国民航标准国际化，增强在国际民航事务中的话语权和影

响力；坚持高效有序，把握正确的方向，前瞻性与实用性相结合，超前谋划，分轻重缓急，积极稳妥推进民航法治建设。该意见提出了 4 个方面、16 项基本任务：在完善民航法规体系方面，将建立立法规划指导，提高立法工作质量，推动重点领域立法，完善法规协调机制；在加强监管能力建设方面，将提高依法决策水平，完善行业监管机制，规范行政执法行为，改革行政审批制度，强化监管队伍建设；在强化行业依法运行方面，将引导行业依法治理，发挥社团服务作用，优化外部法律环境；在增强守法用法观念方面，将增强行业法治思维，加大行业普法宣传，健全纠纷预防机制，加强法治人才培养。

2021 年 1 月 11 日，中共中央印发《法治中国建设规划（2020—2025 年）》，明确指出，“建设法治中国，必须加强和改进立法工作，深入推进科学立法、民主立法、依法立法，不断提高立法质量和效率，以高质量立法保障高质量发展、推动全面深化改革、维护社会大局稳定”，并提出了法治中国建设的近景和远期规划，即到 2025 年，党领导全面依法治国体制机制更加健全，以宪法为核心的中国特色社会主义法律体系更加完备，职责明确、依法行政的政府治理体系日益健全，相互配合、相互制约的司法权运行机制更加科学有效，法治社会建设取得重大进展，党内法规体系更加完善，中国特色社会主义法治体系初步形成。到 2035 年，法治国家、法治政府、法治社会基本建成，中国特色社会主义法治体系基本形成，人民平等参与、平等发展权利得到充分保障，国家治理体系和治理能力现代化基本实现。民航法治建设属于法治中国建设的一个重要组成部分，而在民航法治建设中，民航法律体系建设又属于民航法治建设的基础根基部分。俗话说，基础不牢，地动山摇。民航法律法规规章是否完备，是否适应新时代民航发展需要，是否能够解决当前社会关注的一些热点和难点问题，是我们能否做好民航工作的重要环节，与此同时，民航法治建设自身也需要民航法律法规规章体系建设提供有力支撑。经过多年的努力，我国民航已经形成了以《中华人民共和国民用航空法》为统领的民航法律体系，基本实现了有法可依，为民航法治建设奠定了坚实基础。但在民航飞速发展的今天，对标世界民航发达国家，我国民航仍然存在一些不适应发展的新情况和新问题。为此有必要结合当前全面依法治国的新形势和新方向，建立健全民航法律体系，找出当前以及未来一段时间缺失的或者不适应民航发展的相关法律法规规章，改进民航立法工作机制，从立法程序、立法技术、立法建议处理、立法规划、立法评估等方面保障立法的科学性、民主性，进一步夯实民航法治建设的法制基础。此外，还应当加强安全、应急、服务、发展等重点规章制定和修改，推进货运领域规章梳理研究；持续推进行政规范性文件合法性审核；推动《北京公约》和《北京议定书》报批审查和批准工作，积极参与国际民航组织《解决分歧规则》修订工作，在行政机关中全面推行权责清单制，全口径梳理民航权责事项。为此，有必要在持续加强民航法律体系建设的同时，健全民航法治建设规划，推动民航法律法规规章体系持续完善，推进民航治理体系和治理能力现代化。

第二章　中国民航立法体系

第一节　中国民航立法概况

从目前的情况来看，我国民航立法分国家层面立法与地方层面立法两大类别。

国家层面的立法体系完备，业已形成法律—行政法规—民航规章—规范性文件各个层级全覆盖的法律规范体系，完整包含了民航业的各领域。以民航规章为例，按照不同的事项进行规定，概括来说有 15 类，分别是：行政程序规则（1—20 部），航空器（21—59 部），航空人员（60—70 部），空域、导航设施、空中交通规则和一般运行规则（71—120 部），民用航空企业合格审定及运输（121—139 部），学校、非航空人员及其他单位的合格审定及运行(140—149 部)，民用机场建设和管理(150—179 部)，委任代表规则（180—189 部），航空保险（190—199 部），综合调控规则（201—250 部），航空基金（251—270 部），航空运输规则（271—325 部），航空保安（326—355 部），科技和计量标准（356—390 部），航空器搜寻援救和事故调查（391—400 部）。

地方层面的立法目前有江苏省、重庆市针对民用航空制定的地方性法规，也有云南省、上海市、吉林省、青海省、河南省、贵州省、湖南省、浙江省针对民用运输机场或者无人机制定的相关地方性法规，还有相关省、直辖市针对民用运输机场保护、民用无人驾驶航空器管理等制定的地方政府规章。

第二节　中国民航国家立法

如前所述，我国民航国家层面的立法情况如表 2-1 所示：

表 2-1　我国民航国家层面立法

序号	名称	制定机关	公布日期
1	《中华人民共和国民用航空法》	全国人民代表大会常务委员会	2018 年 12 月 29 日
2	《中华人民共和国民用航空器国籍登记条例》	国务院	2020 年 11 月 29 日
3	《中华人民共和国民用航空器权利登记条例》	国务院	1997 年 10 月 21 日
4	《中华人民共和国搜寻援救民用航空器规定》	国务院	1992 年 12 月 28 日
5	《民用航空运输不定期飞行管理暂行规定》	国务院	1989 年 3 月 2 日
7	《中华人民共和国民用航空器适航管理条例》	国务院	1987 年 5 月 3 日
8	《外国民用航空器飞行管理规则》	国务院	2019 年 3 月 2 日
10	《中华人民共和国民用航空安全保卫条例》	国务院	2011 年 1 月 8 日

从通用航空的法治建设来看，近十年以来，国家层面出台了一系列强有力的政策助推我国通用航空业的发展。相关政策文件、部门规章（部分）请见表 2-2：

表 2-2　涉及通用航空业的相关政策文件、部门规章（部分）

序号	名称	发布部门	发布时间
1	《关于深化我国低空空域管理改革的意见》	国务院、中央军委	2010 年 11 月 14 日
2	《国务院关于促进民航业发展的若干意见》	国务院	2012 年 7 月 8 日
3	《国务院关于发布政府核准的投资项目目录（2014 年本）的通知》	国务院	2014 年 11 月 18 日
4	《“十三五”国家战略性新兴产业发展规划》	国务院	2016 年 12 月 19 日
5	《国务院办公厅关于印发促进民航业发展重点工作分工方案的通知》	国务院办公厅	2013 年 1 月 14 日
6	《国务院办公厅关于促进通用航空业发展的指导意见》	国务院办公厅	2016 年 5 月 13 日

续表

序号	名称	发布部门	发布时间
7	《国务院办公厅关于加快飞机租赁业务发展的意见》	国务院办公厅	2013 年 12 月 20 日
8	《通用航空飞行任务审批与管理规定》	总参谋部、民航局	2013 年 12 月 1 日
9	《通用航空发展专项资金管理暂行办法》	民航局、财政部	2012 年 12 月 11 日
10	《引进通用航空器管理暂行办法》	民航局、财政部	2012 年 12 月 24 日
11	《关于加强公务航空管理和保障工作的若干意见》	民航局	2013 年 2 月 5 日
12	《通用航空包机飞行（短途运输）经营管理暂行办法》	民航局	2015 年 9 月 28 日
13	《民用航空工业中长期发展规划（2013—2020 年）》	工信部	2013 年 5 月 22 日
14	《通用航空经营许可管理规定》	交通运输部	2016 年 4 月 7 日
15	《关于推动交通提质增效提升供给服务能力的实施方案》	国家发改委、交通运输部	2016 年 6 月 6 日
16	《关于做好通用航空示范推广有关工作的通知》	国家发改委	2016 年 11 月 7 日
17	《近期推进通用航空业发展的重点任务》	国家发改委	2016 年 11 月 14 日
18	《关于进一步深化民航改革工作的意见》	民航局	2016 年 5 月 27 日
19	《民用无人机驾驶航空器系统空中交通管理办法》	民航局	2016 年 9 月 21 日
20	《关于鼓励社会资本投资建设运营民用机场的意见》	民航局	2016 年 11 月 3 日
21	《中国民用航空发展第十三个五年规划》	民航局	2016 年 12 月 22 日
22	《提升通用航空服务能力工作方案》	民航局	2016 年 12 月 24 日
23	《民用无人机驾驶员管理暂行规定》	民航局	2016 年 7 月 11 日
24	《空中游览》	民航局	2016 年 8 月 17 日
25	《热气球运行指南》	民航局	2016 年 8 月 24 日
26	《航空运动产业发展规划》	国家体育总局	2016 年 11 月 8 日

另从相关文件的时间先后顺序来看，2009 年 12 月 23 日，中国民用航空局发布《民航局关于加快通用航空发展的措施》(民航发〔2009〕101 号)，该 15 条措施将通用航空提高到国家战略的高度；2010 年 11 月 14 日，国务院、中央军委正式对外发布已于 2010 年 8 月 19 日制定的《关于深化我国低空空域管理改革的意见》,该文件可谓我国低空空域管理改革逐步推进的纲领性文件；2012 年 3 月 17 日，财政部发布《民航发展基金征收使用管理暂行办法》(财综〔2012〕17 号)，从财政方面为通用航空发展创造了宽松环境；2012 年 5 月 29 日，中国民用航空局发布《通用机场建设规范》(MH/T 5026-2012)，该文件是我国民航首部专门针对通用机场的建设和管理标准；2012 年 7 月 8 日，国务院发布《国务院关于促进民航业发展的若干意见》(国发〔2012〕24 号)，明确了通用航空将来一段时期的重点发展方向及保障措施，提出加强通用航空立法工作以及编制全国空域规划和通用航空产业规划；2012 年 12 月 11 日，中国民用航空局、财政部发布《通用航空发展专项资金管理暂行办法》(民航发〔2012〕111 号)，从财政方面进一步支持我国通用航空发展；2016 年 5 月 13 日国务院办公厅发布《国务院办公厅关于促进通用航空业发展的指导意见》(国办发〔2016〕38 号)，提出培育通用航空市场、加快通用机场建设、促进产业转型升级、扩大低空空域开放、强化全程安全监管以及保障措施；2019 年 1 月 21 日中国民用航空局发布《关于推进通用航空法规体系重构工作的通知》(民航发〔2019〕5 号)，落实“分类管理、放管结合、以放为主”的要求，鼓励和推动通航发展，积极支持社会资本投资通航产业，形成了通航业务框架和通航法规框架，这是开展中国民航通航政策法规体系重构的总体性文件，明确了未来一段时间中国通用航空整体政策走向、立法思路和制度设计需要遵循的基本原则和具体要求。

上述一系列文件的发布表明我国通用航空法治建设呈现逐步完善的趋势，但是仍然存在诸多问题。

其一，涉及通用航空相关规范的系统性有待加强。截止到目前，从立法的宏观角度来看，通用航空的立法层级不高，相关的基础性条文较少，既有的条文规定大多是对政策性文件的重述，有待形成体系；从立法的微观角度来说，法律规范之间使用的概念表述不统一，管理和技术标准领域存在一些缺失，有待进一步弥补完善，例如，通用航空器及零部件的研发制造、固定基地运营商（FBO）、飞行服务站（FSS）的建设和管理标准、航材储备与供应等亟需进行立法。

其二，涉及通用航空相关规范限制性因素较多。例如，行业准入门槛严苛，对非经营性通用航空活动的登记管理限制过多，通用机场建设的审批手续缺乏明确细则，通用航空飞行计划申请审批程序较复杂，等等。

其三，涉及通用航空相关规范的针对性和时效性较弱，多数以政策文件形式呈现，在运行管理的严密性与运行标准上看与国际民航组织的相关要求存在一定差距。

第三节　中国民航地方立法

习近平总书记指出，新形势新任务对人大工作提出新的更高要求。地方人大及其常委会要按照党中央关于人大工作的要求，围绕地方党委贯彻落实党中央大政方针的决策部署，结合地方实际，创造性地做好立法、监督等工作，更好地助力经济社会发展和改革攻坚任务。

从立法层面来看，党的十九大报告中强调："科学立法、严格执法、公正司法、全民守法深入推进，法治国家、法治政府、法治社会建设相互促进，中国特色社会主义法治体系日益完善，全社会法治观念明显增强。"提高立法质量是法治政府建设的一项重要任务。在地方立法领域，要深入推进科学立法、民主立法、依法立法；在行业立法领域，法律条文表述的规范程度，直接影响执法工作，影响法律的实施效果。

从执法层面来说，党的十八届四中全会明确提出实行国家机关"谁执法谁普法"的普法责任制，中共中央办公厅、国务院办公厅于 2017 年 5 月 17 日印发并实施的《关于实行国家机关"谁执法谁普法"普法责任制的意见》中要求，坚持条块结合、密切协作。国家机关普法实行部门管理与属地管理相结合，加强部门与地方的衔接配合，完善分工负责、共同参与的普法工作机制，形成普法工作合力。据此，有必要研究涉及某个具体行业部门的地方立法问题，以期实现地方立法与行业立法的科学衔接、灵活配合，根据某一地域经济发展实际，针对属地内的相关行业部门制定出更贴近实际、更“接地气”的地方性立法规范。

“谁执法谁普法”中针对“部门管理与属地管理相结合”“加强部门与地方的衔接配合”的相关要求，为地方立法、行业立法提出了努力的方向，更为进一步加强建构法治政府提出了更为具体的要求。建构法治政府是实现依法治国基本方略的关键环节，是建设法治国家与法治社会的主要领域，是事关国家政治、经济、社会发展全局的系统工程。[①]建构法治政府离不开中央与地方的共同努力，离不开地方与行业的密切配合，离不开立法与执法的齐头并进。从地方立法的角度来看，建构法治政府的重要前提是地方立法能够处理好地方事务性与技术性事项。[②]

民航地方立法，是地方立法切入行业立法的尝试与发展，涉及中央事权与地方事权之间的衔接，既有地方色彩，也有一定立法权共享的因素。各地方人大针对民航地方立法展开了相关研究，并已经取得了一些成果。国内目前只有两部民航地方立法：《江苏省民用航空条例》和《重庆市民用航空条例》。

（一）现有的民航地方立法概况

因为国内外专门针对民航地方立法的研究近乎空白，所以地方立法与行业立法的交叉互动研究亟待完善。我国民航业一直采用以国家民航

---

① 张渝田：《试论建构法治政府的逻辑》，载《西南民族大学学报（人文社会科学版）》2014 年第 9 期。

② 单从学理上看，中央与地方立法权限的划分方式可以分为以下几种情况：中央独占（没有涉及地方权限或者归属中央所必要之事务），中央框架立法（有密切涉及地方事务权限），立法权共享（所谓平行立法权，指的是为了个别任务达成所应拥有对同一事项的立法权共享），地方立法权限（地方色彩比重较高，属于地方事务性与技术性事项）。参见名扬：《立法程序与技术》，新保成出版事业有限公司 2018 年版，第 399 页。

主管部门为主的统一管理模式，但是随着国家大部制改革的推进，已明确将民航纳入综合交通运输体系并赋予地方一定管理职责。各省（自治区、直辖市）一般由交通运输主管部门负责民航属地管理职能，并相应建立了省（自治区、直辖市）、市两级管理机构。

从现有的立法情况看，分析我国的民航地方立法概况，须立足于分析《江苏省民用航空条例》和《重庆市民用航空条例》。由于我们参与了很大一部分四川省民用航空立法的相关工作，所以在本节中对其一并进行论述。我们希望，通过分析国内各地现有的民航地方立法，能够为四川省的民航地方立法找出若干亟需破解的问题点，并尝试着给出我们的解决方案。

下面分析国内现有的两部民航地方立法：

以《江苏省民用航空条例》为例，该条例对调整范围做出规定，主要限于地方有关事项，包括民用航空发展规划和民用机场的规划建设，运输机场的运营、管理、服务和安全环境保护，通用航空有关管理以及相关活动。至于民用航空的安全、标准、航空运输、市场监管等行业管理，按照法律、行政法规和国家有关规定执行。

从我国目前涉及民航类的地方性法规的制定情况来看，现有的地方性法规中对民用航空作出系统规定的有《江苏省民用航空条例》①、《重庆市民用航空条例》②，详见表 2-3：

表 2-3　对民用航空作出系统规定的地方性法规

地方性法规名称	通过（修订）会议与时间	施行时间
《江苏省民用航空条例》	2017 年 1 月 18 日，江苏省第十二届人大常委会第二十八次会议通过	2017 年 7 月 1 日起
《重庆市民用航空条例》	2018 年 11 月 30 日，重庆市第五届人民代表大会常务委员会第七次会议通过	2019 年 1 月 1 日起

① 请见《江苏省民用航空条例》，http://www.jsrd.gov.cn/zyfb/sjfg/201701/t20170124_442761.shtml。

② 请见《重庆市民用航空条例》，http://www.ccpc.cq.cn/home/index/more/id/214313.html。

表 2-3 所列举的 2 例地方性法规，主要对公共运输航空（如运输机场规划与建设、运输机场管理与服务、运输机场安全环境保护），通用航空，民用航空的发展、保障与促进，法律责任等方面进行规定。

从条文结构与内容来看，上述 2 例地方性法规中，涉及运输机场的条文占绝大多数，具体如图 2-1 和图 2-2。

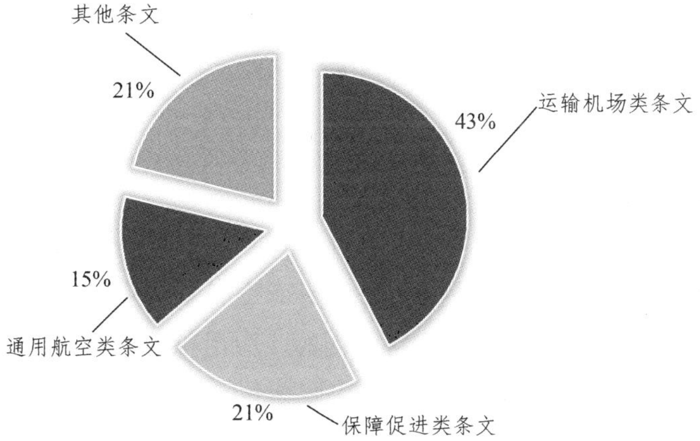

图 2-1 《江苏省民用航空条例》条文结构

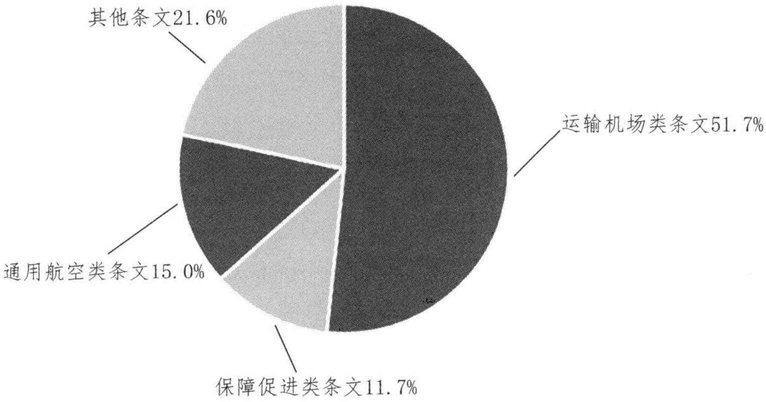

图 2-2 《重庆市民用航空条例》条文结构

通过法条对比和《重庆市民用航空条例》第六十条的规定可知,《重庆市民用航空条例》规定运输航空的部分基本上来源于 2003 年 8 月 1 日重庆市第二届人民代表大会常务委员会第四次会议通过，2010 年 7 月 23 日重庆市第三届人民代表大会常务委员会第十八次会议修正的《重庆市民用机场保护条例》。已废止的《重庆市民用机场保护条例》共 37 条，包括总则、民用机场净空保护、民用机场电磁环境保护、民用机场发展控制用地保护、法律责任、附则 6 个部分。其中，针对民用机场的净空保护、电磁环境保护、发展控制用地保护的条文被纳入《重庆市民用航空条例》。

由上述针对 2 例民航地方立法的条文结构分析不难发现，现有的民航地方立法倾向于用较大篇幅对运输航空特别是运输机场的管理设置做出相关规定。2009 年 7 月 1 日起施行的《民用机场管理条例》中，为有关地方人民政府依法对民用机场实施监督管理做出了相应的规定（如该条例第四条第二款、第二十四条、第二十五条、第四十六条），给民航地方立法留下了空间。上述 2 例民航地方立法涉及运输机场的条文主要包含以下几个方面：规划与建设、管理与服务（包含机场安保）、安全环境保护（包含机场净空保护与电磁环境保护）。

我们发现，上述 2 例民航地方立法中涉及运输机场的条文与已有的相关行政法规存在某些重复。如,《重庆市民用航空条例》第三十七条第一款针对禁止在民用机场净空保护区域内从事的活动做出了规定,《江苏省民用航空条例》也在第三十条第一款对运输机场净空保护区域内禁止的行为做出了规定；但是，行政法规《民用机场管理条例》第七十九条针对民用机场净空保护已经做出了详细规定，上述 2 例民航地方立法对此直接采用“拿来主义”的方式，将《民用机场管理条例》第七十九条

的规定修改个别字词便直接纳入相关条款之中。[①]当然，《重庆市民用航

---

① 相关条文请见：《民用机场管理条例》第四十九条规定："禁止在民用机场净空保护区域内从事下列活动：（一）排放大量烟雾、粉尘、火焰、废气等影响飞行安全的物质；（二）修建靶场、强烈爆炸物仓库等影响飞行安全的建筑物或者其他设施；（三）设置影响民用机场目视助航设施使用或者飞行员视线的灯光、标志或者物体；（四）种植影响飞行安全或者影响民用机场助航设施使用的植物；（五）放飞影响飞行安全的鸟类，升放无人驾驶的自由气球、系留气球和其他升空物体；（六）焚烧产生大量烟雾的农作物秸秆、垃圾等物质，或者燃放烟花、焰火；（七）在民用机场围界外5米范围内，搭建建筑物、种植树木，或者从事挖掘、堆积物体等影响民用机场运营安全的活动；（八）国务院民用航空主管部门规定的其他影响民用机场净空保护的行为。"《民用机场管理条例》第七十九条规定："违反本条例的规定，有下列情形之一的，由民用机场所在地县级以上地方人民政府责令改正；情节严重的，处2万元以上10万元以下的罚款：（一）排放大量烟雾、粉尘、火焰、废气等影响飞行安全的物质；（二）修建靶场、强烈爆炸物仓库等影响飞行安全的建筑物或者其他设施；（三）设置影响民用机场目视助航设施使用或者飞行员视线的灯光、标志或者物体；（四）种植影响飞行安全或者影响民用机场助航设施使用的植物；（五）放飞影响飞行安全的鸟类、升放无人驾驶的自由气球、系留气球和其他升空物体；（六）焚烧产生大量烟雾的农作物秸秆、垃圾等物质，或者燃放烟花、焰火；（七）在民用机场围界外5米范围内，搭建建筑物、种植树木，或者从事挖掘、堆积物体等影响民用机场运营安全的活动；（八）国务院民用航空主管部门规定的其他影响民用机场净空保护的行为。"《重庆市民用航空条例》第三十七条第一款规定："禁止在民用机场净空保护区域内从事下列活动：（一）修建可能在空中排放大量烟雾、粉尘、火焰、废气等不符合机场净空要求、影响飞行安全的建（构）筑物或者其他设施；（二）修建靶场、强烈爆炸物仓库等影响飞行安全的建（构）筑物或者其他设施；（三）设置影响机场目视助航设施使用或者民用航空器驾驶员视线的灯光、激光、标志或者物体；（四）种植影响飞行安全或者影响机场助航设施使用的植物；（五）饲养、放飞影响飞行安全的鸟类动物，升放无人驾驶的自由气球、系留气球、风筝、孔明灯、航模和其他升空物体；（六）排放大量烟雾、粉尘、火焰、废气等影响飞行安全的物质；（七）焚烧产生大量烟雾的农作物秸秆、垃圾等物质，或者燃放烟花、爆竹、焰火；（八）在机场围界外五米范围内，搭建建筑物、种植树木，或者从事挖掘、堆积物体等影响机场运营安全的活动；（九）国务院民用航空主管部门规定的其他影响民用机场净空保护的行为。"《江苏省民用航空条例》第三十条第一款规定："运输机场净空保护区域内禁止下列行为：（一）修建不符合运输机场净空要求的建筑物、构筑物或者设施；（二）修建可能向空中排放大量烟雾、粉尘、火焰、废气而影响飞行安全的建筑物或者设施；（三）修建靶场、强烈爆炸物仓库等影响飞行安全的建筑物或者设施；（四）排放大量烟雾、粉尘、火焰、废气等影响飞行安全的物质；（五）露天焚烧秸秆、垃圾等，或者燃放烟花、焰火；（六）放飞影响飞行安全的鸟类，或者升放无人驾驶的自由气球、系留气球、无人机、孔明灯、风筝和其他升空物体；（七）设置影响运输机场目视助航设施使用或者飞行员视线的灯光、激光、标志或者物体；（八）种植影响飞行安全或者影响运输机场助航设施使用的植物；（九）在运输机场围界外五米范围内，搭建建筑物、种植树木，或者从事挖掘、堆积物体等影响运输机场运营安全的活动；（十）设置易吸引鸟类及其他动物的露天垃圾场、屠宰场、养殖场等场所；（十一）法律、法规和国务院民用航空主管部门规定的其他影响运输机场净空保护的行为。"

空条例》第三十七条第二款规定，在民用机场净空保护区域外从事前款所列活动，不得影响民用机场净空保护；其第三款规定，无人驾驶航空器的使用，应当遵守国家和本市相关规定，不得影响民用机场净空保护。这两款都对民用机场的净空保护做出了注意规定，但是，从体系解释的角度观之，该条第一款第（五）项和第（九）项业已涵摄该条第二款、第三款的文义，在立法时是否有必要再次以注意规定的形式写明，值得商榷。类似的情况在《江苏省民用航空条例》中也有出现。[①]特别要指出的是，上述2例民航地方立法中虽存在“拿来主义”特征较明显的条文，但也有首创性的条文，如《江苏省民用航空条例》第三十条第二款规定：“在运输机场净空保护区域外从事前款所列行为的，不得影响运输机场净空保护。对可能影响飞行安全的高大建筑物或者设施，其所有者应当按照国家有关规定设置航空障碍灯和障碍物标志，并使其保持正常状态。”该款规定首次以地方性法规的形式明确了应如何设置航空障碍灯和障碍物标志，填补了相关立法的空白。

我们深知，随着我国国家治理体系和治理能力现代化的不断推进，法治建设的重心已由“数量型”立法转变为“质量型”立法，立法质量问题业已成为法治建设的核心议题。诚然，前述将行政法规中已有的相关条文直接纳入地方立法的做法，似乎有悖“质量型”立法的初衷。上述2例民航地方立法中出现的针对行政法规的“拿来主义”现象并不在少数，民航地方立法乃至众多的涉及其他主题的地方立法要破解这类问题，亟需出台相应的地方立法技术规范进行指导。直言之，类似问题通过“引致性条款”进行处理，更有利于“质量型”立法的实现。[②]

---

① 《江苏省民用航空条例》第三十条第三款规定：“机场管理机构应当加强对运输机场净空状况的核查，发现影响运输机场净空保护的情况，应当立即制止，并书面报告运输机场所在地县级以上地方人民政府。接到报告的县级以上地方人民政府应当及时采取有效措施，消除对飞行安全的影响。” 对比《民用机场管理条例》第五十二条规定：“民用航空管理部门和机场管理机构应当加强对民用机场净空状况的核查。发现影响民用机场净空保护的情况，应当立即制止，并书面报告民用机场所在地县级以上地方人民政府。接到报告的县级以上地方人民政府应当及时采取有效措施，消除对飞行安全的影响。”不难发现，这也是对既有行政法规条文的复写。

② 请参见《重庆市地方立法技术规范》，载 http://www.ccpc.cq.cn/home/index/more/id/63695.html。

当然，除上述 2 例系统规范地方民航的地方性法规之外，地方性法规中关于民用航空方面的立法集中在民用运输机场保护这一领域，也有部分涉及无人驾驶航空器的地方性法规，详见表 2-4：①

表 2-4　关于民用运输机场保护的地方性法规

地方性法规名称	通过（修订）会议与时间	施行时间
《云南省民用运输机场保护条例》	2011 年 5 月 26 日，云南省第十一届人民代表大会常务委员会第 23 次会议通过	2011 年 7 月 1 日起
《上海市民用机场地区管理条例》	1996 年 6 月 1 日上海市十一届人大常委会第 10 次会议通过，2011 年 9 月 22 日上海市十三届人大常委会第 29 次会议修订	2011 年 12 月 1 日起
《吉林省民用机场管理条例》	2015 年 5 月 26 日，经吉林省第十二届人民代表大会常务委员会第十七次会议通过	2015 年 9 月 1 日起
《青海省民用机场管理条例》	2019 年 5 月 30 日，青海省十三届人大常委会第十次会议审议通过	2019 年 8 月 1 日起
《河南省民用运输机场管理条例》	2014 年 5 月 29 日，河南省第十二届人民代表大会常务委员会第八次会议通过	2014 年 10 月 1 日起
《贵州省民用运输机场管理条例》	2014 年 3 月 19 日，贵州省第十二届人民代表大会常务委员会第八次会议通过	2014 年 7 月 1 日起
《湖南省民用运输机场管理条例》	2010 年 3 月 31 日，湖南省第十一届人民代表大会常务委员会第十四次会议通过	2010 年 7 月 1 日起
《浙江省无人驾驶航空器公共安全管理规定》	2019 年 3 月 28 日，浙江省第十三届人民代表大会常务委员会第十一次会议通过	2019 年 5 月 1 日起

在表 2-4 所列举的 8 例地方性法规中，7 例涉及民用机场管理，1 例涉及无人驾驶航空器公共安全管理。其中，涉及民用机场管理的 7 例地方性法规中，有 3 例表述为“民用机场（地区）管理条例”，有 4 例表述为“民用运输机场管理条例”，但从条例本身的内容、结构来看，区别不大，并且一般没有经过修改。②表 2-4 中所列专门涉及无人驾驶航空器公

① 请见各省、自治区、直辖市人民代表大会网站，本文并未完全列举现有地方性法规。

② 由于机场集团公司属于企业性质，按照《中华人民共和国行政许可法》和《中华人民共和国行政处罚法》的规定，企业行政许可权和行政处罚权的取得，应当由地方性法规以上的法律文件予以授权。2003 年 10 月 10 日上海市第十二届人民代表大会常务委员会第七次会议通过了上海市第十二届人民代表大会常务委员会第七次会议审议的市人民政府提出的《上海市民用机场地区管理条例修正案（草案）》，决定对《上海市民用机场地区管理条例》做了相应修改。

共安全管理的地方性法规，尚属全国首例。

从我国目前涉及民航类的地方政府规章的制定情况来看，有以下相关地方政府规章，其关于民用航空方面的立法集中在民用运输机场保护、民用无人驾驶航空器管理等领域，详见表 2-5：[①]

表 2-5　涉及民航的相关地方政府规章

地方政府规章名称	通过（修订）会议与时间	施行时间
《北京市民用运输机场管理办法》	2014 年 9 月 16 日，北京市人民政府第 55 次常务会议审议通过	2015 年 1 月 1 日起
《北京市民用机场净空保护区域管理若干规定》	2010 年 5 月 25 日，北京市人民政府第 67 次常务会议审议通过	2010 年 11 月 1 日起
《陕西省民用运输机场管理办法》	2016 年 2 月 27 日，陕西省人民政府 2016 年第 3 次常务会议通过	2016 年 5 月 1 日起
《江西省民用运输机场管理办法》	2013 年 12 月 30 日，江西省人民政府第 17 次省政府常务会议审议通过	2014 年 3 月 1 日起
《浙江省民用机场管理办法》	2014 年 7 月 17 日，浙江省人民政府第 29 次常务会议审议通过	2014 年 10 月 1 日起
《广州市民用运输机场管理办法》	2017 年 8 月 18 日，广州市人民政府第 15 届 19 次常务会议审议通过	2018 年 2 月 1 日起
《四川省民用无人驾驶航空器安全管理暂行规定》	2017 年 8 月 7 日，四川省人民政府第 153 次常务会议审议通过	2017 年 9 月 20 日起
《深圳市民用微轻型无人机管理暂行办法》	2019 年 1 月 2 日深圳市人民政府第六届 156 次常务会议审议通过	2019 年 3 月 1 日起
《重庆市民用无人驾驶航空器管理暂行办法》	2017 年 6 月 23 日，重庆市人民政府第 171 次常务会议通过	2017 年 12 月 1 日起

在表 2-5 所列举的 9 例地方政府规章中，5 例涉及民用机场管理，3 例涉及民用无人驾驶航空器（无人机）管理，1 例专门规定民用机场净空保护区域管理。在 5 例涉及民用机场管理的地方政府规章中，有 4 例表述为“民用运输机场管理办法”，有 1 例表述为“民用机场管理办法”。在 3 例涉及民用无人驾驶航空器（无人机）管理的地方政府规章中，有 2 例表述为“民用无人驾驶航空器（安全）管理”，有 1 例表述为“民用

① 请见各省、自治区、直辖市人民政府网站，本文并未完全列举现有地方政府规章。

微轻型无人机管理”；有 2 例表述为“暂行办法”，有 1 例表述为“暂行规定”。

另有一些相关规范性文件，例如《四川省低空空域协同管理运行规则（暂行）》由四川省低空办拟制，并由成都地区空管协调委组织相关单位论证通过，自 2018 年 12 月 20 日起实施。囿于篇幅，不一一列举。

我们系统分析了上述民航地方立法后发现，从条文结构上看，现有的民航地方性法规更侧重于“大而全”的立法思路，在结构上模仿国家层面的《民用航空法》，试图完全覆盖公共运输航空（如运输机场规划与建设、运输机场管理与服务、运输机场安全环境保护）、通用航空、民用航空的发展、保障与促进，法律责任等方面。但正如前文所述，这种处理方式的优点在于全方位覆盖民航各领域，而弊端在于容易导致地方立法与国家层面已有的相关法律规范重复。

法律之美在于表达简洁与实施有力。在民航地方立法中凸显地方事权的作用，不应简单遵从“拿来主义”，而需要从切合本地民航发展实际的“地方性知识”入手，找出现实问题后寻求理论层面的支持与实践层面的解决，这可以说是民航地方立法应努力并可期待的工作方向。

（二）民航地方立法中的低空空域问题

众所周知，通用航空的发展关键离不开空域的开放。2018 年 12 月 18 日，四川省低空空域协同管理委员会办公室正式发布四川省低空空域协同管理试点首批空域，并通报首批低空空域运行规则。这是全国低空空域协同管理首片“试验田”。根据《四川省低空空域协同管理运行规则（暂行）》，首批空域对所有满足空域使用条件、遵守空域运行规则的通航用户开放。在首批空域内飞行无需审批，只需向省低空空域协同管理运行中心提前 1 小时报备即可。①

对低空空域实施分类管理，这是低空空域改革的关键一步。按照已有的成熟做法，一般拟将低空空域划设为管制空域、监视空域、报告空域、低空目视航线这四个大类，采用管制和报备的不同管理方式，体现

① 请参见：http：//sc.people.com.cn/n2/2018/1219/c345167-32425153.html。

了“有所为、有所不为”的管理理念。但是，低空空域改革是摸着石头过河，难免有一些问题。我们就此问题咨询了相关专家，从实际情况看，发现了三个方面的问题：

第一，低空空域的划设方法仍然较为粗放。诚然，四川省对低空空域划设“试验田”的做法可以解决“试验田内”的空域问题。在四川省进行低空空域改革的过程中，低空空域协同管理运行中心坚持以满足通航用户需求为出发点，采用“点、线、面”结合的方式，注重优化低空空域结构，低空空域划设由以往的“远偏、小散、孤立”向“满足需求、连点成片、互联互通”转变。但是，在空域“试验田”之外，低空空域划设标准尺度不尽相同，方法较为粗放，空域形状大小各异，管制空域过大过多，监视和报告空域过小过少，并且呈现零星孤立的分布状态，难以连成片。所以，通过设置低空目视通道（低空目视航线）才能连接三类不同的空域，但这也带来了新问题——这意味着，只要不划设“试验田”而全面放开低空空域的话，更多的飞机（不仅是民航航班）都要经过低空目视航线来回穿梭。如此一来，低空飞行极其容易受到航线流量的制约，再加上低空空域四周的民航管制指挥的航路航线，这就像一堵堵围墙隔断了通航飞机的来回穿梭路径。另外，着陆点或者机场的增多，导致一些点对点的飞行也必须绕道而行，否则，就要设置更多的低空目视航线用于衔接，这会导致低空空域管理又陷入航线管理的固有困局。从某种意义上讲，“试验田”之内的低空空域会“飞得精彩”，但在此之外，依靠划设低空目视航线来连接不同空域，犹如“新衣上打补丁”，可解一时之困，难为长久之计。

第二，通用飞机的空域准入条件尚需明确和完善。《四川省低空空域协同管理运行规则（暂行）》第二十条规定：“使用低空目视通道必须同时具备下列条件：（一）航空器驾驶员应持有国家相关部门颁发的有效飞行执照。（二）航空器重量满足下述要求：1. 最大起飞全重 5700 千克以下的固定翼航空器；2. 最大起飞全重 3180 千克以下的旋翼机；（三）航空器指示空速不大于 250 km/h；（四）航空器应当至少安装下列仪表和设备：1. 一个磁罗盘；2. 一个指示时、分、秒的准确的计时表；3. 一个高精度气压高度表；4. 一个空速表；5. 一个甚高频通信设备；6. 一个广播式自动相关监视设备。”按照目前的制度安排，三类不同的空域对于机载设备有着不同要求，管制空域要求航空器必须具备监管所要求的机载定位设备和可靠的地空通信设备，而监视空域和报告空域对机载设备的配置要求较低，能够确保“看得见”和“联得上”即可。如果按照目前的空域划分方法，在“试验田”之外，很多低空飞行可能需要不断地转换空域才可以进入监视空域或者报告空域。如此一来，即使在报告空域飞行的航空器也需要按照管制空域的机载设备要求进行配置，否则就无法进行空域的转换，但是，这样肯定需要增加额外的成本，并不利于通用航空的发展。当前，现有的进口和国产机型的机载设备的配置多种多样,尽快明确空域准入条件有利于加强航空器监管和产业健康发展，更有利于低空空域改革的进一步推进。

第三，虽然空域的使用实施了灵活转换机制，三类空域性质可以根据实际情况相互转变，但是这样在提高效率的同时也提高了为通用航空用户提供空域性质变化信息的难度。更为关键的是，不同空域的基础设施建设标准并不一致，因此不利于合理布局；而若全部按照管制空域的设备标准进行部署建设又不符合现实。

我们针对上述问题，给出如下对策建议：

其一，建议四川省在制定相关民航地方立法时，科学划设低空空域范围。从理论上讲，在航图上划出限制区，并将之作为禁用区域。在飞行繁忙地区，管制空域划设应限定在以机场起降范围为半径的一定区域内。因为飞机都是经起降地带起飞，当飞机飞至起降范围以外时，飞行高度大多都在海拔 1000 米以上。机场起降范围以外的空域都可以划设为监视空域和报告空域，从而使监视空域和报告空域连接成片，而航路航线下方 4000 米以下的空域可以释放出来，按照监视空域管理，供通用航空飞机的长途飞行和穿越使用。

其二，建议四川省在制定相关民航地方立法时，明确四川省省内所有航空器进入低空空域的标准，明确要求安装基于北斗卫星的机载导航定位设备，确保所有的低空飞行的航空器处于空管的监管之下。

其三，通过四川省的民航地方立法，进一步明确和发挥四川省低空空域协同管理委员会办公室的协同管理优势。更多地考虑在“试验田”

之外，通过信息化手段实现军民航管理信息共享。各主管部门通过信息化平台独立进行行业管理，并实现信息共享，形成密切配合、齐抓共管的管理格局，简化审批手续。

其四，通过四川省的民航地方立法，明确区分通用航空所涉及的空防安全问题和公共安全问题。这是两个不同领域，在通用航空涉及公共安全问题时，应尝试探索利用警用航空器进行查证或者由政府部门购买相关服务租用或指定通用航空公司完成查证识别任务，尽量避免使用军事手段对付非军事目标，有利于释放更多的管制空域提供给通用航空用户使用；在通用航空涉及空防安全时，建立健全空管部门、执法部门和指挥警戒系统的联动应急处置机制，确保遇到航空器威胁肇事危及空防安全时能迅速做出反应。

（三）民航地方立法中的航空文化宣传

航空文化的呈现形式多种多样，飞行表演、航空体育运动、航空文学艺术、航空展会、航空博物馆、航空节事活动、航空休闲、航空联谊活动等都是航空文化的具体呈现形式。其中，航空体育运动就包含跳伞运动、热气球运动、滑翔运动、航模运动、飞行竞赛、特技飞行、翼装飞行等运动项目。

航空文化面向社会大众，其具有促进文明进步、丰富人民生活、普及航空知识、强化航空意识、营造发展氛围、宣传航空业绩、传播“正能量”等积极的社会作用。

2019 年 7 月，省政府办公厅印发的省发展改革委牵头编制的《四川省通用航空产业发展规划（2019—2025 年）》中指出：“全面营造浓郁文化氛围。打造具有通用航空特色的文化产业，传承通用航空文化，争创四川省航空博物馆、飞行模拟中心及航模教育中心、航空科普基地、滑翔机文化遗产保护中心等。开展模拟飞行体验和航模创意设计活动等，扩大通用航空爱好者和消费群体。坚持航空运动与低空旅游、航空体验培训、节庆和赛事活动、航空器材销售与航空文创产品等相结合，发展趣味性、体验性、多样性的航空运动消费产品，采用‘小众运动 + 大众旅游’方式，培育航空消费市场。”从经济开发价值功能的角度来看，《四川省通用航空产业发展规划（2019—2025 年）》中提出的航空文化产品发展势头喜人。

我们在走访调研中发现，从政治教育价值功能的角度来看，结合四川省实际，宜将航空文化产品与红色文化产品进行有机结合。四川省拥有一批在历史上具有光荣传统、红色基因的机场。例如，中国民用航空飞行学院的新津机场、广汉机场等，它们在抗战时期发挥了重要作用，为世界反法西斯战争和我国抗日战争的胜利做出了重要贡献，在世界反法西斯战争史上留下了浓墨重彩的一笔。作为中华儿女，我们应该铭记抗战历史的艰辛与荣光,做好宣传航空文化与弘扬红色文化的有机结合。红色文化是在革命战争年代，由中国共产党人、先进分子和人民群众共同创造并极具中国特色的先进文化，蕴含着丰富的革命精神和厚重的历史文化内涵。红色文化的物质载体表现为遗物、遗址等革命历史遗存与纪念场所，前述具有光荣传统、红色基因的机场毋庸置疑属于红色文化的物质载体。

如前所述，目前其他各省的民航地方立法并没有针对航空文化与红色文化的宣传进行相关规定。四川省拥有丰富的航空文化与红色文化资源，宜考虑率先以地方立法的形式倡导宣传航空文化与红色文化，通过四川省拥有的航空文化、红色文化物质载体，既能促进做好科普工作，更能深化意识形态教育，将“为党育人，为国育才”落到实处。

我们认为，通过地方立法的形式进行倡导宣传，将现有的航空文化与红色文化有机结合,不仅有利于坚持社会主义核心价值体系的实践性，还对打造具有中国特色和世界影响的红色文化产业新品牌具有重要的促进作用。

例如，在四川省民航地方性法规中设置以下条款：第　条【航空文化产业促进】有条件的县级以上人民政府应当建立健全航空文化产业发展的信息、技术、交易服务平台，构建本区域内航空文化产业发展支持体系，营造有利于促进航空文化产业发展和创立知名品牌的环境。

县级以上人民政府和司法机关应当加强知识产权保护制度建设，完善知识产权行政执法与司法保护机制。积极提供知识产权公共服务，支持和指导航空文化企业增强自我维权的意识和能力。

县级以上人民政府应当扶持航空文化产业园区和基地的建设，支持建立以企业为主导、市场化运作的航空文化产业园区和基地，引导相关航空文化企业和培训机构进入文化产业园区和基地。

（四）民航地方立法中的民航安保“移交难”问题

近年来，我们调研走访了四川省内相关航空公司保卫部门，发现民航安保普遍存在“移交难”的问题。就民航现有的保卫空防安全的队伍来看，分为空中警察与航空安全员。空中警察属于拥有近乎完整的警察权，其执法依据充分。但是，航空安全员的性质并非国家公务员，其在民用航空器上履行中国民用航空局赋予的安保职责。一旦在机上发生相关违法犯罪案件，空中警察的取证与证据移交并没有理论和现实的法律障碍；相较而言，航空安全员虽拥有合法的局方规定作为其履行职责的支撑，但根据相关法律法规，并没有独立取证的权限，只能被解释为“协助机场公安取证”。

众所周知，无论是从学理上还是从法律实务上看，《刑事诉讼法》《治安管理处罚法》[①]和《人民检察院刑事诉讼规则》等要求调查人员或侦查人员在进行检查、讯问犯罪嫌疑人、询问证人等工作的时候必须两人以上。因此，有观点倾向于空中警察和航空安全员在收集证据的某些工作中也应该遵循这些规定。但这种认识并不正确。《刑事诉讼法》第一百一十五条规定：“公安机关对已经立案的刑事案件，应当进行侦查，收集、调取犯罪嫌疑人有罪或者无罪、罪轻或者罪重的证据材料。对现行犯或者重大嫌疑分子可以依法先行拘留，对符合逮捕条件的犯罪嫌疑人，应当依法逮捕。”《治安管理处罚法》第七十八条规定：“公安机关受理报案、控告、举报、投案后，认为属于违反治安管理行为的，应当立即进行调查；认为不属于违反治安管理行为的，应当告知报案人、控告人、举报人、投案人，并说明理由。”

从以上规定可以看出，两部法律中规定的证据收集工作分别属于刑事诉讼的侦查阶段和治安管理处罚的调查阶段。前者是在刑事案件立案

① 《中华人民共和国刑事诉讼法》《中华人民共和国治安管理处罚法》简称《刑事诉讼法》《治安管理处罚法》。

以后进行，后者是在治安管理案件受理以后进行；前者侦查阶段的证据收集工作是为后阶段的审查逮捕和审查起诉作准备，后者调查阶段收集证据的工作是为后阶段决定是否予以治安处罚或转为刑事案件做铺垫。

首先，机上证据收集的事件通常都在飞行结束之前，这就意味着机上证据收集工作既不是在刑事诉讼中刑事案件立案后的侦查阶段，也不是在治安案件受理后的调查阶段；其次，机上证据收集的主体主要是空中警察和安全员，也包括其他机组成员甚至机长，因此，机上证据收集的主体显然不同于《刑事诉讼法》《治安管理处罚法》和《人民检察院刑事诉讼规则》等法律和司法解释中规定的主体——公安人员或检察人员；最后，机上证据收集不仅限于行政和刑事诉讼证据的收集，还包括民事诉讼证据的收集，而民事诉讼证据收集的主体通常都是当事人及其代理人。

不难发现，机上证据收集工作实际上是指在治安管理案件受理前、刑事案件立案前，机组人员通过一定的程序和方法对将来有利于证明案情、有利于调查和侦查阶段证据收集工作的客观事实和材料加以收集、固定和保存过程，也是机组成员作为机上民事纠纷的当事人——航空公司的代表进行民事诉讼证据的收集过程。因此，机上的证据收集工作并非通常法律意义上的“证据收集”，不必要完全遵照《刑事诉讼法》《治安管理处罚法》和《人民检察院刑事诉讼规则》等法律和司法解释中的规定，只要没有采取实质性的违法手段和方法，有利于案件真相的查明，机上的证据收集工作可不必拘泥于以上法律和司法解释的一些证据收集工作中的法律形式上的要求。但是，公安、检察机关和法院在处理行政、刑事案件过程中，并不能直接采用机组人员收集的证据，认定案件事实的证据仍需要符合法定形式。

如，我国《民事诉讼法》第六十三条规定的证据种类包括书证、物证、视听资料、证人证言、当事人的陈述、鉴定意见、勘验笔录、电子数据。《行政诉讼法》第三十三条将“现场笔录”也列为种类之一。《刑事诉讼法》第五十条规定的证据种类则在以上证据种类的基础上结合刑事案件的特征以被害人陈述，犯罪嫌疑人、被告人供述和辩解取代了当事人陈述，用勘验、检查、辨认、侦查实验等笔录取代了勘验笔录和现场笔录。在机上证据收集工作中，由于取证人员的主体资格和取证工作性质的限制，证据类型主要包括书证、物证、证人证言、当事人陈述、视听资料。

针对上述民航机上案（事）件处置问题，中国民用航空局公安局发布了规范性文件《机上案（事）件处置办法》，已于2015年3月1日起施行。该办法强调机上案（事）件证据材料的收集和保护应严格遵守法律规范；机上案（事）件的处置过程需要在机长的领导下，机组全体人员分工负责、协同配合处理；系统规定了常见扰乱行为的处置办法和境外案（事）件移交的流程。

但是，针对航空安全员所采集的证据之“证据移交”的行为、“证据标准”的认定，中国民用航空局公安局的规范性文件并不能起到与四川省地方公安具体执行的标准相衔接的作用。《立法法》第七十三条第四款规定：“制定地方性法规，对上位法已经明确规定的内容，一般不作重复性规定。”从反对解释的角度来看该条文，在上位法并没有明确规定的情况下，地方性法规如果能够做出相关规定，就可以起到一定的衔接作用。我们认为，可以尝试在四川省范围内，通过制定相关地方性法规，完善民航安保案（事）件证据规定，解决航空安全员处理的案（事）件在公安机关的“移交难”问题。

学习“枫桥经验”[①]，建议完善民航安保案（事）件证据规定。我们认为，有必要在相关地方性法规中设置航空安全员有权采集证据的相关条款，切实做到“矛盾不上交，就地解决”。据此，我们认为，最理想的状态是，可以在现有的中国民用航空局公安局规范性文件《机上案（事）件处置办法》基础上，通过地方性法规的相关规定，肯定航空安全员具有合法采集相关证据的权限。

例如，在四川省民航地方性法规中设置以下条款：

第　条【航空安全员的职责、取证和移交】航空安全员依据法律、行政法规和国家有关规定履行职责，制止航空器内威胁民用航空飞行安全和秩序的行为，保护民用航空器及其所载人员和财产的安全，合法采集相关证据，及时移交民用机场公安机关。

① 参见《坚持发展“枫桥经验”》，载 http://cpc.people.com.cn/GB/67481/422249/index.html。

航空器内发生案（事）件，航空安全员应在机组成员的配合下，妥善保护案（事）发现场，收集保全证据，控制犯罪嫌疑人或当事人，并及时通知机场公安机关。

航空器尚未起飞，发生案（事）件的，移交起飞地机场公安机关；航空器飞行中发生案（事）件的，移交最先降落地机场公安机关。

航空安全员向机场公安机关移交航空器上发生案（事）件时，应做好以下工作：

1. 填写《机上案（事）件移交单》并提供相关证人证言。填写《机上案（事）件移交单》时应使用签字笔或钢笔书写，认真填写，记录清楚明确，不得出现遗漏或虚假内容；

2. 将采集的相关证据材料（书面、音频、视频）、证人材料及证据线索，包括涉案器材、涉案财物、犯罪嫌疑人或当事人随身携带的物品、电子执法记录信息以及其他与案件有关的物品移交给机场公安人员。协助机场公安人员查验犯罪嫌疑人或当事人所携带物品；

3. 向登机的办案民警介绍对行为人采取约束性措施的情况；

4. 向登机的办案民警介绍本次航班航线、起降时间、机组、乘务组、旅客等基本情况。通报案件发现经过，现场保护、处置和调查情况；

5.《机上案（事）件移交单》送交接案民警时，按要求填写好接收单位名称、接收人姓名以及联系方式。

（五）民航地方立法助推通航产业发展

在民航业中，一般将民用航空划分为公共运输航空（商业航空）和通用航空两个模块，无论是国家层面还是地方层面，针对公共运输航空的政策导向、规划制订和资金支持一直以来占据主导地位，而通用航空在很长一段时间内没有受到应有的重视。

长期以来，从空域运行环境和行业管理政策来看，对通用航空的要求都是从严、从重管理；从过去的通用航空服务领域来看，市场需求较弱，传统项目较多，导致了其运行管理与服务保障体系等管理政策与规章一度滞后；从以往人们对通用航空的认识来看，很多人片面地认为通用航空的发展是行业主管部门的事，各级地方政府和有关部门以及社会大众都忽视了通用航空的交通价值，通用航空企业在以往也缺乏推广意识和市场营销手段，造成市场需求的长期不足。

为贯彻落实省委十一届三次全会精神和省委、省政府相关部署要求，加快推动四川省通用航空产业发展，2019 年 7 月，省政府办公厅印发了省发展改革委牵头编制的《四川省通用航空产业发展规划（2019—2025 年）》。该发展规划指出，四川省是全国重要的航空研发制造基地之一，具有完整的飞机总体设计、总装制造、系统集成和试验验证体系，具备较强产业基础、研发能力、承载能力和人才资源。四川省委、省政府牢牢把握系统推进全面创新改革试验的机遇，经国务院授权探索开展低空空域开放先行先试，成为全国首个低空空域协同管理改革试点的省份。

该规划强调，要加快基础设施建设。截至 2018 年底，四川已有 13 个民用运输机场，4 个通用机场，以及约 30 个临时起降点。按照《四川省通用机场布局规划（2016—2030 年）》，到 2025 年全省民用运输机场将达到 22 个，新建一批通用机场。

该规划指出，四川省航空工业基础雄厚。四川是我国军民用飞机、航空发动机研发制造和民机大部件国际转包生产的重要基地，拥有成都飞机设计研究所、中国燃气涡轮研究院、航天七院、民航二所等全国航空研发制造的重要科研院所，中航工业成飞、成发集团等航空整机生产制造单位，九洲集团、川大智胜等航空信息管理系统研发设计单位，以及 5701 厂、5719 厂、海特高新、明日宇航等高水平航空飞机、航发维修企（事）业单位，在通用航空研发制造、航空材料等方面具有深厚的技术基础与工业资源。2018 年，全省航空与燃机制造业产值 530 亿元，同比增长 15%，居全国前列。

该规划指出，四川省具有完整的通用航空产业链。四川在通用航空研发制造、运营服务和服务保障等领域形成了相对完整的上下游产业链，工业级无人机、空管系统、航空物流、安全管理、教育培训等方面居全国领先水平。全省拥有中国民航飞行学院等航空院校 4 所，西林凤腾、四川驼峰等运营类通航企业 17 家，通用航空器 320 余架，数量居全国第一，运营服务范围涉及航空物测、航空摄影、航空护林、航空运动、飞行训练和低空旅游等领域，年飞行约 28 万小时。

该规划提出，四川省通用航空运营服务潜力巨大。通用航空运营服务涉及航空运动、飞行训练和低空旅游等众多领域。四川省文化旅游资源丰富，全省旅游景区 492 家，其中国家 5A 级旅游景区 12 家、4A 级景区 243 家，中国最佳旅游城市 1 座，中国优秀旅游城市 21 座，中国历史文化名城 8 座，全国重点文物保护单位 230 处。2017 年，共接待国内游客 6.69 亿人次、入境游客 336.17 万人次，发展低空旅游和航空运动潜力巨大。四川地理地貌复杂多样，地质灾害发生频率高、涉及范围广，发展应急救援、农林作业、监测勘探等通用航空运营服务空间广阔。此外，开展通用航空 + 文化教育、通用航空 + 医疗救护等也有较大的市场和应用前景。

该规划特别说明，四川省试点示范成效初显。2015 年以来，按照党中央、国务院决策部署，四川扎实推进全面创新改革试验，推动成德绵地区低空空域开放纳入国务院授权的先行先试改革举措，军民深度融合取得积极进展。2017 年，成都被纳入国家首批通用航空产业综合示范区，在航空研发制造、运营管理、服务消费、人才培养和基础设施建设等方面取得初步成效。2018 年，四川获批全国首个低空空域协同管理改革试点，积极推动低空空域划设、协同运行中心建设、政策研究制定等重点工作，并顺利完成新机制下通用航空飞机首飞任务。该规划也提到，通用航空产业是典型的军民融合产业，更具有投资乘数效应大、辐射带动作用强等显著特征。四川发展通用航空产业拥有明显的优势、较好的基础和巨大的潜力，将形成大规模、高质量的有效供给，将有力推动全省产业结构转型升级。同时，四川也存在空域条件复杂、通用航空服务保障能力不高、通用航空飞行网络尚未形成等问题，特别是通用航空基础设施发展滞后且存在同质化倾向，亟需通过加快推进低空空域协同管理改革、提升研发制造能力、培育壮大消费市场、强化人才支撑等政策措施，加快推动通用航空产业高质量发展。

四川省民航地方立法的动向是，正在进行关于通用航空的相关地方立法。[①]我们主要成员全程参与了此次立法代拟稿撰写、立法代拟稿起

① 四川省民航地方立法相关情况的新闻报道请参见：http：//www.sc.gov.cn/10462/c100383/2019/10/16/396a273b27074c33b968a940df206b58.shtml；http：//www.sc.gov.cn/10462/c100384/2019/12/3/1aeaf157e6d64afbb81f037335f43dd2.shtml；http：//sc.people.com.cn/n2/2020/0612/c379470-34081098.html。

草依据及条文说明、立法草案稿修订、回应相关审议意见等工作。

我们认为，针对上述问题，民航地方立法尤其是四川省的民航地方立法宜在兼顾历史形成的监管格局的前提下，考察新时代民航立法的新现状，解决时效性与稳定性、滞后性与前瞻性、特殊性与普适性这三对矛盾。因通用航空立法的相关顶层设计较少，大量通用航空业务与地方经济发展贴合紧密，故此，亟需地方立法助推通用航空发展。从立法绩效的角度来看，目前相关决策部门采取的针对通用航空单独立法的模式更加有效率。

如前文所述，我们考察现有各省的民航地方立法后发现，也可以考虑针对通用航空、公共运输航空、航空工业制造等涉及民用航空产业链的一系列问题进行完整的民航地方立法。我们认为，需要从以下几个方面落实四川省民航地方立法中涉及通用航空部分的相关立法：

第一，在四川省民航地方立法中，明确通用航空产业的相关主体责任。目前已经有重庆市、湖南省、浙江省等地出台了有关通用航空的行政规范性文件，如《重庆市通用航空业发展行动计划（2017—2019年）》（渝府办发〔2017〕29号）、《湖南省人民政府办公厅关于促进通用航空业发展的实施意见》（湘政办发〔2017〕52号）、《浙江省人民政府办公厅关于加快通用航空业发展的实施意见》（浙政办发〔2017〕66号）。[①]从上面列举的三份相关省市的行政规范性文件的结构与内容来看，其行文的模式是在每个具体条款之后标注责任单位。上面所列举的三份文件虽然是地方政府的行政规范性文件，并非地方性法规，但对于四川省民航地方立法有一定借鉴意义。据此，我们认为，四川省民航地方立法涉及通用航空产业的部分也需进一步细化明确责任主体，保证四川省相关民航地方立法在通过之后能产生实效，避免因权责不清而导致出现推诿现象。

① 《重庆市通用航空业发展行动计划（2017-2019年）》（渝府办发〔2017〕29号）、《湖南省人民政府办公厅关于促进通用航空业发展的实施意见》（湘政办发〔2017〕52号）、《浙江省人民政府办公厅关于加快通用航空业发展的实施意见》（浙政办发〔2017〕66号）参见：http：//jda.cq.gov.cn/szfwj/49431.htm；http：//jtt.hunan.gov.cn/jtt/jjzdgz/jtghyj/gszc/201903/7778764/files/48a4fd2af1d14d9e9b7c91cf31244cbd.pdf；http：//www.zj.gov.cn/art/2017/7/13/art_37173_293563.html。

在《四川省通用航空条例（草案代拟稿）》[①]《四川省通用航空促进条例（草案）》[②]这两个草案稿中，对于每一具体事项中涉及的具体责任主体都有具体表述，但若采取每一个条文后直接列明责任主体的表述方式似乎较为稳妥。另外，《四川省通用航空条例（草案代拟稿）》的条文参考依据请参见本书附录部分。

第二，在四川省民航地方立法中，进一步完善通用航空应急救援体系化建设。自新冠肺炎疫情爆发以来，全国各地的通航企业以对党和人民高度的责任感和使命感，积极请战，冲锋在前，充分发挥了通用航空快速高效、灵活机动的优势，为疫情防控阻击做出了重要贡献。截止到2020年2月，全国有28家通航企业积极请战，要求参加支援湖北和武汉抗击疫情航空应急救援行动。据不完全统计，从2020年1月25日至2月12日，全国共有19家通用航空企业出动各型飞机、直升机125架次，向湖北武汉、黄冈、孝感、鄂州、宜昌、恩施、武当山、十堰等地，以及其他省区内运送急需的医疗物资达数百吨，及时保障了重点物资的快速运输。[③]但也有一些问题亟需进一步完善：其一，完善参与机制，力争实现地方政府部门形成常态化机制统筹调动社会应急救援力量（尤其以通航企业为主要部分）；其二，健全和完善针对应急救援方面的供需双方信息库、资源共享平台，力争达到需求方对能够提供服务的企业、已具备的能力、可发挥的作用等做到"应知尽知"。

当然，在《四川省通用航空条例（草案代拟稿）》第三十六条至第四十二条当中，针对各级地方政府部门在应急救援中的工作做出了相关规定，但尚需进一步补充完善。我们在参加四川省人大代表对《四川省通用航空条例》的审议会时注意到，有的省人大代表针对此问题特别提出：在具体的工作当中，建议规范通航企业必须到政府应急管理部门进行相关备案，要求通航企业设置"首席应急官"，专门负责对接政府应急管理

---

① 《四川省通用航空条例（草案代拟稿）》公开征求意见（征集时间：2019年10月10日至2019年11月11日，征集单位：四川省司法厅），请参见：http://www.sc.gov.cn/10462/c100383/2019/10/16/396a273b27074c33b968a940df206b58.shtml。

② 关于《四川省通用航空促进条例（草案）》，请参见：http://www.sc.gov.cn/10462/10464/10797/2020/6/12/7e2002a0b5c94447990b391c94a503dd.shtml。

③ 《通航企业积极投入疫情防控阻击战》，请参见：http://www.caacnews.com.cn/1/6/202002/t20200213_1292777.html。

部门，定期汇报企业在应急管理方面的发展情况，政府要加大购买应急服务的力度，加强指导和支持，不定期进行演练、检查，保障应急需求响应时间。我们对此观点表示赞同。

第三，在四川省民航地方立法中，推动促进川渝通航产业一体化发展。通航产业在市场需求和政策的双重推动下，成为培育经济增长新动能的战略性新兴产业。在这一产业发展的初期，恰逢"成渝地区双城经济圈建设"国家战略，要加强培育市场运营主体，打造产业示范园区，强化带头效应。有必要在四川省民航地方立法中规定示范园区的有关事项，积极对接成渝地区双城经济圈建设大战略，坚持政府来引导、企业为主体、市场化运作的原则，进一步优化市场环境，维护公平竞争的市场秩序，积极培育本土通航企业，提升运营服务水平。加强与民航主管部门协调，充分发挥市场主体作用，为通航企业的设立和发展提供便利。加强成渝协作，加快设施建设，完善管理体制机制，合理布局两地通用航空产业园区，科学规划产业园区发展领域和方向。促进产业集中资源、集聚发展、集群建设，逐步扩大产业园区规模。发展与各地经济联系紧密的通用航空优势产业，延伸通用航空产业链条。将成渝地区建设为机场布局成网、装备研发制造领先、航空服务多样等全面发展的全国性通用航空产业发展综合性示范区域。

第四，在四川省民航地方立法中，针对简化通用航空审批流程进行相关尝试探索。目前通用机场的报批存在审批层级高、涉及部门多、文件资料烦琐等问题，有必要在四川省民航地方立法中尝试探索规定优化、核准程序等事项，简化审批备案流程，加强与国家层面的《通用航空飞行管制条例》进行配套衔接。

第五，在四川省民航地方立法中，应高度重视通用航空人才队伍建设。我们在参加省人大代表对《四川省通用航空条例》的审议会时了解到，成都通航产业现有专业技术人才的从业基本情况不容乐观。在现有涉及通航的技术人员中，本科学历者占 5.3%，专科学历者占 14.6%，其他均是高中以下学历。通航从业人员年龄和知识结构远远达不到通航发展的需求，出现年龄老化断层、学历层次低等情况。据此，四川省的民航立法有必要针对通航培训机构进行规定，对通航培训机构予以政策支持和优惠扶持。

第三章　航空行政法

第一节　中国民航行政立法概述

一、民航行政立法概念

现代社会，民用航空对一个国家的发展至关重要，关乎国家的政治、经济、国防和外交等重大问题。前民航局局长李家祥在《中国民航人要为建设民航强国而努力奋斗》的讲话中就指出：民航是经济全球化的主流形态和主导模式，是区域经济发展和产业升级的驱动力；是促进老少边穷地区经济发展的重要力量，是维护国家统一和民族团结的黏合剂；是国家国防和经济等安全的可靠保障，是抢险救灾和应对突发事件的生力军；是世界不同文明沟通交流的重要桥梁，是实施全球政治外交战略的宝贵资源。正因为民航具有如此高的战略地位，如此重大意义，世界各国都从立法层面对民航活动予以规制，以实现民航安全、有序发展，协调民航相关法律关系。由此，民航法诞生并不断修订完善，其中政府对民航活动予以的规制、管理便形成了民航行政法律体系。

民航行政法律体系的目的即对民航活动予以行政法律规制或行政管理。所谓行政法律规制是指行政主体（包括行政机关、法律法规授权组织和依法行使公权力的其他社会组织）基于社会公益的需要，运用行政权依据法律法规对市场主体和社会事务所进行的直接或者间接的行政性的限制、干预和约束的行为，是行政机关运用行政权所实施的行政活动。行政法律规制具有主动性、广泛性、自由裁量性和强制性等特征。主动性主要是指行政主体根据经济和社会领域中存在的问题，不需要市场主体的申请，就可以直接主动地依职权采取的规制措施。裁量性主要是指行政主体对市场主体或社会主体的行为进行干预的程度与范围没有明确的法律规定时，行政主体具有自由裁量权。广泛性是指规制范围的广泛性，行政法律规制范围涉及经济和社会生活的方方面面，只要经济和社会生活领域存在问题，行政主体就可以主动介入规制。强制性是指规制行为具有强制效力，市场主体或社会主体必须服从于行政的规制行为。因此，在法律规制意义上，行政法律规制作为一种行政权的运用，在政府对经济社会的管理中发挥着独特的作用。[①]

民航行政法律规制就是民航行政主体依据法律法规对民航行政活动进行的监督管理，无论是从民航法律规范的目的和数量上看，民航行政法律规范在民航法律体系中都占据着重要的地位。

“法无授权不可为”，行政权的行使、行政监管活动的进行需要法律的授权，并依法进行，因此立法是行政监管的前提和依据。

二、民航行政立法的必要性和意义

（1）民航活动的国际性特征决定了民航法的国际性，国家予以行政法律规制是维护国家主权的需要。

民航活动从诞生伊始便具有天然的国际性。在航空法的发源地欧洲，航空法的诞生一开始就作为国际法的一部分而存在。早在 1783 年，法国 Mongolfier Brothers 制造的可用于运载的热气球升空，带来了一些社会问题，1784 年，巴黎市政府发布了治安法令——未经批准不得放飞，这估计是人类最早的航空行政法规制。1910 年前，德国的氢气球不时飞入法国领土上空，于是，法国政府与德国政府于 1910 年 5 月 18 日至 6 月 29 日，在法国巴黎召开了人类历史上第一次国际空中航行会议（著名的巴黎会议）来协调解决这一问题。会议讨论的关键问题就是飞行空域的法律地位以及空域所属国对飞越其领土上空的飞行器进行管理和限制的权限，可见，民航活动涉及主权（管辖权）、领土、国籍、国家之间及与国际法律实体之间的关系。制止航空犯罪问题，需要借助国际立法；国际私法层面的航空法律体系主体、客体和权利义务关系通常也具有国际

① 尤春媛：《民用航空行政法律规制研究》，法律出版社 2018 年版，第 8 页。

性（如航空器买卖、航空运输、航空运输诉讼等活动）。对这些活动的规制，也离不开国家的介入，例如国际公约的缔结。

（2）民用航空具有潜在的军事价值，对其进行行政法律规制是维护国家安全的重要保障。

民用航空具有准军事性质，可随时服从国家军事部门的调遣或完全转为战时军事运输体系。以美国为例，美国联邦航空局（Federal Aviation Administration，FAA）战时隶属于国防部。此外，美国制定了一系列法律，明确规定了战争期间，军方经国会授权可对民航实施军事管理和征用。我国民用航空在 20 世纪 80 年代以前直接归军方管制，在民航管理体制改革后仍体现出明显的军事性特征。例如，大量的航空行政法规都是由国务院和中央军事委员会联合颁布，空域管理的具体办法、军民合用的机场管理办法也由国务院和中央军事委员会制定。从上述规定可以看出，各国都非常重视民用航空在国家安全体系中的作用，普遍通过法律、法规规定民用航空在战时或紧急状态时服务于国家的军事目的和需求，以维护国防和国家安全。

（3）民用航空具有显著的社会价值，是社会公共服务体系和应急救援体系的重要组成部分，对其进行法律规制是切实维护社会公共利益、实现社会进步的有效途径。

健全的、先进的公共服务体系和应急救援体系，是衡量社会发展进步的重要标志。在许多国家，航空运输为邮政、医疗救护提供运输服务。通用航空广泛应用于治安监控、环境监测、边海防巡查、城市消防和通勤运输等社会管理和保障领域。在应急救援方面，航空运输和通用航空通过货物运送、难民转移，向面临自然灾害、饥饿和战争的人们提供必要的人道主义救援。

在地面交通被阻塞的情况下，空中交通就显得异常重要。从世界范围来看，在航空运输所涉及的安全、环境保护、应急救援等领域各国都加大了政府管制的力度，从而使社会公共利益得到切实维护。在民用航空比较发达的欧美国家，一般都有较为成熟、完备的航空法律法规体系，即使是在需要维护公共利益的社会管理和服务领域，也绝不是仅凭简单的行政手段进行政府管制，而是依凭行政法律法规来平衡民用航空市场主体利益和社会公共利益，以实现私人利益和社会公共利益的最大化。[①]

以2020年初爆发的新冠肺炎疫情为例，中国民航勇于担当，圆满完成了各项防疫抗疫保障任务。截至2020年12月21日，中国民航共组织35家国内航空公司执行疫情防控重大运输保障任务1281架次，运输人员14.66万名、物资5137吨，累计接运医护人员7.3万余名。其中，执行接运滞留海外公民任务254架次，接运54621名中国公民回国；执行接送援外医疗队任务39架次，运送援外医疗专家组和工作组576人次、防疫物资205吨；执行复工复产运输任务74架次，运输企业员工11825人；执行外交部健康包运输任务116架次，向美、英、日、韩、俄罗斯等25国运输健康包物资808吨。[②]

（4）民用航空是经济全球化的主流形态和主导模式，是区域经济发展和产业升级的驱动力，政府对民航的强烈需求也需要予以行政规制，以促其功能实现。

在经济全球化背景下，航空运输不再仅仅是一种交通运输方式，而且成为区域经济融入全球经济的最佳通道。航空运输还改善了投资环境，优化了地区经济结构，带动了产业升级和服务业发展，营造了区域经济与国际市场的无障碍运输环境，增加了地区就业机会，因而是区域经济和城市竞争力的重要组成部分。统计表明，民航投入与国民经济回报大约是1∶8的关系。在一些航空发达国家，民用航空产生的经济效率占一国国内生产总值（GDP）的比例还要更高，如新加坡占到20%以上，是一个典型的“民航立国”国家。现在大型国际枢纽机场已突破了单一运输功能，通过与多种产业有机结合，形成带动力和辐射力极强的“临空经济区”，成为区域经济发展的“发动机”。另外，民用航空的发展有助于改变经济增长方式，促进经济的可持续发展，加快低耗能、低排放产业和服务业的发展。这几年来，我国各级政府更加重视发展民航业，建设机场的热情高涨，开辟航线的欲望增强，这也需要对民航投资予以规划，对民航活动予以规制，在促使其发挥功能的同时，避免盲目投入、恶性竞争，造成社会资源浪费。

① 尤春媛：《民用航空行政法律规制研究》，法律出版社2018年版，第6页。

② 参见《中国民用航空》2021年第1期，第7页。

（5）民用航空是促进老少边穷地区发展的重要力量，是维护国家统一和民族团结的黏合剂，这种政治功能需要行政规制予以实现。

我国地域辽阔，发展不平衡，特别是老少边穷地区，交通不便往往是制约其发展的瓶颈，因而发展民航便成为更好的选择。尤其是发展西部民航事业，不仅对提升人民生活质量、缩小我国地区差别有着极为重要作用，而且对维护社会稳定、促进民族团结具有重要的战略意义。与此同时，我国还面临维护国家领土完整、实现祖国和平统一的重大考验。在缓和两岸关系、促进祖国和平统一的进程中，民航作为重要桥梁和渠道，发挥着独特作用。从台商节日包机、周末包机、空中双向直达航路开通、常态包机，到开放旅游、实现两岸“三通”，双方缓和紧张局势，加深了相互了解和政治互信。在沟通、促进和发展两岸关系中，民航业已经并将进一步发挥重要的作用。例如，有“世界屋脊”之称的青藏高原以往是空中禁区。为飞行西藏，人民空军和中国民航从 1956 到 1965 经过十年的摸索和准备，于 1965 年 3 月 1 日，中国民航正式投入了北京—拉萨的运营。从开航起，民航运输就成为西藏的基础性支柱产业，推动了西藏的社会和经济繁荣，是构建和谐西藏的重要基础和保证。2010 年以来民航局专门针对老少边穷地区出台了文件以促进这些地区的发展，包括：2010 年 1 月 25 日，民航局出台了《关于促进西藏民航事业发展的若干意见》；2010 年 5 月 21 日，民航局出台了《关于促进新疆民航事业发展的若干意见》；2010 年 12 月 9 日，民航局和青海省政府签署了《关于加快推进青海民航发展的会谈纪要》，共同推进青海民航事业发展；等等。

（6）民用航空是催生相关领域科技创新的需求导向，是国家航空产业化战略的积极参与者，需要行政部门予以指导、管理。

民航业的进一步发展，将为相关领域的科技创新提供广阔空间。特别是上游的航空制造业，因其产业链长，技术、资金、知识密集，可拉动材料、冶金、化工、机械制造、特种加工、电子、信息等产业的发展和创新，是一国经济发展的战略性行业以及先导性高技术产业，也是一国现代化、工业化、科学技术和综合国力的重要标志。

航空制造业是现代工业的典范，是现代制造业的一颗明珠。航空制造业既是一个国家国防安全的重要基础，也体现了一个国家的工业发展程度。世界主要国家都将航空制造业确定为国家战略性产业，在美国的国防预算、装备采购中有 1/3 以上的投资是用于飞机项目。而航空制造业对国民经济发展有巨大的带动作用，是尖端技术发展与集成的引擎，将有利促进冶金、化工、材料、电子和机械加工等领域的技术进步。航空高技术可以转移应用于广阔的非航空领域。在最有影响的 500 余项技术扩散案例中，60%的技术源于航空工业。20 世纪 80 年代以后，巴西航空工业加强了国际合作，现已成为世界生产支线客机的主要供应商之一，是继美、英、法之后的世界第四民用飞机生产国，主要提供支线客机。大型飞机的生产是一个非常复杂的过程，整个结构件非常复杂，时间跨度非常大，而且是国际化协作的过程。目前欧美航空工业巨头都十分重视供应链构建，寻求与供应链上下游企业建立战略合作关系。像美国波音公司将它的生产链布局到了全球 70 多个国家,形成一个很长的跨国供应链。以波音 747 飞机为例，一架 747 飞机需要 400 万余个零部件，而这些零部件的绝大部分并不是由波音公司生产的,而是由 65 个国家中的 1500 个大企业和 15 000 个中小企业提供。空中客车拥有最完善的全球供应网络，在全世界有 2100 多个供应商，分布于美国、日本、新加坡、韩国、印尼、澳大利亚、印度以及中国等 32 个国家，构成了真正的全球供应系统。然而，制造大型飞机是一项复杂的系统工程，关键还要靠政府推动、支持。我国已将航空制造业作为国家的战略性产业，大飞机生产计划已经启动[①]，目前已经取得良好成绩。2015 年 11 月 2 日，C919 大型客机在上海中国商飞公司总装下线，标志着我国大飞机制造进入了新阶段。2017 年 5 月 5 日，C919 实现了首飞。截至 2017 年底，C919 订单超过 1000 架。

（7）民用航空是世界不同文明沟通交流的重要桥梁，是实施全球政治外交战略的宝贵资源，民航的政治性需要行政予以规制。

在国家软实力的全球传播中，航空运输是一种新的高效率的文化交

① 高远洋:《中国通用航空发展潜力巨大》, http://news.carnoc.com/list/205/205097.html。

流通道，其发展水平关系到一个国家的政治声望和软实力。而在实施全球政治外交战略过程中，民航不仅仅是一种产业，还成为外交谈判的筹码、发展双边或多边关系的纽带。各国政府有时利用采购飞机、开辟航线、开放机场等，加强彼此间的政治互信和经贸联系，如 2010 年 11 月 4 日胡锦涛主席与法国总统萨科齐会谈后出席了合作文件签字仪式——法国空客集团与中国航空器材集团公司签署订单合同购买空客飞机 102 架。再比如，2015 年 9 月，习近平主席访美时，中国代表与波音公司代表签署了 300 架飞机的购机协议，价值约为 380 亿美元，这是习近平主席访美的经济第一单，也是中美经贸合作领域的重头戏。在各主要国家与我国发展双边关系过程中，民航事务始终是一些国家非常关注并不断提及的议题。在推进区域合作方面，航空运输也是其中重要的合作内容。因为，要在政治外交中发挥特有功能，离不开民航行政管制。

（8）民用航空的规模化发展极易形成市场垄断，因而反垄断法律规制成为了民航行政管理的内容之一。

民用航空的安全性和技术性特征，决定了其市场化门槛比较高，因此，高投入、规模化是民用航空业初创时期和成长时期的发展特征，加之民用航空作为国民经济的重要组成部分，其产品具有准公共产品特性，长期以来，世界各国对航空运输业实施垄断保护政策，这在很大程度上促进了民用航空的快速发展。然而，随着 20 世纪 70 年代西方国家爆发能源危机以及长时间的经济滞涨，宣告了“凯恩斯主义”的国家干预经济政策开始失效，“新古典主义”的自由放任思潮开始盛行。1978 年美国的《航空放松管制法》标志着美国开始对航空运输管理体制进行以自由竞争为核心的市场化改造。1987 年，欧洲也开始了为期 10 年的“三阶段”“区域市场一体化”进程，使欧盟内部形成了统一的航空运输市场。航空运输自由化开始向国际市场进一步扩展，航空公司的跨国投资与兼并受到各国政策的严格限制，迫使航空公司将直接投资和持有股权的“资产联盟”转为商业联盟。全球性航空战略联盟的产生和发展在某种程度上也是民用航空国际反垄断规制取得的成效。联盟成员通过共享航空资源，扩大市场势力，降低成本，提高竞争力和经济效益。

从我国民用航空发展来看，国家实行的垄断保护政策虽然还没有彻底退出市场，但随着民用航空管理体制改革的逐渐深入和国家进一步"放松管制"政策的实施，通过法律规制政府干预市场的行为，规范市场竞争秩序，我国民用航空市场化步伐必将进一步加快，成为促进我国经济繁荣的先导性和战略性新兴发展产业。[①]

（9）民航消费者权益保护需要民航行政机构介入监管。

公共航空运输活动是承运人为旅客、托运人或收货人提供的旅客、行李、货物或邮件的运输服务，系民航消费活动的主要表现。通用航空提供的包机运输、短途运输、空中游览、飞行体验等活动也涉及大量消费者。而随着航空业的发展，承运人或者运营人利用专业优势、资源优势和信息优势，侵害消费者权利的情况也不断增多，民航消费纠纷频发，比较典型的包括航班延误、取消纠纷，托运行李毁损、灭失纠纷，旅客人身伤亡纠纷、票价或运费纠纷等，众多分散、弱小的消费者维权困难或成本高，无论是怨声载道或是"自力救济"均有损航旅和谐关系和航空运输秩序。因此，民航主管部门的职能之一便是维护消费者合法权益。对此，2016 年交通部出台了《航班正常管理规定》（交通运输部令 2016 年第 56 号）对航班延误取消时消费者权益保护做了明确规定，民航局 2016 年 11 月修订的《公共航空运输服务消费者投诉管理办法》也强化了消费者投诉管理工作。

三、中国民航行政立法体系

新中国成立以来，我国民航法律体系建设取得了巨大的成绩，已经形成了由法律、行政法规（包括行政法规性文件）以及行政规章组成的多层次的法律体系框架，为民航行业管理提供了必要的法律依据，在引导、推进和保障民航改革，保障民航健康、快速、有序发展，保障民航消费者合法权益等方面发挥了重要的作用。

① 尤春媛：《民用航空行政法律规制研究》，法律出版社 2018 年版，第 5 页。

（一）从民航法制历史进程中可见，民航立法史就是一部民航行政立法史①

从立法目的和立法内容上看，民航立法就是以规范民航活动，保障民航活动安全有序，促进民航发展为目的的。

《中华人民共和国民用航空法》（本书简称《民用航空法》）于 1995 年 10 月 30 日第八届全国人民代表大会常务委员会第十六次会议通过，并于 1996 年 3 月 1 日起实施。作为我国民航法律规制的母法，是行政法规和民航规章及其规范性文件制定的基础。《民用航空法》第一条便开宗明义地指出："为了维护国家的领土主权和民用航空权利，保障民用航空活动安全和有秩序地进行，保护民用航空活动当事人各方的合法权益，促进民用航空事业的发展，制定本法。"立法目的依然彰显其行政管理的属性。

从《民用航空法》的章节上看，16 章分别为：

第一章　总则——规定立法目的、领空主权、民航行政主管部门、国家对民用航空事业发展的扶持；

第二章　民用航空器国籍——主要规定了民用航空器国籍登记，登记部门、登记条件

第三章　民用航空器权利——规定了民用航空器权利范围、权利登记，以及具体的民用航空器所有权、抵押权、优先权，民用航空器租赁；

第四章　民用航空器适航管理——规定了民用航空器适航管理机构和具体要求；

第五章　航空人员——规定了航空人员概念、执照许可条件、机长权力；

第六章　民用机场——规定了民用机场概念、规划、建设、净空保护、机场使用许可等内容；

---

① 行政立法的理解，包括广义和狭义两种。广义理解，泛指有关行政管理的法律规范的综合，属于行政部门法，即国家机关，包括国家立法机关和行政机关制定并发布行政法律规范的活动；狭义理解，即行政机关依照法定权限和程序制定、颁布有关行政管理实务的法律规范的活动。根据《立法法》第六十五条，第八十，第八十二条的规定，狭义的行政立法包括国务院制定行政法规的活动，国务院各部、委员会、中国人民银行、审计署和具有行政管理职能的直属机构制定的部门规章，以及地方政府规章的活动。本章所指行政立法系广义理解，即为实现民航行政管理而涉及的法律、法规、规章、规范性文件。

第七章 空中航行——规定了国家对空域实行统一管理，管制空域内的飞行许可和飞行规则、飞行保障、飞行必备文件等；

第八章 公共航空运输企业——规定了公共航空运输企业经营许可、定期航班运输许可、运价管理、运输应当遵守的规定等；

第九章 公共航空运输——规定了国内航空运输与国际航空运输、运输凭证、承运人责任等内容；

第十章 通用航空——规定了通用航空概念，从事通用航空活动的条件和义务，经营性通用航空许可等；

第十一章 搜寻援救和事故调查——规定了搜寻援救和事故调查相关主体的义务和要求；

第十二章 对地面第三人损害的赔偿责任——规定了航空器对地（水）面第三人损害的赔偿责任，责任的承办，经营人投保地面第三人责任保险或取得责任担保的要求等；

第十三章 对外国民用航空器的特别规定——规定外国人经营的外国民用航空器，在我国从事民用航空活动应遵守的规定和我国对其的管理；

第十四章 涉外关系的法律适用——规定了民用航空活动涉外时的法律适用；

第十五章 法律责任——规定了违反《民用航空法》应承担的法律责任，包括行政责任和刑事责任，尤其是依照《刑法》构成的若干航空犯罪；

第十六章 附则——规定了计算单位和生效时间。

从《民用航空法》目录及内容上看，除了第三章民用航空器权利部分内容及第九章公共航空运输部分内容属于私法范畴外，其余的全部属于公法范畴，即国家通过立法对民航活动予以规范、管理。即便是民用航空器权利部分以及公共航空运输部分内容也不乏行政规制的存在。如民用航空器权利登记，如果不予以登记则不能对抗善意第三人；再如公共航空运输承运人责任限额也是经《国务院关于〈国内航空运输承运人赔偿责任限额规定〉的批复》予以确定。

从行政法规角度看，行政法规是由最高国家行政机关的国务院根据宪法、法律制定的有关行政管理事项的规范性法律文件的总称，民航行政法规是由国务院制定的对航空活动予以管理的规范性文件，其就是典型的民航行政规制，是我国现行航空法律体系的重要组成部分。

早在 1973 年，国务院、中央军委就发布了《关于使用飞机进行人工降水问题的通知》，以行政法规的形式规范民用航空活动。《民用航空法》实施后，国务院又单独或联合中央军委制定了《中华人民共和国民用航空安全保卫条例》《中华人民共和国民用航空器权利登记条例》《中华人民共和国民用航空器国籍登记条例》《中华人民共和国飞行基本规则》《通用航空飞行管制条例》《民用机场管理条例》等一系列行政法规（参见表 3-1）。

表 3-1　中国民用航空行政法规目录

序号	行政法规名称	实施日期
1	《国务院、中央军委关于使用飞机进行人工降水问题的通知》	1973 年 5 月 20 日
2	《外国民用航空器飞行管理规则》	1979 年 2 月 23 日
3	《国务院、中央军委关于加强机场地面安全措施的通知》	1980 年 3 月 12 日
4	《国务院、中央军委批转空军、国家劳动总局、民航总局关于改革民航义务工役制的请示的通知》	1980 年 3 月 18 日
5	《国务院、中央军委关于民航管理体制若干问题的决定》	1980 年 5 月 17 日
6	《国务院批转民航总局、公安部关于组建民航公安机构的请示报告》	1981 年 7 月 9 日
7	《国务院关于保障民用航空安全的通告》	1982 年 12 月 1 日
8	《国务院批转中国民用航空局关于成立民用机场管理委员会的请示的通知》	1984 年 2 月 27 日
9	《国务院、中央军委关于使用飞机执行各项专业任务的规定》	1984 年 12 月 24 日
10	《国务院办公厅、中央军委办公厅印发〈关于建设机场和合用机场审批程序的若干规定〉的通知》	1985 年 7 月 11 日
11	《国务院、中央军委〈关于军民合用机场使用管理的若干暂行规定〉的通知》	1985 年 12 月 30 日

续表

序号	行政法规名称	实施日期
12	《国务院关于通用航空管理的暂行规定》	1986 年 1 月 8 日
13	《中华人民共和国民用航空器适航管理条例》	1987 年 6 月 1 日
14	《国务院关于加强民航安全工作的紧急通知》	1988 年 2 月 2 日
15	《国务院关于加强交通运输安全工作的决定》	1988 年 7 月 24 日
16	《民用航空运输不定期飞行管理暂行规定》	1989 年 3 月 2 日
17	《中华人民共和国搜寻援救民用航空器规定》	1992 年 12 月 28 日
18	《国务院批转中国民用航空局关于加强民用航空安全管理意见的通知》	1993 年 1 月 12 日
19	《国务院关于加强民用航空安全工作的通知》	1993 年 12 月 8 日
20	《中华人民共和国民用航空安全保卫条例》	1996 年 7 月 6 日
21	《中华人民共和国民用航空器国籍登记条例》	1997 年 10 月 21 日
22	《中华人民共和国民用航空器权利登记条例》	1997 年 10 月 21 日
23	《中华人民共和国飞行基本规则》	2001 年 8 月 1 日
24	《国务院、中央军委关于修改〈中华人民共和国飞行基本规则〉的决定》	2001 年 8 月 1 日
25	《通用航空飞行管制条例》	2003 年 5 月 1 日
26	《国务院、中央军委关于修改〈中华人民共和国飞行基本规则〉的决定》	2007 年 11 月 22 日
27	《民用机场管理条例》	2009 年 7 月 1 日
28	《国务院关于修改部分行政法规的规定》	2014 年 7 月 29 日
29	《国务院关于废止和修改部分行政法规的规定》	2011 年 1 月 8 日
30	《国内航空运输承运人赔偿责任限额规定》	2006 年 3 月 28 日

民航规章是由国务院交通运输部制定，用于细化执行民航法律法规的规范性文件，是民航行政机关管理民航活动的主要和重要法律依据。截至 2020 年 12 月，现存有效民航规章 108 部，从行政程序规则到航空器管理、机场建设和管理，一直到航空器搜寻救援和事故调查。这些部门规章也是典型的行政管理规范。（参见表 3-2）

表 3-2 中国民用航空规章体系

中国民用航空规章体系（CCAR1-400）
第一编 行政程序规则（CCAR1-20）
第二编 航空器（CCAR21-59）
第三编 航空人员（CCAR60-70）
第四编 空域、导航设施、空中交通规则和一般运行规则（CCAR71-120）
第五编 民用航空器企业合格审定及运输（CCAR121-139）
第六编 学校、非航空人员及其他单位的合格审定及运行（CCAR140-149）
第七编 民用机场建设和管理（CCAR150-179）
第八编 委任代表规则（CCAR180-189）
第九编 航空保险（CCAR190-199）
第十编 综合调控规则（CCAR201-250）
第十一编 航空基金（CCAR251-270）
第十二编 航空运输规则（CCAR271-325）
第十三编 航空保安（CCAR326-355）
第十四编 科技和计量标准（CCAR356-390）
第十五编 航空器搜寻救援和事故调查（CCAR391-400）

另外，民航活动也依赖于大量规范性文件。规范性文件是指为贯彻落实法律、法规、规章和政策，由民航局或者民航局职能部门颁布的，涉及行政相对人权利和义务，具有普遍约束力并且可以反复适用的文件。这些规范性文件包括管理程序、咨询通告、管理文件、工作手册、信息通告、通知、意见等。管理程序（Aviation Procedure，AP）是各职能部门下发的有关民用航空规章的实施办法或具体管理程序，是民航行政机关工作人员从事管理工作和法人、其他经济组织或者个人从事民用航空活动应当遵守的行为规则。咨询通告（Advisory Circular，AC）是各职能部门下发的对民用航空规章条文所做的具体阐述。管理文件（Management Document，MD）是各职能部门下发的就民用航空管理工作的重要事项作出的通知、决定或政策说明。工作手册（Working Manual，

WM）是各职能部门下发的规范和指导民航行政机关工作人员具体行为的文件。信息通告（Information Bulletin，IB）是各职能部门下发的反映民用航空活动中出现的新情况以及国内外有关民航技术上存在的问题进行通报的文件。2018年《国务院办公厅关于加强行政规范性文件制定和监督管理工作的通知》（国办发〔2018〕37号）发布后，民航局对民航规范性文件进行了重新梳理，将符合文件精神的文件归为行政规范性文件，以民航法规的形式发布，不符合文件精神的文件视为一般政策性文件。

保障航空运输安全的标准体系也是航空法律体系的重要补充。[①]《中华人民共和国标准化法》第二条规定，标准是一种技术要求，可以分为国家标准、行业标准、地方标准和团体标准、企业标准。其中国家标准分为强制性标准和推荐性标准，行业标准、地方标准是推荐性标准。对于强制标准必须执行。对保障人身健康和生命财产安全、国家安全、生态环境安全以及满足经济社会管理基本需求的技术要求，应当制定强制性国家标准。

由此可见，从我国民航现有法律体系看，从法律到行政法规，到部门规章，再到行政规范性文件，都是对民航活动进行的行政管理。故而，民航法律体系也可以称为民航行政法律体系，民航立法的发展史就是一部民航行政立法史。

（二）民航法是社会主义法律体系中经济法的构成之一，而经济法即是经济行政法，这也体现出民航法律体系的行政法属性

中国特色社会主义法律体系是由多个法律部门组成的有机统一整体，是中国特色社会主义永葆本色的法制根基，是中国特色社会主义创新实践的法制体现，是中国特色社会主义兴旺发达的保障。2011年3月10日，时任全国人大常务委员会委员长吴邦国向全国人大代表报告中称，我国1982年通过了现行宪法，此后又根据客观形势的发展需要，先后通过了4个宪法修正案。截至2010年底，我国已制定现行有效法律

① 许凌洁、张莉琼：《民航法律知多少》，中国民航出版社2015年版。

236件、行政法规690多件、地方性法规8600多件，并全面完成对现行法律和行政法规、地方性法规的集中清理工作。这标志着党的十五大提出的到 2010 年形成中国特色社会主义法律体系的立法工作目标如期完成。社会主义法律体系是以宪法为统帅，以法律为主干，以行政法规、地方性法规为重要组成部分，由多个法律部门组成的有机统一整体。其中，实体法律部门包括宪法相关法、民法商法、行政法、经济法、社会法、刑法等。经济法是国家从社会整体利益出发，对经济活动实行干预、管理或者调控的法律规范。与民法商法调整平等主体之间的民事商事关系不同，经济法是国家对市场经济进行适度干预和宏观调控的法律手段和制度框架，旨在防止市场经济的自发性和盲目性所导致的弊端。民用航空法就属于经济法范畴，是国家对民用航空这一重要行业实施的监督管理和产业促进。其中安全监管和经济监管是监管的两个侧面，经济监管包括宏观调控、产业促进、反不正当竞争、反垄断和消费者权益保护等。

第二节 中国民航行政执法（监管）体制

一、中国民航行政监管体制和监管机构主要职能

体制即组织制度，表征的是国家机关在机构设置、上下级关系、职权划分等方面所形成的各种具体体系和组织制度。

新中国成立以来，我国民航管理体制经历了军队代管、军民分离，再到政企分离，独立为国务院下设的民航行政管理机构的变迁。

1949 年 11 月 2 日，中央政治局会议决定：“为管理民用航空，决定在人民革命军事委员会下设民用航空局，受空军司令部之领导，决定以钟赤兵为民用航空局局长。”1950 年 1 月 20 日，经聂荣臻代总参谋长批准，将中央人民政府革命军事委员会民用航空局改称为军委民用航空局，简称民航局。1952 年 5 月 7 日，中央军委、政务院《关于整编民用航空的决定》指出：为了统一航空事业的管理，为了有效地整编民航机构与

合理地使用人力、物力，并使民用航空成为空军的后备力量，特规定原军委民航局改为空军建制，民航局的行政领导、党政工作、供应关系和技术业务等，均直属空军司令部；改变现行民航组织，将民用航空的行政管理和业务经营机构分开，改设民航局和民用航空公司。民用航空公司为经营业务的企业单位。

十一届三中全会后，民航业拉开了全面改革的序幕。1979 年 4 月 4 日，外交部召开会议，布置了一批涉外法律的起草工作，其中包括起草航空法。民航局专门成立了航空法领导小组和起草小组，设置了法制机构，我国民航管理开始步入法制化轨道。1980 年国务院、中央军委发布了《关于民航管理体制若干问题的决定》。该决定规定，自 1980 年 3 月 15 日起，民航局不再由空军代管，归属国务院；民航局是国家民航事业的行政机构，统一管理全国民航的机构、人员和业务，逐步实现企业化的管理。这是我国民航史上著名的“军转民”壮举，此举为民航事业的发展奠定了基础。[①]

1996 年 3 月 1 日起开始实施的《民用航空法》规定了民用航空的基本法律制度，其第三条明确规定了“国务院民用航空主管部门对全国民用航空活动实施统一监督管理；根据法律和国务院的决定，在本部门的权限内，发布有关民用航空活动的规定、决定。国务院民用航空主管部门设立的地区民用航空管理机构依照国务院民用航空主管部门的授权，监督管理各该地区的民用航空活动”。

根据第九届全国人民代表大会第一次会议批准的国务院机构改革方案和《国务院关于机构设置的通知》（国发〔1998〕5 号）的规定，我国设置中国民用航空总局（正部级），中国民用航空总局是国务院主管全国民航事务的直属机构。

国务院办公厅关于印发《中国民用航空总局职能配置内设机构和人员编制规定》的通知（国办发〔1998〕71 号）规定，中国民用航空总局根据行政权力和飞行安全管理相对高度集中的行业特点，按照建立社会主义市场经济体制的要求，实行政企分开，切实转变职能，以“安全第

---

① 杨惠、郝秀辉：《航空法学原理与实例》，法律出版社 2017 年版，第 5 页。

一，正常飞行，优质服务”为中心，加强飞行安全管理、空中交通管理、航空运输市场管理和机场安全运行管理以及民航发展规划、宏观调控、行业政策、依法监督等行业管理职能，将民用航空保险的管理职责、组织进行民航科技成果推广应用的职责、民航运输服务标准及质量的监督检查职责和受理用户投诉的职责交给民航企业、科研单位或社会中介机构承担。

中国民用航空总局的主要职责是：

（1）研究并提出民航事业发展的方针、政策和战略；拟定民航法律、法规草案，经批准后监督执行；推进和指导民航行业体制改革和企业改革工作。

（2）编制民航行业中长期发展规划；对行业实施宏观管理；负责全行业综合统计和信息化工作。

（3）制定保障民用航空安全的方针政策和规章制度，依法监督管理民航行业的飞行安全和地面安全；制定航空器飞行事故和事故征候标准，按规定调查处理航空器飞行事故。

（4）制定民用航空飞行标准及管理规章制度，对民用航空器运营人实施运行合格审定和持续监督检查，负责民用航空飞行人员、飞行签派人员的资格管理；审批机场飞行程序和运行最低标准；管理民用航空卫生工作。

（5）制定民用航空器适航管理标准和规章制度，负责民用航空器型号合格审定、生产许可审定、适航审查、国籍登记、维修许可审定和维修人员资格管理并持续监督检查。

（6）制定民用航空空中交通管理标准和规章制度，编制民用航空空域规划，负责民航航路的建设和管理，对民用航空器实施空中交通管理，负责空中交通管制人员的资格管理；管理民航导航通信、航行情报和航空气象工作。

（7）制定民用机场建设和安全运行标准及规章制度，监督管理机场建设和安全运行；审批机场总体规划，对民用机场实行使用许可管理；实施对民用机场飞行区适用性、环境保护和土地使用的行业管理。

（8）制定民航安全保卫管理标准和规章，管理民航空防安全；监督检查防范和处置劫机、炸机预案，指导和处理非法干扰民航安全的重大事件；管理和指导机场安检、治安及消防救援工作。

（9）制定航空运输、通用航空政策和规章制度，管理航空运输和通用航空市场；对民航企业实行经营许可管理；组织协调重要运输任务。

（10）研究并提出民航行业价格政策及经济调节办法，监测民航行业经济效益，管理有关预算资金；审核、报批企业购买和租赁民用飞机的申请；研究并提出民航行业劳动工资政策，管理和指导直属单位劳动工资工作。

（11）领导民航地区、省、自治区、直辖市管理局和管理民航直属院校等事业单位；按规定范围管理干部；组织和指导培训教育工作。

（12）代表国家处理涉外民航事务，负责对外航空谈判、签约并监督实施，维护国家航空权益；参加国际民航组织活动及涉民航事务的政府间国际组织和多边活动；处理涉香港特别行政区及澳门、台湾地区民航事务。

（13）负责民航党群工作和思想政治工作。

（14）承办国务院交办的其他事项。

根据上述职责，中国民用航空总局设 11 个职能司（厅、室、局）：

（一）办公厅

协助总局领导综合协调、督促检查机关政务工作；负责机关的文秘、机要、保密、档案、信访和行政管理工作；组织调查研究民航行业发展的方针、政策和重大问题；综合协调和组织审查民航各类法规、规章制度，处理行政复议和诉讼；承担总局领导交办的文件起草和总局新闻发布工作。

（二）航空安全办公室

拟定民用航空安全政策和规章制度，管理和监督检查飞行安全及航空地面安全；组织协调行业的“系统安全”管理工作，发布安全指令，组织航空事故调查；指导航空安全教育和安全管理研究工作，发布航空安全信息；承担总局安全委员会的日常工作。

（三）规划发展科技司

研究和提出民航行业发展战略，编制民航行业航线网络、机队建设、机场建设、科技开发和信息系统等中长期发展规划和年度计划；审核、报批企业购买和租赁民用飞机及进口机电设备的申请；管理民航基建、技改和利用外资项目等工作；负责民航行业综合统计和信息化工作。

（四）财务司

研究并提出民航行业价格政策和财会规章制度，组织实施宏观经济调节；管理有关预算资金和专项基金；审核汇编直属企事业单位年度财务预决算；拟定航空运价和各项收费标准并监督实施；协调有关财税政策；负责民航外债监管、协调；实施财会监督，维护国家投入民航资本的权益。

（五）人事教育司

指导民航人事劳动制度改革，管理和指导直属单位人事、劳动工资、机构编制工作；按照干部管理权限管理直属单位领导干部；管理民航院校，组织和指导人才开发、培训教育工作；管理和指导行业职业技能鉴定和专业技术职务评聘工作；组织拟订劳动和劳动安全行业标准。

（六）国际合作司

拟定发展国际和地区民航关系的方针政策；组织参加国际民航组织和其他有关国际组织的活动，办理有关国际民航公约、条约及协议的具体事务；办理民航企业与外国航空企业签订有关协议的审批工作并监督实施；指导驻国际民航组织代表处工作；办理涉香港特别行政区及澳门、台湾地区民航事务；办理民航人员因公出国审批工作。

（七）运输司

拟定国内、国际航空运输、通用航空政策和规章制度，规范管理航空运输和通用航空市场；审核国际、国内航线和国内外航空公司加班、包机的申请，对民航运输企业及其他企业实行经营许可管理；协调航班计划，组织协调重大、紧急航空运输和通用航空作业任务。

（八）飞行标准司

拟定民用航空飞行标准及管理规章制度，对民用航空器的运营人（含在国内的外国运营人）实施运行合格审定和持续监督检查；负责飞行人员和飞行签派人员的资格管理，对飞行训练机构和设备进行合格审定；管理民用航空卫生工作，对飞行人员身体条件进行合格审定。

（九）航空器适航司

拟定民用航空器适航管理标准和规章制度，负责民用航空器型号合格审定、生产许可审定、适航审查、国籍登记、维修许可审定和维修人员资格管理并持续监督检查；审核批准运营人维修系统和民用航空器的适航和可安全运行状态，颁发适航指令并监督实施。

（十）机场司

拟定民用机场建设和安全运行标准及管理规章并监督检查。审核民用机场场址、总体规划及组织竣工验收工作，对机场专业工程设计、施工、监理单位及社会中介组织实施资质管理；对民用机场实行使用许可管理，负责机场飞行区适用性、环境保护、土地使用、净空保护和应急求援的行业管理；对民航特种车辆和地面专用设备实行生产许可管理。

（十一）公安局

拟定民航安全保卫管理标准和规章；管理民航行业空防安全；监督民航企业制定和实施安全保卫方案，指导防范和处理劫机、炸机等非法干扰民航安全的重大事件；管理民航公安队伍，组织指导专机警卫和刑事侦察工作；管理和指导机场安检、治安、交通管理及消防救援工作。

该局由中国民用航空总局、公安部双重领导，业务工作以公安部为主。①

2009年，国家机构进行调整，根据《国务院关于部委管理的国家局设置的通知》（国发〔2008〕12号）的规定，设立中国民用航空局（副

① 参见国务院办公厅关于印发《中国民用航空总局职能配置内设机构和人员编制规定》的通知（国办发〔1998〕71号）。

部级），为交通运输部管理的国家局，对原中国民用航空总局的职责进行了调整：

（1）将原中国民用航空总局规范管理航空运输业、实施航空安全和空中交通管理、组织协调重大紧急航空运输任务等职责划入中国民用航空局。

（2）取消已由国务院公布取消的行政审批事项。

（3）加强航空安全监管、规范航空运输业、通用航空管理的职责，保障民航安全，促进民航行业协调发展。

现中国民用航空局主要职责包括：

（1）提出民航行业发展战略和中长期规划、与综合运输体系相关的专项规划建议，按规定拟订民航有关规划和年度计划并组织实施和监督检查。起草相关法律法规草案、规章草案、政策和标准，推进民航行业体制改革工作。

（2）承担民航飞行安全和地面安全监管责任。负责民用航空器运营人、航空人员训练机构、民用航空产品及维修单位的审定和监督检查，负责危险品航空运输监管、民用航空器国籍登记和运行评审工作，负责机场飞行程序和运行最低标准监督管理工作，承担民航航空人员资格和民用航空卫生监督管理工作。

（3）负责民航空中交通管理工作。编制民航空域规划，负责民航航路的建设和管理，负责民航通信导航监视、航行情报、航空气象的监督管理。

（4）承担民航空防安全监管责任。负责民航安全保卫的监督管理，承担处置劫机、炸机及其他非法干扰民航事件相关工作，负责民航安全检查、机场公安及消防救援的监督管理。

（5）拟订民用航空器事故及事故征候标准，按规定调查处理民用航空器事故。组织协调民航突发事件应急处置，组织协调重大航空运输和通用航空任务，承担国防动员有关工作。

（6）负责民航机场建设和安全运行的监督管理。负责民用机场的场址、总体规划、工程设计审批和使用许可管理工作，承担民用机场的环境保护、土地使用、净空保护有关管理工作，负责民航专业工程质量的监督管理。

（7）承担航空运输和通用航空市场监管责任。监督检查民航运输服务标准及质量，维护航空消费者权益，负责航空运输和通用航空活动有关许可管理工作。

（8）拟订民航行业价格、收费政策并监督实施，提出民航行业财税等政策建议。按规定权限负责民航建设项目的投资和管理，审核（审批）购租民用航空器的申请。监测民航行业经济效益和运行情况，负责民航行业统计工作。

（9）组织民航重大科技项目开发与应用，推进信息化建设。指导民航行业人力资源开发，科技、教育培训和节能减排工作。

（10）负责民航国际合作与外事工作，维护国家航空权益，开展与港澳台的交流与合作。

（11）管理民航地区行政机构、直属公安机构和空中警察队伍。

（12）承办国务院及交通运输部交办的其他事项。

根据上述职责，中国民用航空局设12个内设机构（副司局级）：

（一）综合司

负责机关文电、会务、机要、档案、政务公开、安全保密、新闻发布和信访等工作；承担重要文稿起草工作。

（二）航空安全办公室（空管行业管理办公室）

组织协调民航行业系统安全管理工作；起草民航安全和空中交通管理政策、标准，拟订相关规划，监督、指导民航飞行安全、航空地面安全和空管运行安全工作；管理航空安全信息，发布航空安全指令；按规定组织或参与民用航空器事故及事故征候调查。拟订航班时刻和空域容量资源分配管理办法；承担民航空中交通管理相关人员资格、空管设备使用许可、民航无线电管理工作；依法指导重要飞行保障和民用航空器搜寻救援工作；承担民航应急工作、重大事项和突发事件处置的组织协调。

（三）政策法规司

组织起草民航法律法规和规章草案，组织开展相关政策研究；指导民航行业行政执法工作并监督检查；承办相关行政复议和行政应诉工作；指导民航行业体制改革；组织起草通用航空发展政策和标准，规范通用航空市场秩序；承办民用航空器权利登记工作。

（四）发展计划司

提出民航行业发展战略和中长期规划、与综合运输体系相关的专项规划建议，按规定组织编制和实施有关专项规划；承担民航建设项目投资和管理、行业价格、组织协调航油供应保障、行业统计有关工作；审核购租民用航空器的申请；监测行业运行情况；指导民航行业节能减排工作。

（五）财务司

提出民航行业财税等政策建议，监测民航行业经济效益；承担机关和直属单位的财务、资产管理和监督检查工作；承担民航政府性基金有关工作。

（六）人事科教司

承担机关及直属单位干部人事、机构编制、劳动工资管理工作；按权限承担直属单位领导干部管理工作；管理民航院校；指导民航行业人才队伍建设、教育培训、职业技能鉴定、科技和信息化工作，组织重大科技项目研究，承担民航行业职业资格有关管理工作；承担民航安全监察专员日常管理工作。

（七）国际司（港澳台办公室）

起草民航对外合作政策，承办民航国际合作、外事和对外航空权利谈判工作，承办与港澳台合作与交流有关事务；承办外国和港澳台航空运输企业常驻机构及人员的审核工作。

（八）运输司

规范航空运输市场秩序，监督管理服务质量；起草航空运输和航空消费者权益保护政策和标准并监督执行；承担航空运输企业及其航线航班经营许可管理工作；拟订并实施内地与港澳台地区航空运输安排；组织协调重大、特殊、紧急航空运输和通用航空任务；承担国防动员有关工作。

（九）飞行标准司

起草民航飞行运行、航空器维修、危险品航空运输和航空卫生政策及标准并监督执行，承担民用航空器运营人、航空人员训练机构及设备、民用航空器维修单位的审定和监督检查工作，承担民航飞行人员、飞行签派人员和维修人员的资格管理；审批机场飞行程序和运行最低标准并监督执行；承担民用航空器的运行评审工作。

（十）航空器适航审定司

起草民用航空产品适航管理的政策和标准；承担民用航空产品以及民航油料、化学产品的适航审定工作并监督检查；承担民用航空器国籍登记；颁发适航指令；承担民航标准和计量有关工作。

（十一）机场司

起草民用机场建设、安全、运营管理政策和标准并监督检查；承担民用机场的场址、总体规划、工程设计审核工作，承担民用机场及其专用设备使用许可管理工作；承担民航建设工程招投标、质量监督和相关单位资质管理工作，组织工程行业验收；承担民用机场应急救援、环境保护、土地使用、净空保护有关管理工作；承担机场内供油企业安全运行监督管理工作。

（十二）公安局

承担民航行业空防安全监督管理工作；起草民航安全保卫管理的政策和标准，审核民航企事业单位航空安全保卫方案并监督执行；指导防范和处置非法干扰民航事件，承担处置劫机、炸机事件的综合协调和日常工作；指导和监督民航安全检查和空中安全保卫工作；组织、指导民航专机安全警卫和刑事侦查工作，监督管理机场公安及消防救援工作；管理直属公安队伍。公安局列入公安部序列，由中国民用航空局、公安部双重领导，党政工作以中国民用航空局领导为主，公安业务工作以公安部领导为主。

机关党委（思想政治工作办公室）负责机关和直属单位党群工作，指导民航系统的思想政治工作和精神文明建设工作。

离退休干部局 负责机关离退休干部工作，指导直属单位的离退休干部工作。[①]

中国民用航空局下设华北、中南、华东、西北、西南、东北、乌鲁木齐等7个省、自治区、直辖市的地区管理局，负责对辖区内民用航空事务实施行业管理和监督。7 个民航地区管理局根据安全管理和民用航空不同业务量的需要，共派出天津、河北、内蒙古、山西、江西、浙江、山东、安徽、福建、江苏、河南、湖北、湖南、海南、广西、四川、云南、西藏、贵州、甘肃、青海、宁夏、黑龙江、吉林等33省、自治区、直辖市监管局。这种“条条”管理体制与一般的以行政区域为管辖范围的“块块”管理体制是不同的。之所以确定这种管理体制，是考虑到民用航空事业是高科技、高投入、高风险的行业，具有快速、机动、灵活等特点，其生产服务过程和成果不是某一个独立单位、某一个行政区域单独可以完成的，整体性、关联性特别强，对各方面人员的个体和整体素质要求很高等实际情况。世界其他航空大国，也都采取相类似的高度集中统一的管理体制。需要指出的是，民用航空管理体制的改革仍在不断进行，地区管理机构的设置不是一成不变的。为了适应管理民用航空活动的需要和提高行政效率，中国民用航空局也会适当调整地区管理机构的设置。

地区管理局负责该地区的民航行政管理，为承接民航局专业司局职能，其设立了对应的内设机构。以中国民航华东地区管理局为例，该管

---

① 参见《国务院办公厅关于印发中国民用航空局主要职责内设机构和人员编制规定的通知》(国办发〔2009〕20号)。

理局设置19个职能机构、3个党群工作机构和1个离退休干部工作机构。其机构和职能分别为：

1. 办公室（外事办公室、港澳台事务办公室、应急管理办公室）

协助地区管理局领导处理日常行政事务，综合协调、督促检查地区管理局机关政务工作；负责地区管理局机关的文秘、机要、保密、档案、信访、行政管理、政务公开、电子政务等工作；负责地区管理局的外事管理与接待工作；承担辖区内民航应急工作和重大事项的组织协调；按授权，处理辖区内涉港澳台民航事务。

2. 航空安全办公室

综合管理辖区内的民用航空安全；组织调查处理辖区内的一般民用航空飞行事故、地面事故和飞行事故征候及其他不安全事件；参与辖区内重、特大运输飞行事故的调查处理工作；发布安全指令和安全通告；负责辖区内民用航空安全信息的收集、分析和发布；按规定组织辖区内安全评估工作并承办航空安全奖惩工作；组织、指导辖区内的航空安全教育和航空安全管理研究工作；承担地区管理局航空安全委员会的日常工作。

3. 政策法规处

负责地区管理局领导法律顾问和法律事务工作；提出政策建议；负责地区管理局各项政策、规定和合同草案的法律审查；组织并监督辖区内民航行政执法；负责辖区内行政处罚的审查和执行；负责辖区内民航各类行政执法监察员的管理；指导辖区内民航企事业单位法律工作；负责辖区内行业改革的有关工作，审核企业、机场联合兼并和改制上市，受理企业、机场不公平竞争的投诉；负责辖区内以地区管理局为业务主管单位的社会团体的管理。

4. 计划统计处（节能减排办公室）

研究提出所辖区域民用航空发展规划，对民用机场布局和机场、航路建设规划以及航线开辟提出建议；负责辖区内民用机场新建、改扩建、迁建等项目的前期审查；负责辖区内民用机场使用政府性基金补贴项目的审核或审批及其监督工作；承办辖区内购租航空器项目的评估工作；负责辖区内行业信息统计工作；负责地区管理局及其所属单位的固定资产投资及基本建设、技术改造、利用外资等计划项目的管理；负责辖区内民用航空企事业单位收费监督和航油供油保障的有关工作；负责辖区内民用航空机电产品国际招投标的监督管理；承担辖区内民航行业节能减排有关管理工作。

5. 财务处

负责直属单位的资产管理、资金管理和外汇额度使用管理；监督管理辖区内国家财政专项资金使用；负责直属单位的财务预决算管理及辖区内财务信息统计工作；负责直属单位政府采购工作；负责直属单位固定资产投资项目财务与资金管理；监督检查直属单位财务管理情况，负责组织管理局权限内的民航基本建设项目竣工决算审批；负责辖区内行政性收费的监督；协助征收政府性基金；负责地区管理局日常财务管理工作；承担对有关领导干部的经济责任审计和离任审计工作。

6. 人事科教处

管理和指导地区管理局机关及直属单位的人事、劳动工资、机构编制、社会保险、培训教育、智力引进、科技等工作；按规定权限管理直属单位领导干部；负责地区管理局机关及其派出机构的公务员招录、考核、任用、调配等工作；组织实施辖区内民航科技项目，协调科技成果推广应用工作；负责辖区内民航信息化管理以及网络与信息安全监管工作；承担辖区内民航主体系列职称评审相关工作，协调辖区内行业培训和人才队伍建设工作。

7. 运输管理处（国防动员办公室）

对辖区内民用航空运输（含国际航空运输）市场实施监督管理，参与对民用航空企事业单位收费的监督；审核辖区内航空运输企业的经营许可申请；按规定权限审批航空运输企业航线及加班、包机申请；负责辖区内航空运输地面服务、计算机订座系统的市场准入及其监督管理；

管理辖区内民用航空消费者事务，负责消费者对辖区内航空运输企业投诉受理的监督管理；管理辖区内民用航空国防动员工作；组织协调辖区内重大、特殊、紧急运输航空抢险救灾工作；对辖区内民用航空客货运输安全以及危险品航空运输实施监督管理。

8. 通用航空处

对辖区内通用航空市场实施监督管理；负责辖区内通用航空企业的经营许可管理，办理辖区内非经营性通用航空的登记并实施监督；组织协调辖区内重大、特殊、紧急通用航空抢险救灾工作。

9. 飞行标准处

负责实施民用航空器运营人在辖区内的运行合格审定及补充审定并进行持续监督检查；办理对辖区内飞行训练机构的合格审定事宜；负责辖区内民用航空飞行人员、乘务人员的资格管理。

10. 外国航空公司审定和监管处

负责规定范围内外国和我国特别行政区公共航空运输承运人的运行合格审定和持续监督检查，负责协调其他民航地区管理局对本管理局实施运行合格审定的外航的监督检查工作。

11. 航空卫生处

监督管理辖区内的民用航空卫生工作，负责辖区内民用航空人员体检鉴定工作并审核颁发体检合格证；对辖区内民用航空体检单位委任代表及民用航空体检人员委任代表进行资格审查，并监督检查其工作；负责对辖区内民用运输机场的应急救护预案、国内交通卫生检疫条例实施预案的审查，并实施监督检查。

12. 航务管理处

审核报批或批准辖区内民用航空飞行程序、运行最低标准、低能见度运行程序等各类应急程序；承办有关飞行程序的验证试飞、新技术应用推广工作；负责对辖区内航务代理工作实施监管；负责对辖区内民用航空飞行签派委任代表资格进行审查，并监督检查其工作；按授权审查批准辖区内民用航空营运人的运行控制相关文件并监督检查执行情况；办理对辖区内飞行签派员训练机构的合格审定事宜；负责辖区内飞行签派人员的资格管理。

13. 适航维修处

审批民用航空器运营人在辖区内的航空器维修方案、可靠性方案、加改装方案及特殊装机设备运行要求；审核报批或批准民用航空器运营人在辖区内执管航空器的适航证、特许飞行证，并实施监督管理和使用困难报告的调查处理；审核报批或批准辖区内民用航空器维修单位维修许可证并实施监督管理，按授权负责对承修中国注册航空器及其部件的国外维修单位的审查；负责辖区内维修人员培训机构的合格审定；按授权负责民用航空器初始维修大纲审查的有关工作；负责辖区内航空器维修人员的资格管理。

14. 适航审定处

按授权对航空器及其零部件、机载设备、材料等进行型号合格审定和生产许可审定；颁发民用航空产品的适航指令；办理颁发民用航空器初始标准适航证的有关事宜；负责有关民用航空器的加改装方案、特修方案和超手册修理方案的工程审批工作；按授权负责航空油料及民航化学产品的适航审定；对有关委任代表进行资格管理；负责辖区内民航标准计量工作。

15. 机场管理处

审核报批或批准辖区内民用机场（含军民合用机场民用部分，下同）总体规划、许可证和军民合用机场对民用航空器开放使用的申请；对辖区内民用机场的安全运行、净空管理、环境保护、应急救援工作进行监督检查；审核报批辖区内新建民用机场的场址选址报告；负责对辖区内民用机场专业工程建设项目的设计审查、工程质量监督和行业验收，对不停航施工进行监督管理；负责辖区内民航招投标管理（机电产品国际招投标管理除外）；对辖区内航油企业市场准入规则执行情况和安全运行进行监督检查；负责消费者对辖区内机场投诉受理的监督管理。

16. 空中交通管制处

负责组织对辖区内民航空域使用和空中交通管制、航行情报运行和安全实施监督管理；负责辖区内管制人员和航行情报人员资格管理的相关工作；组织协调辖区内航班时刻和空域容量等资源分配工作；组织协调辖区内专机、重要飞行保障和民用航空器搜寻救援工作；对辖区内民航空中交通管制、空域、航行情报发展和建设规划提出建议，并跟踪执行情况。

17. 通信导航监视处

负责组织对辖区内通信导航监视运行和安全实施监督管理；负责辖区内通信导航监视设施设备行政许可管理和人员资格管理的相关工作；承办辖区内民航无线电管理事项；对辖区内通信导航监视发展和建设规划提出建议，并跟踪执行情况。

18. 航空气象处

负责组织对辖区内航空气象运行和安全实施监督管理；负责辖区内航空气象设施设备行政许可管理和人员资格管理的相关工作；对辖区内航空气象发展和建设规划提出建议，并跟踪执行情况。

19. 公安局

指导、监督检查辖区内民用航空空防安全工作和民用机场的安检、消防、治安工作；审查辖区内民用机场、航空运输企业的安全保卫方案和预防、处置劫、炸机或其他突发事件的预案；指导组织协调相关刑事、治安案件的侦查工作，指导相关安全保卫、国家安全和反恐工作；指导、检查辖区内专机警卫工作；对辖区内民用机场安全保卫设施实施监督检查；指导、监督检查民用机场控制区内通行证件的发放管理工作；按授权，对辖区内民用机场进行航空保安审计；负责地区管理局所在省（区、市）空防安全监管及地区管理局机关的内部保卫、防火和治安综合治理工作。

20. 党委办公室（机关党委、团委办公室）

负责地区管理局及直属单位的思想政治工作及精神文明建设，承担地区管理局及直属单位党组织建设和宣传教育工作以及共青团等工作；负责地区管理局统战工作。

21. 工会办公室

负责地区管理局及直属单位的工会工作；指导辖区内民航工会工作，维护职工合法权益。

22. 纪检监察处

按照党章和有关规定实施党内监督和行政监督，受理对检查、监察对象的控告、申诉，调查、处理检查、监察对象违反党纪、政纪的案件。

23. 离退休干部处

组织地区管理局离退休干部政治学习等活动；负责地区管理局离退休干部的医疗保健、生活福利、休养和用车等服务的安排；办理地区管理局离退休干部的丧葬和善后处理事宜；对直属单位的离退休干部工作进行检查指导；负责离退休干部的统计、来信来访等工作。①

华东地区管理局有 10 个派出机构，分别是上海、江苏、浙江、山东、安徽、福建、江西、厦门、青岛和温州安全监督管理局。各派出机构按照授权负责该地区的具体监督管理工作，以中国民用航空上海安全监督管理局为例可以看出派出机构一般的内设机构及其主要职责。上海安全监督管理局设立了：

（1）综合处（应急管理办公室），负责本局行政、机要、保密、档案、信访、电子政务、财务、人事、法律事务等工作以及党组织建设、纪检、工会等党群工作；承担辖区内民航应急工作和重大事项的组织协调；承担辖区内民航规划、投资、价格监管以及行业统计的相关工作；承担辖区内民航网络和信息安全监管工作。

（2）航空安全办公室，按授权，参与辖区内民航飞行事故、航空地面事故的调查，组织事故征候和不安全事件的调查工作；负责辖区内民用航空安全信息管理工作。

① 参见华东地区管理局网站，http://hd.caac.gov.cn/HD_ZZJG/，2020 年 12 月 11 日访问。

（3）运输处（国防动员办公室），按授权，负责对辖区内民用航空运输和通用航空市场秩序、民用航空客货运输安全以及危险品航空运输实施监督管理，协调完成重大航空运输、通用航空任务；负责辖区内民用航空国防动员的有关工作。

（4）飞行标准处，按授权，承办辖区内民用航空运营人运行合格审定、飞行训练机构合格审定的有关事宜并实施监督管理；负责辖区内民用航空飞行人员、乘务人员的资格管理；监督管理辖区内的民用航空卫生工作。

（5）航务处，按授权，监督检查辖区内民用航空飞行程序及各类应急程序的执行情况；负责辖区内飞行签派人员的资格管理。

（6）适航维修处，按授权，承办辖区内民用航空器维修单位合格审定的有关事宜并实施监督管理；负责辖区内民用航空器持续适航及维修管理；负责辖区内航空器维修人员资格管理。

（7）机场处，按授权，负责对辖区内民用机场（含军民合用机场民用部分）的安全运行、总体规划、净空保护以及民航专业工程建设项目和航油企业安全运行等实施监督管理。

（8）空中交通管理处，按授权，监督检查辖区内民航空管系统运行和安全状况；组织协调辖区内专机、重要飞行保障和民用航空器搜寻救援工作；监督、检查辖区内航班时刻和空域容量等资源的使用状况；承办辖区内民航无线电管理等事宜。①

由上可知，从中国民航局—地区管理局—各地监管局构建起了中国民航两级政府三级机构的监管模式。

从宏观角度分析各层级的职能，民航局属于立法决策者，地区管理局属于组织实施者，各地区安全监督管理局属于监督检查者，其共同对航空企业和航空活动进行监督检查。（民航监管组织结构及职能划分见图 3-1）

---

① 参见上海安全监督管理局网站，http：//hd.caac.gov.cn/HD_ZZJG/HD_PCJG/HD_SHANGHAI/2020 年 12 月 11 日访问。

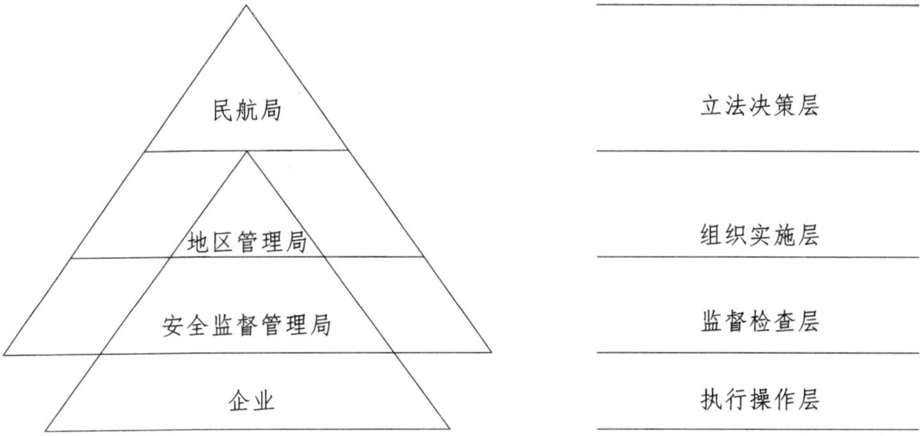

图 3-1　民航行政监管组织结构及职能划分

最上层的中国民用航空局作为民航活动最主要的监管主体，其监管权力无所不在。对民航局权力的规定主要包括在《民用航空法》和前述国务院文件中里，其监管权力可划分为以下四类：（1）行政规范创制权，包括研究制定我国民航的有关法律、法规，制定航空运输、通用航空政策和规章制度，制定民用航空飞行、民用航空器适航管理、民用航空空中交通管理、民用机场建设和安全运行、民航安全保卫管理的标准和规章制度并组织实施，制定从事民航从业人员的资格标准和行为准则；（2）行政许可权，包括审核和批准航空公司的设立、规划和批准机场的建设和使用运行，审核批准飞行人员、机务人员和空管人员的任职资格；（3）行政执法权，对违法民航相关管理法律、法规的行为进行调查和处罚，包括处罚前的调查和检查行为；（4）对民航市场的行政指导行为，包括对航空公司购买飞机，建设运输机场的规划和设计进行审查。

民航各地区管理局和各省市监管局即民航局派出机构的行政职责包括：（1）对辖区内民航违法违规事项立案调查并在授权范围内作出行政处罚决定；（2）负责对辖区内民用航空器运营人的运行合格审定工作并进行持续监督检查；（3）按授权负责对辖区内民用航空器及其部件的适航审定；（4）审查批准或报批辖区内民用机场（含军民合用机场民用部分）的总体规划、使用许可证和军民合用机场对民用航空器开放使用的申请；（5）研究拟定辖区内民用航空发展规划，审核报批辖区内新建民用机场的场址预选报告；（6）审查辖区内民用机场、航空运输企业的安全保卫方案和预防、处置劫机炸机或其他突发事件的预案；（7）审批航空运输企业在辖区内的航线及加班、包机申请。

二、中国民航行政监管主要方式

我国《民用航空法》第三条明确规定了“国务院民用航空主管部门对全国民用航空活动实施统一监督管理；根据法律和国务院的决定，在本部门的权限内，发布有关民用航空活动的规定、决定。国务院民用航空主管部门设立的地区民用航空管理机构依照国务院民用航空主管部门的授权，监督管理各该地区的民用航空活动”。我国民航行政机关（民航局和民航地区管理局）及其法律法规授权的组织依法对全国民航活动予以行政监督管理，除了行政规范的制定外，主要以行政许可、行政检查、行政强制、行政处罚以及综合运用多种执法手段开展执法监督活动。

（一）民用航空行政许可

民用航空行政许可是指民航局及其地区管理局以及法律法规授权的组织根据公民、法人或者其他组织的申请，经依法审查作出准予或不准予其从事民用航空活动的行为。

行政许可的设定是法律规范的一般禁止，而行政许可的事实就是对是否解除一般禁止依法作出的判断和决定。对一般禁止的解除，法律规范通常会设定一定条件。依据《中华人民共和国行政许可法》第十二条的规定：“下列事项可以设定行政许可：（一）直接涉及国家安全、公共安全、经济宏观调控、生态环境保护以及直接关系人身健康、生命财产安全等特定活动，需要按照法定条件予以批准的事项；（二）有限自然资源开发利用、公共资源配置以及直接关系公共利益的特定行业的市场准入等，需要赋予特定权利的事项；（三）提供公众服务并且直接关系公共利益的职业、行业，需要确定具备特殊信誉、特殊条件或者特殊技能等资格、资质的事项；（四）直接关系公共安全、人身健康、生命财产安全的重要设备、设施、产品、物品，需要按照技术标准、技术规范，通过检验、检测、检疫等方式进行审定的事项；（五）企业或者其他组织的设立等，需要确定主体资格的事项；（六）法律、行政法规规定可以设定行政许可的其他事项。”民用航空业具有高科技、高投入、规模性、公共性、严安全性等特征，因而无论是从民用航空的产业发展、市场准入，还是从航空运输服务、人员资格等方面来看，法律规范都有必要从申请者的资质和资格、许可内容、许可机关权力行使等方面做出特殊的限制和约束。

目前，民航局设行政许可事项 49 项，包括飞行标准类、航空器适航审定类、空中交通管制类、机场建设类、运输市场类、综合类，其中民航局负责 32 项，民航地区管理局负责 17 项。具体项目参见表 3-3。

表 3-3 民航局行政许可事项

项目编码	具体审批部门	项目名称	审批对象
54001	民航局	民用航空器国籍登记证书核发	机关、事业单位、社会组织、企业、公民个人
54002	民航局	民用航空器（发动机、螺旋桨）型号合格证/型号认可证（TC/VTC）核发	事业单位、企业、公民个人
54003	民航局地区管理局	民用航空器（发动机、螺旋桨）生产许可（PC）	事业单位、社会组织、企业、公民个人
54004	民航局	民用航空器维修单位维修许可	企业
54005	民航局	民用航空器适航证（A/C）核发和外国民用航空器适航认可	事业单位、企业、公民个人
54006	民航局	民用航空器及其零部件出口适航批准	机关、事业单位、社会组织、企业、公民个人
54007	民航局	航空人员资格认定	公民个人
			公民个人
			公民个人
54008	民航局地区管理局	空勤人员和空中交通管制员体检合格认定	公民个人

续表

项目编码	具体审批部门	项目名称	审批对象
54009	民航局	规定权限内对新建、改建和扩建民用机场的审批和审核	机关、企业
54010	民航局	设立国际机场审批、民用机场使用许可证核发	企业
54011	民航局	在我国境内国际国内定期和不定期飞行计划审批	企业
54012	民航局	民航通信导航监视设备使用许可和导航设备开放运行许可	事业单位、企业
54013	民航局	民航无线电台（站）址审批、频率及呼号指配、航空器电台执照核发	事业单位、企业
54014	民航局	公共航空运输企业经营许可	机关、事业单位、社会组织、企业、公民个人
54015	民航局	中外航空运输企业航线（航班运输）经营许可	企业
54016	民航局地区管理局	通用航空企业经营许可	企业
54017	民航局地区管理局	非经营性通用航空活动登记核准	事业单位、社会组织、企业、公民个人
54019	民航局地区管理局	运输机场专业工程验收许可	企业
54020	民航局地区管理局	民用航空器改装设计批准（MDA）	事业单位、社会组织、企业、公民个人
54021	民航局	外航驻华常设机构设立审批	企业
54022	民航局	中外公共航空运输承运人运行合格证核发	企业
54023	民航局地区管理局	航空营运人运输危险品资格批准	企业
54024	民航局地区管理局	商业非运输运营人、私用大型航空器运营人、航空器代管人运行合格证核发	企业
54026	民航局地区管理局	民用航空器外国驾驶员、领航员、飞行机械员、飞行通信员执照认可	公民个人

续表

项目编码	具体审批部门	项目名称	审批对象
54027	民航局	飞行训练中心合格认定	企业
54028	民航局	民用航空器驾驶员学校审定	事业单位、企业
54029	民航局	民用航空维修技术人员学校合格认定	企业
54030	民航局地区管理局	飞行签派员训练机构审批	事业单位
54031	民航局	用于民用航空器驾驶员训练、考试或检查的飞机模拟机、飞行训练器鉴定审批	企业
54032	民航局地区管理局	民用航空器特许飞行资格认可	机关、事业单位、社会组织、企业、公民个人
54033	民航局	民用航空器补充型号合格证（STC）/补充型号认可（VSTC）	事业单位、企业、公民个人
54034	民航局	民用航空器型号设计批准（TDA）	事业单位、社会组织、企业、公民个人
54036	民航局	民用航空进口材料、零部件、机载设备设计批准或认可（VDA）	企业、公民个人
54037	民航局	民用航空产品技术标准规定项目批准（CTSOA）	事业单位、社会组织、企业、公民个人
54038	民航局地区管理局	民用航空器零部件制造人批准（PMA）	事业单位、社会组织、企业、公民个人
54039	民航局地区管理局	民用航空器零部件适航批准	事业单位、社会组织、企业、公民个人
54040	民航局	民用航空油料供应商适航批准、油料测试单位批准	企业
54041	民航局	民用航空化学产品设计、生产批准	企业
54043	民航局地权管理局	航空安全员资格认定	公民个人
54044	民航局	民用航空安全检查仪器设备使用许可	企业
54045	民航局地区管理局	民用航空油料企业安全运营许可	企业

续表

项目编码	具体审批部门	项目名称	审批对象
54046	民航局	民用航空电信人员、航行情报人员、气象人员资格认定	公民个人
54047	民航局	民用机场场址及总体规划审批	机关、企业
54048	民航局地区管理局	民用机场不停航施工审批	事业单位、企业
54049	民航局	民航专业工程及含有中央投资的民航建设项目初步设计审批	机关、事业单位、企业
54050	民航局地区管理局	民航企业及机场联合、重组和改制审核	事业单位、企业
54051	民航局	特殊通用航空飞行活动任务审批	企业
54052	民航局	限额以下外商投资民航项目建议书和可行性研究报告审批	企业
54053	民航局	境外民航计算机订座系统准入审批	企业

（二）民用航空行政检查

民用航空行政检查是指民航行政机关及其委托的组织和法律法规授权的组织依据有关法律、法规和规章，对从事民用航空活动的公民、法人或者其他组织实施的察看、了解和掌握其遵守有关法律、法规、规章和规范性文件的情况，督促其履行义务的行为。[①]

《中华人民共和国安全生产法》第五十九条规定："安全生产监督管理部门应当按照分类分级监督管理的要求，制定安全生产年度监督检查计划，并按照年度监督检查计划进行监督检查，发现事故隐患，应当及时处理。"第六十二条规定："安全生产监督管理部门和其他负有安全生产监督管理职责的部门依法开展安全生产行政执法工作，对生产经营单位执行有关安全生产的法律、法规和国家标准或者行业标准的情况进行监督检查，行使以下职权：（一）进入生产经营单位进行检查，调阅有关资料，向有关单位和人员了解情况；（二）对检查中发现的安全生产违法

① 参见《民用航空行政检查工作规则》（CCAR-13-R1）。

行为，当场予以纠正或者要求限期改正；对依法应当给予行政处罚的行为，依照本法和其他有关法律、行政法规的规定作出行政处罚决定；（三）对检查中发现的事故隐患，应当责令立即排除；重大事故隐患排除前或者排除过程中无法保证安全的，应当责令从危险区域内撤出作业人员，责令暂时停产停业或者停止使用相关设施、设备；重大事故隐患排除后，经审查同意，方可恢复生产经营和使用；（四）对有根据认为不符合保障安全生产的国家标准或者行业标准的设施、设备、器材以及违法生产、储存、使用、经营、运输的危险物品予以查封或者扣押，对违法生产、储存、使用、经营危险物品的作业场所予以查封，并依法作出处理决定。”

我国《民用航空行政检查工作规则》（CCAR-13-R1）对行政检查的概念、原则、实施机关、人员及职责、实施、法律责任等做了详细规定。

行政检查作为民航行政机关行政监管的主要手段，主要由民航局及其地区管理局负责实施。行政检查应当遵循依法、公开、便民、合理的原则。民航行政机关组织实施行政检查，应当编制行政检查计划。在行政检查工作中依法采取随机确定检查人员和随机选择检查对象的“双随机”行政执法方式。

从事民用航空活动的法人和其他组织，应当建立安全生产自查制度，定期对本单位安全生产状况进行检查和评价，在自查中发现不符合安全生产规定的，应当立即采取措施，及时消除事故隐患，并按照民航行政机关的要求，提交包含自查结果及采取整改措施内容的自查报告。

民航行政机关应当建立守法信用信息记录，记载辖区内从事民用航空活动的公民、法人和其他组织的违法情况。

民航行政机关对行政检查中发现的问题，应当做如下处理：

（1）已构成违法，但依法可以不予行政处罚的，或者违反规范性文件的，应当发出整改通知书责令立即改正或者限期改正；

（2）已构成违法，依法应当予以行政处罚的，按照行政处罚程序，实施行政处罚；

（3）依法应当采取行政强制措施的，按照第五章规定的程序实施行政强制措施；

（4）对检查中发现的事故隐患，应当责令立即排除；重大事故隐患排除前或者排除过程中无法保证安全的，应当责令从危险区域内撤出作业人员，责令暂时停产停业或者停止使用相关设施、设备；重大事故隐患排除后，经审查同意，方可恢复生产经营和使用；

（5）不再具备安全生产条件的单位和个人，按照行政许可撤销程序，撤销原许可决定；

（6）依法应当予以关闭的，报请县级以上人民政府按照国务院规定的权限决定；

（7）明显涉嫌犯罪的，应当按照国务院相关规定，移送公安机关或者人民检察院。

对于直接涉及安全风险的违法行为，可以在对安全风险进行综合分析的基础上，依法作出行政处理决定。

民航行政机关应当对检查发现的问题进行跟踪，督促被检查人按期改正，并按照下列情况分别处理：

（1）已经按照要求改正违法行为的，行政检查程序终结；

（2）未能按照要求完成整改的，记录相关情况，并书面通报其上级主管部门或者县级以上地方人民政府，同时就整改事项申请人民法院强制执行；

（3）未能按照要求完成整改，依法可以行政处罚的，予以处罚。

民航行政机关实施行政检查的工作人员应当具备监察员资格。不具备监察员资格的其他工作人员或者专业人员，可以在监察员的带领下，协助检查。

监察员具体实施行政检查的程序一般包括：出示监察员证件、告知检查内容、实施具体行政检查—填写检查单、要求被检查人员签字—如果发现问题，发出整改通知书—整改人完成整改、提交整改报告—民航局或地区管理局后续采取措施。

为提升检查效能，目前民航局也在试行非现场检查。

（三）民航行政强制措施

我国的行政强制，包括行政强制措施和行政强制执行。《中华人民共和国行政强制法》规定的行政强制措施，是指行政机关在行政管理过程中，为制止违法行为、防止证据损毁、避免危害发生、控制危险扩大等情形，依法对公民的人身自由实施暂时性限制，或者对公民、法人或者其他组织的财物实施暂时性控制的行为。行政强制执行，是指行政机关或者行政机关申请人民法院，对不履行行政决定的公民、法人或者其他组织，依法强制履行义务的行为。我国《民用航空行政检查工作规则》（CCAR-13-R1）规定，民航行政机关在行政检查过程中针对发现的问题，依照法律、行政法规规定行使相应的行政强制权。民航行政机关采取的行政强制措施，是指民航行政机关在行政管理过程中，为制止违法行为防止证据损毁、避免危害发生、控制危险扩大等情形，依法对公民、法人或者其他组织的财物实施暂时性控制的行为。可见，我国民用航空行政检查中的行政强制措施仅适用于制止违法行为、防止证据损毁、避免危害发生、控制危险扩大等情形，且只能对财物实施暂时性控制，而限制相对人人身自由的行政强制措施，只能由民航公安或地方公安机关实施。

具体而言，民用航空行政检查中的行政强制措施适用于以下几种情形：（1）对有根据认为不符合保障安全生产的国家标准或行业标准的设施、设备、器材以及违法生产、储存、使用、经营、运输的危险物品予以查封或扣押，对相关场所予以查封；（2）未依法取得安全生产的相关批准，擅自从事有关活动的，应当予以查封、取缔，并依法处理；（3）在证据可能灭失或者以后难以取得的情况下，对证据进行先行登记保存；（4）其他应当采取行政强制措施的情形。

（四）民用航空行政处罚

民用航空行政处罚，是指民航行政主体为了达到对从事民用航空活动的违法相对人予以惩戒、促使其以后不再犯，有效实施行政管理，维护公共利益和社会秩序，保护公民、法人或者其他组织合法权益的目的，依法对行政相对人违反民用航空行政管理秩序但尚未构成犯罪的行为，给予人身、财产、名誉或其他形式法律制裁的行政行为。

民航局、地区管理局及法律法规授权的组织或被委托的组织依据《行政处罚法》、《民用航空法》、《安全生产法》、《国务院关于贯彻实施

〈中华人民共和国行政处罚法〉的通知》(国发〔1996〕13号)、《民用航空行政处罚实施办法》(CCAR-14-R1)、《民航行政机关执法案卷管理规定》(民航政法发〔2005〕133号)、《民航行政机关行政处罚裁量权规范办法》(AP-14R1-LR-2016-01)等法律、法规、规章及其规范性文件的规定可以实施以下行政处罚：警告、罚款、没收违法所得、没收非法财物、责令停产停业、暂扣或者吊销许可证、暂扣或者吊销执照，以及法律、行政法规规定的其他行政处罚。

行政处罚应遵循处罚法定、公正、公开、处罚与教育相结合、过罚相当的原则，按照法定的程序进行处罚。法定的行政处罚程序包括一般程序和简易程序，听证程序和执行程序。

（五）其他监管手段

2019年3月26日民航局下发了《民航局关于全面规范运用行业监管手段的指导意见》(民航发〔2019〕19号)，文件中除了上述行政许可、行政处罚、行政强制措施等传统行政监管手段外，还提出了行政约见、经济调控、纪律惩戒和信用管理、社会监督等多种监管手段。

行政约见，是依据《民用航空法》、《安全生产法》、《民用航空监察员规定》、《民用航空行政检查工作规则》、《民航局安全监管行政约见暂行办法》(民航发〔2011〕121号)的规定，民航行政机关在职责范围内，为实现民航行业持续安全、有序运营目的，在特定的情形下做出的对民航企事业单位法定代表人或负责人的谈话制度。一般而言，民航企事业单位存在下列情形的，地区管理局可以对其予以行政约见：(1)因安全管理系统出现缺失，导致存在重大安全隐患以上的；(2)对管理局或监管局挂牌督办的重大安全事项未按期整改或整改验收不合格的；(3)因安全管理不力，导致人为责任严重事故征候、严重违规违章行为，或发生较大影响的不安全事件的；(4)发生运输服务质量事故的；(5)对航班延误处置不当，造成不良社会影响的；(6)违规经营或超越范围经营，严重损害消费者权益或扰乱航空市场秩序的；(7)其他情况特殊，需要实施行政约见的。

经济调控，是民航行政机关统筹运用经济手段，实现安全和发展的协调统一。民航行政机关的经济手段包括调整航班量、航线航班审批、新增维修能力、航空器引进、调整机场容量、分配时刻、新设分子公司、资金补贴等。通过经济调控的手段促使被监管的民航单位依法行为。

纪律惩戒，是指对生产经营单位的违法行为，民航行政机关可以向对其安全生产负有领导责任的上级单位通报其违法行为，按照《关于下发〈关于依据《中华人民共和国安全生产法》开展行政执法工作有关问题的答复〉的通知》（民航发〔2014〕100号）的要求，督促其依据《安全生产领域违法违纪行为政纪处分暂行规定》（监察部、安监总局令第11号）对有关责任人员给予处分。对安全生产负有领导责任的上级单位按照产权关系和行政隶属关系确定。

信用管理是民航局设立全国统一的民航行业信用信息记录，全面记录行政相对人的基本信息和违法失信信息。民航行政机关依法使用民航行业信用信息，实施信用管理工作，褒扬诚信、惩戒失信，以信用管理促使被监管单位依法行为，维护民用航空秩序，促进民航业健康发展。

社会监督，即民航行政机关要按照政务公开和有关信息公开的要求，将包括行政处罚信息在内的有关民航行政执法信息在民航行政机关外网，以及其他公共媒体上及时向社会发布，充分发挥舆论监督的作用。

第三节　中国民航行政执法人员（监察员）

民用航空行政执法人员称为民用航空监察员。为规范民用航空行政执法活动，加强对民用航空执法人员的管理，早在1999年民航局就依据《民用航空法》《行政处罚法》等规定颁布实施了《中国民用航空监察员规定》（CCAR-18），其中根据民航专业特点划设了监察员类别，监察员职权范围，监察员证的申请、颁发及管理，以及监察员的培训、监察员的职责、限权和工作准则，法律责任等，是规范民航行政执法人员管理和执法活动的重要规章。

《中国民用航空监察员规定》经两次修订后于 2016 年被《中国民用航空监察员管理规定》取代，并于 2020 年 3 月 19 日经第 9 次交通部部务会议通过了最新修订版，即《中国民用航空监察员管理规定》CCAR-18-R4，并于 2020 年 5 月 1 日起施行。该修订版即是为了加强监察员资质能力建设的需要。

《中国民用航空监察员规定》经数次修订后于 2014 年被《中国民用航空监察员管理规定》取代，后经 2 次修订，2020 年 3 月 19 日经第 9 次交通运输部务会议以 2020 年第 7 号令通过最近一次修订，自 2020 年 5 月 1 日起施行。修订的通过是加强监察员资质能力建设的需要。

党的十九届四中全会作出了推进国家治理体系和治理能力现代化的重大决定。民航业治理体系和治理能力是国家治理体系和治理能力的重要组成部分。为更好地推进民航业治理体系和治理能力现代化，筑牢民航安全底线，2019 年 12 月民航局下发《关于进一步加强监察员资质能力建设的实施意见》和《中国民航监察员行政执法能力考评暂行办法》，对民航监察员资质能力建设、培训体系重构等进行了重大改革调整，包括对监察员进行分类分级、全面加强实训等，进一步提升行业监管能力，夯实民航基层一线监管基础，完善“行业之治”。

《中国民用航空监察员规定》于 1999 年颁布，其建立和推动实施民航监察员制度，对规范民航行政执法队伍建设和管理发挥了积极作用。但伴随民航的快速发展，监察员数量有限，而监管对象不断增加，监管要求和责任不断增强，以 2019 年为例，全国 2 562 名一线监察员共完成 287 712 项内容检查，有力监管着全国 62 家运输航空公司、238 个运输机场，以及通航企业、服务保障企业和行业新业态。由于监管范围广、监管压力大，传统的监管方式已经不能满足社会快速发展变迁的需要，尤其是党的十九大以来，党中央、国务院对严格规范公正文明执法作出了一系列决策部署，特别是对加强执法人员资格管理、提高执法队伍素质能力提出了新要求。同时，随着民航监管执法信息系统的推广应用，民航监察员的类别、条件、培训与考试要求、证件管理等发生了较大变化，《中国民用航空监察员管理规定》中的部分管理制度已经与实践不相符合，需要根据党中央、国务院决策部署，结合管理实际，作出修改完善。新修订的规定分别对监察员管理分工、履职尽责要求、职权及分类、培训管理、证件管理、法律责任等方面做出了明确规定。主要修订内容包括：

1. 调整了监察员分级分类制度

一是归并了监察员类别，由原来的安全监管类、经济监管类、综合监管类、督导类归并为监管类和督导类两类。二是根据监察员级别管理新情况，现有的监察员分级制度由初级、中级、高级调整为见习监察员、监察员、高级监察员，在《中国民用航空监察员管理规定》中不再予以体现，而由民航局在规范性文件《中国民航监察员执法能力考评暂行办法》中另行制定。

2. 调整了监察员申请、执法和培训要求

一是针对监管资源相对不足的问题，根据有关法律，增加了委托执法的内容和相关要求。二是调整了监察员申请条件，取消申请人须具有一年以上民航行业工作经验的限制，强化了培训和考评要求，增加了无相关严重失信行为记录等要求。三是为提高监察员执法工作质量，增加了取得监察员证后的执法见习期制度，要求执法见习期结束后经评价合格的，方可独立从事民航行政执法。四是调整了监察员培训类别，规定监管类监察员培训包括入门培训和强化培训，同时细化了培训牵头部门制定培训大纲、完善培训档案记录的要求。

3. 调整了监察员证件管理相关制度

一是增加了签注制度，规定符合一定条件的民航行政机关的监管类监察员可以通过签注取得两个及以上专业的执法资格，以有利于增强监管力量。二是细化了监察员证审验制度，规定了监察员证的审验标准、审验周期及延期审验的相关要求，强化对监察员持续保持执法能力的后续管理。三是完善了监察员证收留制度，调整了监察员证收留及发还的具体情形，防止暂时不具备条件的人员滥用监察员证，提高执法规范化水平。四是完善了监察员证注销制度，补充完善了监察员证注销的情形，细化了注销的具体程序要求，形成监察员资格由准入到退出的闭合链条。[①]

依据规定，监察员证是监察员依法对公民、法人或者其他组织从事民用航空活动行使行政执法权的资格证明。由民航局统一颁发中国民用航空监察员证，并依法对监察员实施监督管理。民航局有关部门根据职责分工，依法对监察员进行管理。中国民用航空地区管理局和受委托组织对监察员实施监督管理，并接受民航局的指导和监督。

申请监管类监察员证应当具备下列条件：（一）政治过硬，忠于职守，敬业奉献；（二）遵纪守法，廉洁奉公，品行良好；（三）为民航行政机关中拟从事行政执法工作的执法岗位工作人员、受委托组织中拟从事行政执法工作的编制内工作人员；（四）熟悉相关法律、行政法规和部门规章，具备良好的法律素养；（五）参加入门培训并且通过民航行政执法能力考评，或者获得民航局有关部门对其专业能力的认可；（六）一年内不存在监察员培训考试作弊的情形；（七）无相关严重失信行为记录。

申请督导类监察员证的，应当是符合前款除第五项、第六项之外其他条件的民航各级行政机关的相关负责人，或者是符合前款规定的民航局工作人员。

申请人只能申请一个类别的监察员证。需要改变监察员证类别的，应当申请变更。

监察员实施行政检查、行政强制和行政处罚等行政执法工作时应当出示监察员证。未出示监察员证的，公民、法人或者其他组织可以拒绝配合。未持有效监察员证的民航行政机关的执法岗位工作人员及受委托组织的工作人员，不得从事民航行政执法工作；但是可以在监察员的带领下，协助实施行政检查。

一、监察员的类别和职权

监察员分为监管类和督导类。监管类划分为航空安全、飞行标准、

---

① 2020年4月9日中国民航局政法司发布《解读中国民用航空监察员管理规定》，载民航局网站，http：//www.caac.gov.cn/XXGK/XXGK/ZCJD/202004/t20200410_201981.html，2020年12月12日访问。

适航审定、机场、航空安保、空中交通管理、应急管理、网络和信息安全、公共航空运输、通用航空市场、统计价格、财务、综合等监管专业；督导类不划分专业。因执行新颁布的法律、行政法规、部门规章等事由需要新增监管专业的，由民航局有关部门提出，经民航局法制职能部门审查通过后，报民航局批准。

监察员可以依法行使下列职权：（一）监督检查民用航空活动符合民航法律、行政法规、部门规章、行政规范性文件等规定的情况，制止违法行为；（二）按职责分工主持或者参与事故、征候、一般事件等事件的调查；（三）约见或者询问有关单位负责人及其他有关人员；（四）对违法行为进行检查、处理，依法调查取证，查阅、复制、调取有关文件和资料；（五）依法实施行政强制，但是受委托组织中从事民航行政执法工作的监察员除外；（六）向所在单位提出行政处罚建议；（七）法律、行政法规、部门规章规定的其他职权。

监察员依法行使职权，如果违法则应承担相应的法律责任；因监察员违法执法导致行政赔偿的，民航行政机关依法承担行政赔偿义务后，应当责令有故意或者重大过失的监察员或者受委托组织承担部分或者全部赔偿责任。

受委托组织在执法过程中有下列情形之一的，由民航局有关部门责令改正，并可以依法追究负有责任的管理人员和直接责任人员的责任：（一）违反法律、行政法规或者部门规章规定的；（二）超越委托范围的；（三）不以民航局名义执法的；（四）再委托其他组织或者个人执法的。

监察员在执法过程中存在故意或者重大过失违法行为的，依法追究其法律责任；滥用职权、玩忽职守或者徇私舞弊构成犯罪的，依法追究刑事责任。

二、监察员培训

为提升监察员一个素质三个能力，即政治素质、法治能力、业务能力和管理能力，规定还加强了对监察员培训的要求，将监管类监察员的培训，分为入门培训和强化培训。其中，入门培训包括入门通识培训和入门业务培训。民航局法制职能部门负责组织入门通识培训，民航局有关部门负责组织相应监管专业的入门业务培训。强化培训包括强化通识培训和强化业务培训。监察员管理部门负责组织本单位监察员的强化通识培训，民航局有关部门负责组织或者认可相应监管专业的强化业务培训。强化通识培训和强化业务培训的学时每两年均不得少于40学时，学时的统计包含民航局有关部门认可的各种形式的知识和能力培训。民航局有关部门应当于每年3月1日前公布本年度的监察员培训计划，并于培训结束后5个工作日内完成培训档案记录。民航局有关部门需要对相应监管专业的强化业务培训进行认可的，应当于培训档案记录完成后5个工作日内进行认可。民航局统一编制、公布培训大纲并适时修订。负责组织培训的部门可以根据教学设备设施、师资力量等情况选择培训机构开展相应培训工作。选择培训机构开展相应培训工作的，应当对培训机构的培训方案和培训档案记录提出要求。提供监察员培训服务的培训机构应当按照组织培训的部门要求，编制培训方案，记录培训档案。培训记录应当包括培训机构、参训人员的基本信息、培训内容、培训学时、培训地点等。监察员所在单位应当保障监察员培训所需的必要经费。督导类监察员的培训，按照民航局有关要求执行。

以监察员培训作为进一步加强监察员资质能力建设的抓手，民航局于2019年12月12日批复成立民航监察员学院，作为中国民用航空飞行学院的下设机构，主要承担民航监察员政策法规、专业知识、业务能力、综合执法能力理论培训和专业技能实训工作，承担民航监察员技能业务测试、综合执法考试等考核测试；承担民航监管相关的法律规章研究以及民航监管数据模型研究等工作。在民航局政法司领导下，从2019年底监察员培训学院便开始准备监察员通识培训课程。按照资质能力建设文件要求，通过培训要不断提高监察员的岗位胜任能力，明确监察员监管能力标准，突出监察员的政治素质、运用法治思维和法治方式的能力、业务能力和行政管理能力。按照熟悉行业运行有见识、理论联系实际有知识、实操能力过硬有本事的要求，通过理论培训和实操培训，切实提供监察员监管能力和监管水平。[①]经过向多个地区管理局、监管局调研、与业务司局访谈、并经专家审核后，最终形成了 4 个课程版块、25 个课程模块、80 门课程、300 课时（现场 226 课时，远程 74 课时）的全面、系统的入门通识课程。2020 年 9 月 10 日第一批新进监察员入门通识培训在监察员培训基地展开，连续六周的培训，获得了参训学员的一致好评。紧接着 11 月，12 月，监察员学院又开展了第二批新进监察员入门通识培训和高级监察员培训，以及机场监管专业入门培训和强化培训，均取得良好评价。

① 参见《民航局关于进一步加强监察员资质能力建设的实施意见》（民航发【2019】88 号）。

第四章　航空民商法

第一节　中国民航民商立法体系

我国民航民商立法体系在《中华人民共和国宪法》(以下简称《宪法》)精神与内容框架体系下主要包括以下两大部分：一是全国人民代表大会及其常委会制定的一般性民商立法，主要包括《中华人民共和国民法典》(以下简称《民法典》)《中华人民共和国消费者权益保护法》(以下简称《消费者权益保护法》)等立法及其配套法规、规章、地方性法规等。二是由民航业基本法《中华人民共和国民用航空法》(以下简称《民用航空法》)、行政法规、民航规章、地方法规、国际公约及其他规范性文件组成的特别性民航民商立法。

一、中国的法律体系

法律乃治国之重器，良法乃善治之前提。中国特色社会主义法律体系，是以宪法为统帅，以宪法相关法、民商法、行政法、经济法、社会法、刑法、诉讼与非诉讼程序法等多个法律部门的法律为主干，由法律、行政法规、地方性法规等多个层次的法律规范构成的有机统一整体。我国立法机关及立法权限见表 4-1。

表 4-1　我国立法机关及立法权限

立法机关	立法权限
全国人大及其常委会	宪法和法律
国务院	行政法规
中央军委	军事法规
国务院各部门	部门规章
省、自治区、直辖市的人大及其常委会	地方性法规
设区的市的人大及其常委会	地方性法规
省、自治区、直辖市、设区的市的人民政府	地方政府规章

二、中国《宪法》的结构体系

我国宪法是国家的根本法，是治国安邦的总章程，是党和人民意志的集中体现；我国宪法是人民权利宪章，最大程度集中了全国人民的共同意志、追求和信念，具有至高无上的地位；我国宪法是国家各项制度和法律法规的总依据，具有最高的法律效力，在社会主义法律体系中处于核心的地位。

《中华人民共和国宪法》（目次）

序言

第一章　总纲

第二章　公民的基本权利和义务

第三章　国家机构

　　第一节　全国人民代表大会

　　第二节　中华人民共和国主席

　　第三节　国务院

　　第四节　中央军事委员会

　　第五节　地方各级人民代表大会和地方各级人民政府

　　第六节　民族自治地方的自治机关

　　第七节　监察委员会

　　第八节　人民法院和人民检察院

第四章　国旗、国歌、国徽、首都

我国宪法具有最高的法律地位、法律权威、法律效力。全国各族人民、一切国家机关和武装力量、各政党和各社会团体、各企业事业组织，都必须以宪法为根本的活动准则，并且负有维护宪法尊严、保证宪法实施的职责。任何组织或者个人都不得有超越宪法和法律的特权，一切违反宪法和法律的行为都必须予以追究。

三、中国《民法典》的结构体系

2020 年 5 月 28 日，第十三届全国人民代表大会第三次会议表决通过了《中华人民共和国民法典》。《民法典》被称为“社会生活的百科全书”，是新中国第一部以法典命名的法律，在法律体系中居于基础性地位，也是市场经济的基本法。《民法典》共 7 编、1260 条，各编依次为总则、物权、合同、人格权、婚姻家庭、继承、侵权责任，以及附则。

《中华人民共和国民法典》（目次节选）

目录

第一编　总则

第一章　基本规定

第二章　自然人

第三章　法人

第四章　非法人组织

第五章　民事权利

第六章　民事法律行为

第七章　代理

第八章　民事责任

第九章　诉讼时效

第十章　期间计算

第二编　物权

第一分编　通则

第二分编　所有权

第三分编　用益物权

第四分编　担保物权

第十六章　一般规定

第十七章　抵押权

第十八章　质权

第十九章　留置权

第五分编　占有

第三编　合同

第一分编　通则

第一章　一般规定

第二章 合同的订立
第三章 合同的效力
第四章 合同的履行
第五章 合同的保全
第六章 合同的变更和转让
第七章 合同的权利义务终止
第八章 违约责任
第二分编 典型合同
第九章 买卖合同
第十章 供用电、水、气、热力合同
第十一章 赠与合同
第十二章 借款合同
第十三章 保证合同
第十四章 租赁合同
第十五章 融资租赁合同
第十六章 保理合同
第十七章 承揽合同
第十八章 建设工程合同
第十九章 运输合同
第一节 一般规定
第二节 客运合同
第三节 货运合同
第四节 多式联运合同
第二十章 技术合同
第二十一章 保管合同
第二十二章 仓储合同
第二十三章 委托合同
第二十四章 物业服务合同
第二十五章 行纪合同
第二十六章 中介合同

第二十七章 合伙合同

第三分编 准合同

第四编 人格权

第一章 一般规定

第二章 生命权、身体权和健康权

第三章 姓名权和名称权

第四章 肖像权

第五章 名誉权和荣誉权

第六章 隐私权和个人信息保护

第五编 婚姻家庭

第六编 继承

第七编 侵权责任

第一章 一般规定

第二章 损害赔偿

第三章 责任主体的特殊规定

第四章 产品责任

第五章 机动车交通事故责任

第六章 医疗损害责任

第七章 环境污染和生态破坏责任

第八章 高度危险责任

第九章 饲养动物损害责任

第十章 建筑物和物件损害责任

附则

《中华人民共和国民法典》自 2021 年 1 月 1 日起施行。《中华人民共和国婚姻法》《中华人民共和国继承法》《中华人民共和国民法通则》《中华人民共和国收养法》《中华人民共和国担保法》《中华人民共和国合同法》《中华人民共和国物权法》《中华人民共和国侵权责任法》《中华人民共和国民法总则》同时废止。

《民法典》具有一般法地位,为特别性民航民商立法提供了法律依据。《民法典》规定的自然人民事权利能力与民事行为能力、法人与非法人组织、民事权利、民事法律行为、民事代理、民事责任、诉讼时效、期间计算等适用于民航业领域；规定的物权中的所有权、担保物权等为判断民航业领域的物权人及其物权权利的边界等提供了法律依据；规定的合同订立、效力、履行、保全、变更与转让、权利义务终止、违约责任等基本制度以及典型合同中的租赁合同、融资租赁合同、运输合同也适用于民航业领域；规定的侵权责任，在旅客的赔偿请求权发生合同请求权与侵权请求权竞合时，除赔偿范围、免责事由与责任限制等方面适用《民用航空法》特别法之外，在确定行为是否侵权、谁具有请求权等方面提供了可据此判断的一般法规范；等等。[①]由于一般性民商立法内容纷繁复杂而且在各自领域都有丰硕的研究成果，也为人们所熟悉。介于本书中国民航法治建设研究这一论域，这里主要探讨特别性民航民商立法。

四、中国民航法规的结构体系

我国现行民航民商立法体系主要由民航业基本法《民用航空法》、国务院制定的有关民航行政法规、民航主管部门发布的民航规章、地方法规、国际公约以及其他民航规范性文件等构成。

（一）民航业基本法——《民用航空法》

我国现行的《中华人民共和国民用航空法》自 1996 年 3 月 1 日实施，是规范民用航空领域的基本法。按法律效力等级的一般规定来看，《民用航空法》在民航法律体系中居于上位法的地位，是制定民航行政法规、行政规章、地方性法规及其他规范性文件的基础和依据。[②]

《中华人民共和国民用航空法》（目次）

（自 1996 年 3 月 1 日起施行）

目　录

第一章　总则

① 王立志、杨惠、聂晶晶：《航空旅客权益保护问题与规制》，法律出版社 2013 年版，第 15 页。

② 贺富永：《航空法基本理论研究》，科学出版社 2014 年版，第 14 页。

第二章　民用航空器国籍
第三章　民用航空器权利
　第一节　一般规定
　第二节　民用航空器所有权和抵押权
　第三节　民用航空器优先权
　第四节　民用航空器租赁
第四章　民用航空器适航管理
第五章　航空人员
　第一节　一般规定
　第二节　机组
第六章　民用机场
第七章　空中航行
　第一节　空域管理
　第二节　飞行管理
　第三节　飞行保障
　第四节　飞行必备文件
第八章　公共航空运输企业
第九章　公共航空运输
　第一节　一般规定
　第二节　运输凭证
　第三节　承运人的责任
　第四节　实际承运人履行航空运输的特别规定
第十章　通用航空
第十一章　搜寻援救和事故调查
第十二章　对地面第三人损害的赔偿责任
第十三章　对外国民用航空器的特别规定
第十四章　涉外关系的法律适用
第十五章　法律责任
第十六章　附则

1996 年《民用航空法》颁布实施是我国民航发展史上一个重要的里程碑，标志着我国民航开始迈向依法治理的新阶段。《民用航空法》作为新中国第一部全面规范民用航空领域活动的法律，在保障和促进民用航空业发展方面的贡献有目共睹。但是，随着航空科学技术的发展、民航重组的结束、世界贸易组织（WTO）的加入以及民航法治改革进程的加快，我国民航业现在所处环境已大为改观，今非昔比。现行《民用航空法》的一些条文已经不能适应民航业进一步发展的需要，《民用航空法》的修订势在必行。①

《民用航空法》曾在 2009 年 8 月、2015 年 4 月针对个别条款进行过“小修”与“微调”；后历经多年形成的《民用航空法》（修订征求意见稿）于 2016 年 8 月正式向社会公布，广泛征求意见；之后《民用航空法》又于 2016 年 11 月、2017 年 11 月、2018 年 12 月、2021 年 4 月针对个别条款进行了“小修”与“微调”。

1.《民用航空法》具体修订情况

（1）2009 年 8 月修订内容：

第一百九十二条修改为：“对飞行中的民用航空器上的人员使用暴力，危及飞行安全的，依照刑法有关规定追究刑事责任。”

第一百九十三条第一款修改为：“违反本法规定，隐匿携带炸药、雷管或者其他危险品乘坐民用航空器，或者以非危险品品名托运危险品的，依照刑法有关规定追究刑事责任。”

第三款修改为：“隐匿携带枪支子弹、管制刀具乘坐民用航空器的，依照刑法有关规定追究刑事责任。”

第一百九十五条修改为：“故意在使用中的民用航空器上放置危险品或者唆使他人放置危险品，足以毁坏该民用航空器，危及飞行安全的，依照刑法有关规定追究刑事责任。”

第一百九十七条修改为：“盗窃或者故意损毁、移动使用中的航行设

① 刁伟民、杨惠：《修订民航法的几点建议》，载《中国民用航空》2005 年第 2 期，第 16 页。

施，危及飞行安全，足以使民用航空器发生坠落、毁坏危险的，依照刑法有关规定追究刑事责任。”

第二百条中引用的“治安管理处罚条例”修改为“治安管理处罚法”。

（2）2015年4月修订内容：

删去第六十八条中的“会同国务院财政部门、物价主管部门”。

第九十二条修改为：“企业从事公共航空运输，应当向国务院民用航空主管部门申请领取经营许可证。”

第九十三条中的“设立公共航空运输企业”修改为“取得公共航空运输经营许可”。

第九十七条第三款修改为：“国际航空运输运价的制定按照中华人民共和国政府与外国政府签订的协定、协议的规定执行；没有协定、协议的，参照国际航空运输市场价格确定。”

删去第二百一十一条中的“对被吊销经营许可证的，工商行政管理部门应吊销其营业执照。”

（3）2016年11月修订内容：

删去第三十九条第一项中的“领航员”“飞行通信员”。

（4）2017年11月修订内容：

删去第一百四十七条第二款中的“并依法办理工商登记；未取得经营许可证的，工商行政管理部门不得办理工商登记”。

（5）2018年12月修订内容：

第六十二条修改为：“国务院民用航空主管部门规定的对公众开放的民用机场应当取得机场使用许可证，方可开放使用。其他民用机场应当按照国务院民用航空主管部门的规定进行备案。

申请取得机场使用许可证，应当具备下列条件，并按照国家规定经验收合格：

具备与其运营业务相适应的飞行区、航站区、工作区以及服务设施和人员；

具备能够保障飞行安全的空中交通管制、通信导航、气象等设施和人员；

具备符合国家规定的安全保卫条件；

具备处理特殊情况的应急计划以及相应的设施和人员；

具备国务院民用航空主管部门规定的其他条件。

国际机场还应当具备国际通航条件，设立海关和其他口岸检查机关。”

删去第一百零三条中的“检疫”。

在第二百一十三条后增加一条，作为第二百一十四条：“国务院、中央军事委员会对无人驾驶航空器的管理另有规定的，从其规定。”

（6）2021 年 4 月修订内容：

第六十四条第一款修改为：“设立国际机场，由机场所在地省级人民政府报请国务院审查批准。”

第一百四十七条第一款修改为：“从事非经营性通用航空的，应当向国务院民用航空主管部门备案。”

第二百一十一条增加一款，作为第二款：“从事非经营性通用航空未向国务院民用航空主管部门备案的，由国务院民用航空主管部门责令改正；逾期未改正的，处三万元以下罚款。”

2. 关注 2016 年 8 月《民用航空法》（修订征求意见稿）

本章《民用航空法》相关的修订完善以 2016 年 8 月《民用航空法》（修订征求意见稿）作为对比展开探讨，主要基于以下考量：

其一，《民用航空法》于 2009 年 8 月、2015 年 4 月、2016 年 11 月、2017 年 11 月、2018 年 12 月、2021 年 4 月等进行的修订均是针对个别条款进行的“小修”与“微调”。而历经多年形成的《民用航空法》（修订征求意见稿）于 2016 年 8 月向社会公布，广泛征求意见，拟进行“大修”，包括章节结构的调整等。当然，“大修”谈不上也达不到或也不应是“脱胎换骨”式“大修”，但至少也应“伤筋动骨”。而经过“小修”与“微调”后的现行《民用航空法》版本也不是终极版本。《民用航空法》的修订完善永远在路上，值得进一步探究。

其二，《民用航空法》曾进行过的“小修”与“微调”也未涉及本章拟研讨内容。《民用航空法》修订需要理论研究共识的达成与实践运作时机的成熟，尤其是拟进行“伤筋动骨”式“大修”是需要较长时间积淀，更需倍加谨慎。《民用航空法》修订暂未对本章拟研讨内容作出立法上的正式回应，这给《民用航空法》的修订完善留下了较大的探讨与研究的空间，有进一步探究的必要性与价值性。这从另一面也说明还需业界大力进行更具前瞻性的探讨与研究，不断增强业界呼声，而不是亦步亦趋。

其三，2015 年根据民航局局务会议精神，在相关科研机构课题研究的基础上集聚了理论与实务的新成果，形成《民用航空法》（修订征求意见稿），于 2016 年 8 月向社会公布，广泛征求意见。此修订征求意见稿在一定程度上超越了现行《民用航空法》的一些固有架构，对于《民用航空法》的进一步“大修”尤其值得研讨，具有很好的理论与实践意义，更具有学理探讨价值。修订征求意见稿是 1996 年《民用航空法》施行以来首次全面、系统、公开发布的修订征求意见稿版本，但仍有不少问题并未达成共识，尚需业界进一步探究。

其四，1996 年施行的《民用航空法》已有 20 多年了，民航业今非昔比，民航环境也发生了巨大变化，如前所述《民用航空法》只进行过几次针对个别条款的“小修”与“微调”。当然，《民用航空法》作为民航业基本法，涉及整个民航业，关涉各方权益，介于法律的稳定性与生活的复杂性，如“大修”还尚需时日，与时俱进，依据轻重缓急对个别款先行修订也是必要的、合理的、科学的。但同时，以 2016 年《民用航空法》（修订征求意见稿）为基础的《民用航空法》“大修”也是大势所趋，对其研讨也是必要的，也有其价值所在。不过 2016 年《民用航空法》（修订征求意见稿）也并不完善，介于笔者学识有限，更为重要的是抛砖引玉，让业界携手共同研讨 2016 年《民用航空法》（修订征求意见稿），形成修订征求意见稿二、稿三……，为《民用航空法》的修订完善助学术绵薄之力。

2016 年 8 月，《民用航空法》（修订征求意见稿）向社会公布，拟新增第十一章“民用航空安全保卫”，由原来的十六章变成十七章；对其中的相关条款进行修订。

《中华人民共和国民用航空法》(修订征求意见稿)(目次)

(2016年8月向社会公布)

目 录

第十四章　对外国民用航空器的特别规定

第十五章　涉外关系的法律适用

第十六章　法律责任

第十七章　附　则

航空旅客是航空运输服务领域中的消费者。作为民航业基本法的《民用航空法》也理应是航空旅客权益保护的基本法，但它是仅适用于航空运输消费者的特别法。《民用航空法》规定了旅客人身、财产权益因运输受到侵害时，承运人的赔偿制度，并规定了具体的赔偿责任归责原则、赔偿责任限制和侵权诉讼适用《民用航空法》关于合同违约赔偿中承运人的抗辩权、责任限制权利、免责权利等。[①]

我国于1994年施行的《中华人民共和国消费者权益保护法》(下文简称《消费者权益保护法》)是一部宣言性的法律，在我国保护消费者法律体系中起统帅作用，类似于消费者保护法总纲。作为消费者权益保护基本法的《消费者权益保护法》，是适用于所有消费者的一般法。《民用航空法》与《消费者权益保护法》是同一立法主体制定的属于同一位阶但不属于同一部门法的特别法与一般法的关系。按照“特别法优于一般法”法律适用基本原则，航空旅客权益保护理应优先适用特别法《民用航空法》。《民用航空法》作为特别法应当遵循《消费者权益保护法》确定的消费者权益保护的基本原则，可以制定更有利于保护消费者权益的规则，但不能低于一般法《消费者权益保护法》对于消费者权益的保护标准。[②]

（二）民航民商立法的其他法规

民航民商立法除了作为民航业基本法的《民用航空法》以外，还包括行政法规、民航规章、地方法规、国际公约以及其他规范性文件。2000年，我国制定了《中华人民共和国立法法》，为国务院制定行政法规和国

① 王立志、杨惠、聂晶晶：《航空旅客权益保护问题与规制》，法律出版社2013年版，第16页。

② 王新红、李清萍：《以消费者为本 构建和谐消费关系》，载《消费经济》2011年第6期，第87-88页。

务院民用航空主管部门制定行政规章提供了更为明确的法律依据。

行政法规主要有：《国内航空运输旅客身体损害赔偿暂行规定》《飞机旅客意外伤害强制保险条例》《民用航空安全保卫条例》《民用机场管理条例》等。

我国民用航空主管部门是中国民用航空局，在 2008 年大部制改革之前为中国民用航空总局。《民用航空法》第三条规定："国务院民用航空主管部门对全国民用航空活动实施统一监督管理；根据法律和国务院的决定，在本部门的权限内，发布有关民用航空活动的规定、决定。"特别是《中国民用航空总局规章制定程序规定》（2007 年 6 月 14 起施行）为民航规章的制定提供了直接依据。由中国民航局局长签署，以"中国民用航空局令"的形式发布的规范性文件，具体执行法律或者国务院的行政法规、决定、命令所规定的事项，对在我国境内进行的各项民用航空活动进行具体规定。[①]民航规章主要有：《国内航空运输承运人赔偿责任限额规定》（2006 年 3 月 28 日施行）；《中国民用航空旅客、行李国内运输规则》（1985 年 1 月 1 日制定，1996 年 2 月 28 日修订，1996 年 3 月 1 日起施行，2004 年 7 月 27 日修订）；《中国民用航空旅客、行李国际运输规则》（1984 年 10 月 1 日制定，1997 年 12 月 8 日修订，1998 年 4 月 1 日起施行）；《中国民用航空货物国内运输规则》（1996 年 3 月 1 日起施行）；《中国民用航空货物国际运输规则》（2000 年 8 月 1 日起施行）；《外商投资民用航空业规定》（2002 年月 8 月 1 日起施行）；《国内投资民用航空业规定（试行）》（2005 年 3 月 28 日起施行）；《民用航空器飞行事故应急反应和家属援助规定》（2006 年 1 月 1 日施行）；《公共航空旅客运输飞行中安全保卫规则》（2008 年 11 月 8 日施行）；《公共航空运输旅客服务管理规定》（2021 年 9 月 1 日施行）；等等。

根据法律授权和国务院行政法规、国务院民用航空主管部门颁布的行政规章为依据进行地方性民航法规和规章的制定。地方性法规与规章主要有：《上海市民用机场地区管理条例》《上海市民用航空港地区广告暂行办法》《上海市处置民用航空器事故应急预案》《四川省民用机场净

① 贺富永：《航空法学基本理论研究》，科学出版社 2014 年版，第 44 页。

空及电磁环境保护条例》《重庆市民用机场保护条例》《深圳市宝安国际机场管理办法》等。这些地方性法规与规章对其地方行政区域内的民航活动起到了有效的规范调节作用，表达了地方立法机关对于民航立法的重视，并付诸实际行动与制度构建的努力。

新中国成立之后，随着中国民航国际航线的开辟和国际联运的开展，我国民航以不断扩大双边和多边交往为主要内容的国际交往也逐渐展开。[①]我国加入的有关航空运输承运人责任的国际公约主要有1929年《华沙公约》(《统一国际航空运输某些规则的公约》)，1955年《海牙议定书》，1999年《蒙特利尔公约》(《统一国际航空运输某些规则的公约》)，等等。公约具体签署时间、中国加入时间及中国生效时间见表4-2。

表4-2 我国加入的有关航空承运人责任的国际公约

公约全称	公约简称	签署时间	中国加入时间	中国生效时间
《统一国际航空运输某些规则的公约》	1929年《华沙公约》	1929-10-12	1958-07-20	1958-10-18
《修订1929年10月12日在华沙签订的统一国际航空运输某些规则的公约的议定书》	《海牙议定书》	1955-09-28	1975-08-20	1975-11-18
《统一国际航空运输某些规则的公约》	1999年《蒙特利尔公约》	1999-05-28	2005-06-01	2005-7-31

民航规范性文件主要是指根据《中国民用航空总局职能部门规范性文件制定程序规定》(2007年10月10日起施行)的规定，由我国民航局机关各职能厅、室、司、局，在其职责范围内制定，经民航局局长授权由职能部门主任、司长、局长签署下发的有关民用航空管理和规范行业管理的文件。国务院民用航空主管部门设立的地区民用航空管理机构

① 王立志、杨惠、聂晶晶：《航空旅客权益保护问题与规制》，法律出版社2013年版，第23页。

依照民用航空主管部门的授权，进行本地区相关规范性文件的制定。这类规范性文件包括管理程序、咨询通告、管理文件、工作手册、信息通告。民航局机关各职能部门在其职责范围内制定的在运输服务与消费者保护方面的规范性文件主要有：《关于规范客票超售有关问题的通知》《残疾人航空运输管理办法》《航班正常管理规定》等。尽管法律、行政法规对这些规范性文件的地位、效力没有明确规定，使这些规范性文件效力有限。但是，实践中，民航局的这些咨询通告、管理程序以及其他规范性文件在我国民航管理中占有非常重要的地位，对民航法规和规章起到了必要的和有效的执行作用，在一定条件下还起到了补充作用。①

综上所述，新中国成立以来，我国民航法规体系建设取得了巨大的成就，已初步形成了由法律、行政法规、民航规章、地方法规、国际公约以及其他规范性文件等组成的多层次的民航民商立法，为民航业相关领域的发展提供了依据。

2015 年 5 月，为了做好法治民航建设，用法律引导、推进和保障民航的改革及发展，民航局发布了《加强民航法治建设若干意见》。到 2020 年，我国基本建成了以《民用航空法》为核心，覆盖行业各领域和各环节，科学规范、层次分明、配套衔接的民航法规体系。同时，在《加强民航法治建设若干意见》中，加强民航法治建设的基本原则之一就是要坚持包容兼蓄，立足国情和行业实际，与民航国际公约和国际惯例有效对接，推动我国民航标准国际化，增强我国在国际民航事务中的话语权和影响力。我国民航民商立法体系构建，应当基于航空强国的大视角和全球航空治理及竞争的大环境来考虑，国内民航法理所当然地应该与国际民航法接轨。从民航业基本法《民用航空法》的立法内容来看，其不仅吸收了我国参加或缔结的国际航空条约的规定，而且借鉴了航空业发达国家的立法经验和内容，立法内容具有很强的国际性。②

① 王立志、杨惠、聂晶晶：《航空旅客权益保护问题与规制》，法律出版社 2013 年版，第 23 页。

② 贺富永：《航空法学基本理论研究》，科学出版社 2014 年版，第 51 页。

第二节　中国民航民商立法概况

1951 年 4 月 14 日，政务院财政经济委员会发布《飞机旅客意外伤害强制保险条例》，航空旅客因意外事故而受到伤害的，损害赔偿金是保险公司以意外伤害保险金的形式承担，而航空公司并不承担赔偿责任。凡在中华人民共和国境内持票搭乘飞机的旅客，均应依照条例的规定，向中国人民保险公司投保飞机旅客意外伤害保险，保险费包括于票价之内。此条例于 1985 年 5 月 1 日废止。

1965 年年底，中国民航总局颁发《中国民用航空运输业务工作条例》，同时还草拟了国内和国际客货运输规则以及客运、货运、服务和事故的处理等工作细则，但是未能正式公布实施。

国内航空运输承运人赔偿责任限额经过如下调整历程：1989 年《国内航空运输旅客身体损害赔偿暂行规定》，其中规定承运人对每名旅客的赔偿责任限额为人民币 2 万元，于 1993 年 12 月 13 日失效；1993 年《国内航空运输旅客身体损害赔偿暂行规定》，其中规定承运人对每名旅客的赔偿责任限额为人民币 7 万元，于 2006 年 3 月 28 日失效；2006 年 3 月 28 日起施行的《国内航空运输承运人赔偿责任限额规定》，适用于我国国内民用航空运输中发生的损害赔偿，其中规定承运人对每名旅客的赔偿责任限额为人民币 40 万元。除《民用航空法》另有规定外，承运人在此赔偿责任限额内按照实际损害承担赔偿责任。

1989 年 2 月 20 日，国务院第 28 号令颁布了《国内航空运输旅客身体损害赔偿暂行规定》，明确了航空损害赔偿责任的承担主体是承运人即航空公司，而不是保险公司；承运人对每名旅客的最高赔偿金额为人民币 2 万元。这意味着我国航空运输损害赔偿责任主体从保险公司向航空公司的转变。根据第 28 号令，中国人民保险公司和中国民用航空总局（2008 年大部制改革后为中国民用航空局）于 1989 年 3 月 20 日颁发了《关于开展国内航空运输人身意外伤害保险业务的通知》。据此，中国民用航空总局于 1989 年 3 月 29 日下达了《关于开展国内航空运输人身意外伤害保险业务有关问题的通知》。此外，旅客可以自行决定向保险公司投保航空运输人身意外伤害险。此项保险金额的给付，不得免除或减少承运人应当承担的赔偿限额。该转变具有重大的历史意义，不仅使受害人的赔偿获得了双重保障，而且有利于调动航空承运人预防事故风险的积极性。随着社会经济的发展，1993 年 12 月 13 日，国务院对《国内航空运输旅客身体损害赔偿暂行规定》进行了修改，提高了承运人的赔偿额度，即承运人对每名旅客的最高赔偿金额为人民币 7 万元。①2006 年 2 月 28 日，经国务院批准，中国民航总局发布《国内航空运输承运人赔偿责任限额规定》，将赔偿限额从 7 万元升至 40 万元。

《民用航空法》于 1995 年 10 月 30 日颁布，自 1996 年 3 月 1 日起施行。《民用航空法》由总则、民用航空器国籍、民用航空器权利、民用航空器适航管理、航空人员、民用机场、空中航行、公共航空运输企业、公共航空运输、通用航空、搜寻援救和事故调查、对地面第三人损害的赔偿责任、对外国民用航空器的特别规定、涉外关系的法律适用、法律责任、附则十六章构成，共 214 个条文。1996 年《民用航空法》是新中国第一部专门规范民用航空基本活动的法律，居于民航法律法规制度的龙头地位，是我国民航发展历史的里程碑，是新时期促进民航事业发展的加速器，为我国民航法律体系的建立奠定了基石，为我国民航业的健康发展起到了保驾护航的作用。②

1996 年《民用航空法》施行以来，在 2009 年 8 月、2015 年 4 月、2016 年 11 月、2017 年 11 月、2018 年 12 月和 2021 年 4 月对其中的几个条款进行了修订。随着我国民航业的快速发展，时过境迁，20 年后的航空运输情势已发生了巨大变迁，自然使《民用航空法》带有较大的时代局限性。法律应是动态的、开放的、发展的。与时俱进，《民用航空法》自 1996 年 3 月实施后，2000 年民航局开始修订的前期论证和意见征求工作；2003 年成立修订领导小组，正式启动修订起草工作，最终形成《民

① 王立志、杨惠、聂晶晶：《航空旅客权益保护问题与规制》，法律出版社 2013 年版，第 17 页。

② 曹三明、夏兴华：《民用航空法释义》，辽宁教育出版社 1996 年版，第 5 页。

用航空法》(修订讨论稿)；2007年民航局局务会议审议修订讨论稿，明确修订的基本原则和修改的重点内容；2012年继续开展修订相关研究工作，形成《民用航空法》(修订建议稿)；2015年根据民航局局务会议精神，在相关科研机构课题研究的基础上，广泛征求意见，形成《民用航空法》(修订征求意见稿)，于2016年8月向社会公布。这以后，虽然《民用航空法》也曾多次针对个别条款进行了“小修”与“微调”，但都不是《民用航空法》(修订征求意见稿)层面上的“大修”。此修订征求意见稿在一定程度上超越了现行《民用航空法》的一些固有架构，对于《民用航空法》的进一步“大修”尤其值得研讨，具有很好的理论与实践意义。

我国民航民商立法概况主要依据现行《民用航空法》规定、对比《民用航空法》(修订征求意见稿)、结合《民法典》从民用航空器权利、民用航空运输、对地面第三人损害的赔偿责任、民用航空保险等几大板块展开探讨。

一、民用航空器权利

民用航空器权利实质上并不是指民用航空器本身具有的权利，而是指民航法所规定的民用航空器的所有人或经营人、债权人等对于民用航空器的权利。《民用航空法》和《民法典》对此均进行了相应规定。

《中华人民共和国民用航空法》(相关目次)

第三章　民用航空器权利(第十条至二十三条)

第一节　一般规定

第二节　民用航空器所有权和抵押权

第三节　民用航空器优先权

第四节　民用航空器租赁

《中华人民共和国民法典》(相关目次)

第二编　物权

第四分编　担保物权(第三百八十六条至四百五十七条)

第十六章　一般规定

第十七章　抵押权

第一节　一般抵押权

第二节　最高额抵押权

第十八章　质权

第一节　动产质权

第二节　权利质权

第十九章　留置权

第三编　合同

第二分编　典型合同

第十五章　融资租赁合同（第七百三十五条至第七百六十条）

其中《民法典》第二百四十条规定："所有权人对自己的不动产或者动产，依法享有占有、使用、收益和处分的权利。"第二百四十一条规定："所有权人有权在自己的不动产或者动产上设立用益物权和担保物权。用益物权人、担保物权人行使权利，不得损害所有权人的权益。"第三百二十三条规定："用益物权人对他人所有的不动产或者动产，依法享有占有、使用和收益的权利。"

《民法典》第七百三十五条："融资租赁合同是出租人根据承租人对出卖人、租赁物的选择，向出卖人购买租赁物，提供给承租人使用，承租人支付租金的合同。"

《民用航空法》第三章第四节是专门对民用航空器租赁进行的特别立法，从第二十六条至第三十三条，共计 8 条，概括地介绍了飞机租赁的相关内容。按照"特别法优于一般法"的原则，《民用航空法》优于《民法典》予以适用。

民用航空器所有权是指民用航空器的所有人在法律规定的范围内自由支配民用航空器并排斥他人干涉的权利。所有人依法对其民用航空器享有占有、使用、收益和处分的权利。《民用航空法》第十四条规定："民用航空器所有权的取得、转让和消灭，应当向国务院民用航空主管部门登记；未经登记的，不得对抗第三人。民用航空器所有权的转让，应当签订书面合同。"由此可见，我国法律对民用航空器采取的是不动产所有权的转移登记制度。

民用航空器抵押权是指债权人对于债务人或第三人不转移占有而提

供担保的民用航空器，在债务人不履行债务时，依法享有就担保的民用航空器享有变价并优先受偿的权利。《民用航空法》第十六条规定："设定民用航空器抵押权，由抵押权人和抵押人共同向国务院民用航空主管部门办理抵押权登记；未经登记的，不得对抗第三人。"第十七条规定："民用航空器抵押权设定后，未经抵押权人同意，抵押人不得将被抵押民用航空器转让他人。"

民用航空器优先权是指债权人依照有关法律规定，向民用航空器所有人、承租人提出赔偿请求，对产生该赔偿请求的民用航空器享有优先受偿的权利。民用航器优先权是以民用航空器为标的，以担保特定债权的实现为目的，通过司法程序对民用航空器扣押以至出卖民用航空器，使债权人从民用航空器变卖所得价款中依法定顺序优先受偿的一种法定担保物权。"法定"权利，是民用航空器优先权的显著特征，只有《民用航空法》第十九条规定的两项债权，即援救该民用航空器的报酬和保管维护该民用航空器的必需费用，才具有民用航空器优先权。这种法定权利，不能通过有关双方当事人合同约定产生，也不因民用航空器所有权的私下转让而消灭。[①]关于民用航空器优先权的受偿顺序，《民用航空法》第二十一条规定："为了债权人的共同利益，在执行人民法院判决以及拍卖过程中产生的费用，应当从民用航空器拍卖所得价款中先行拨付。"第二十二条规定："民用航空器优先权先于民用航空器抵押权受偿。"即先后次序为：判决、拍卖费用—优先权—抵押权。

民用航空器租赁是指民用航空器出租人与承租人通过签订租赁合同，将民用航空器租给承租人，由承租人支付租金。关于民用航空器的融资租赁，《民用航空法》第二十七条规定："民用航空器的融资租赁，是指出租人按照承租人对供货方和民用航空器的选择，购得民用航空器，出租给承租人使用，由承租人定期交纳租金。"这里至少涉及两个合同关系：出租人和承租人之间的租赁民用航空器的合同关系；出租人和供货人之间买卖民用航空器的合同关系。这种租赁方式给承租人提供了一种信贷方式，同时出租人也起着一种融通资金的作用。

① 杨祖高：《民航法规与实务》，国防工业出版社2013年版，第48页。

表 4-3 《民用航空法》(修订征求意见稿)与《民用航空法》对比

拟修订条文	现行条文(2021 年版)
第十条　本章规定的对民用航空器的权利,包括对民用航空器构架、发动机、螺旋桨、无线电设备和其他一切为了在民用航空器上使用的,无论安装于其上或者暂时拆离的物品的整体的权利。	第十条　本章规定的对民用航空器的权利,包括对民用航空器构架、发动机、螺旋桨、无线电设备和其他一切为了在民用航空器上使用的,无论安装于其上或者暂时拆离的物品的权利。
第十四条　民用航空器所有权的取得、转让和消灭,应当向国务院民用航空主管部门登记;未经登记的,不得对抗善意第三人。 民用航空器所有权的转让,应当签订书面合同。	第十四条　民用航空器所有权的取得、转让和消灭,应当向国务院民用航空主管部门登记;未经登记的,不得对抗第三人。 民用航空器所有权的转让,应当签订书面合同。
第十六条　设定民用航空器抵押权,由抵押权人和抵押人共同向国务院民用航空主管部门办理抵押权登记;未经登记的,不得对抗善意第三人。	第十六条　设定民用航空器抵押权,由抵押权人和抵押人共同向国务院民用航空主管部门办理抵押权登记;未经登记的,不得对抗第三人。
第三十三条　民用航空器的融资租赁和租赁期限为六个月以上的其他租赁,承租人应当就其对民用航空器的占有权向国务院民用航空主管部门办理登记;未经登记的,不得对抗善意第三人。	第三十三条　民用航空器的融资租赁和租赁期限为六个月以上的其他租赁,承租人应当就其对民用航空器的占有权向国务院民用航空主管部门办理登记;未经登记的,不得对抗第三人。
说明:"拟修订条文"为《民用航空法》2016 年 8 月公布的修订征求意见稿相关内容。拟修订条文一栏中画线字部分为新增或改动内容。	

《民用航空法》对飞机租赁的规定只是原则性的规则,对于我国飞机租赁所引起的复杂的法律问题规定得不够具体,而其他的行政法规和规章、标准等又都未对此作出规定。同时,《民法典》等由于飞机融资租赁的特殊性而无法对其进行充分全面地调整。这在一定程度上制约着我国飞机租赁市场的健康、稳定发展。①

二、民用航空运输

这里对于民用航空运输主要关注航空旅客运输中的旅客权益保护问

① 杨惠、郝秀辉:《航空法评论(第 4 辑)》,法律出版社 2014 年版,第 46 页。

题，在此不涉及货邮运输、旅客随身携带物品及托运行李权益保护问题。毕竟，航空旅客运输是民用航空运输的重中之重，不可或缺；航空旅客运输直接涉及活生生的现实的人，而货邮运输、旅客随身携带物品及托运行李涉及的是具体的物，这些物品与行李属较易用金钱量化的身外之物；航空旅客权益保护问题在《民用航空法》中更为突显，尤其是航空事故人身损害赔偿制度及旅客行程延误处置制度的完善问题亟需进一步探讨。

《中华人民共和国民用航空法》（相关目次）

第八章　公共航空运输企业

第九章　公共航空运输

第一节　一般规定

第二节　运输凭证

第三节　承运人的责任

第四节　实际承运人履行航空运输的特别规定

《中华人民共和国民法典》（相关目次）

第三编　合同

第二分编　典型合同

第十九章　运输合同（第八百零九条至第八百四十二条）

第一节　一般规定（第八百零九条至第八百一十三条）

第二节　客运合同（第八百一十四条至第八百二十四条）

第三节　货运合同（第八百二十五条至第八百三十七条）

第四节　多式联运合同（第八百三十八条至第八百四十二条）

航空旅客运输在航空运输中占有举足轻重的地位，而旅客在航空旅客运输中是不可或缺且至为重要的一方。作为民航业基本法的《民用航空法》也理应是航空旅客权益保护的基本法。但是，《民用航空法》在立法之初囿于当时的社会经济环境实情和航空运输业，无法对某些方面进行详细规定，固有以下几方面的不足。①

① 刘伟民：《评估我国〈民航法〉和完善航空立法的建议》，载《民航管理》2015年第7期，第23页。

（一）《民用航空法》对旅客权益的保护

《民用航空法》没有设立专门性章节对航空旅客权益保护问题作出规定，只是在第九章“公共航空运输”第三节“承运人的责任”第一百二十四条至第一百三十六条以及其他个别条文中对于航空旅客的权益有所涉及。《民用航空法》缺失直接以航空旅客权益保护为宗旨的立法条款，更多的是通过承运人责任、航空安全、运行标准、行业监管等方面间接地为航空旅客权益保护提供制度保障。而其中《民用航空法》第一百二十六条、第一百三十一条规定对旅客权益保护不利，备受诟病。1996年《民用航空法》对旅客权益保护的重视与关注度不够，弱化了旅客权益保护。

《民用航空法》2016年8月公布的修订征求意见稿拟对第一百二十六条进行修订，但从下表对比可以看到（见表4-4），修订征求意见稿只将原来承运人免责的“已经采取一切必要措施”拟改成“已经采取一切可以合理要求的措施”而已，承运人仍然可凭此作为规避自身责任的有力依据，这对航班延误下旅客权益保护力度还是不够。

表4-4 《民用航空法》（修订征求意见稿）与《民用航空法》对比

拟修订条文	现行条文（2021年版）
第一百二十六条 旅客、行李或者货物在航空运输中因延误造成的损失，承运人应当承担责任；但是，承运人证明本人或者其受雇人、代理人为了避免损失的发生，已经采取一切可以合理要求的措施或者不可能采取此种措施的，承运人对于因延误造成的损失不承担责任。	第一百二十六条 旅客、行李或者货物在航空运输中因延误造成的损失，承运人应当承担责任；但是，承运人证明本人或者其受雇人、代理人为了避免损失的发生，已经采取一切必要措施或者不可能采取此种措施的，不承担责任。
说明：“拟修订条文”为《民用航空法》2016年8月公布的修订征求意见稿相关内容。拟修订条文一栏中画线字部分为新增或改动内容。	

《民用航空法》2016年8月公布的修订征求意见稿拟对第一百三十一条进行修订，但从下表对比可以看到（见表4-5），修订征求意见稿虽然增加了承运人在民用航空器事故造成旅客死亡或者伤害情况下的先行

付款制度，无疑这对保护旅客权益又前进了一步，但整体上对旅客权益保护力度仍显不足。

表 4-5 《民用航空法》（修订征求意见稿）与《民用航空法》对比

现行条文（2015 年版）	拟修订条文
第一百三十一条 因民用航空器事故造成旅客死亡或者伤害的，承运人应当向有权索赔的自然人不延迟地先行付款。该先行付款不构成对责任的承认，可以从承运人随后作为损害赔偿金支付的任何数额中扣除。 有关航空运输中发生的损失的诉讼，不论其根据如何，只能依照本法规定的条件和赔偿责任限额提出，但是不妨碍谁有权提起诉讼以及他们各自的权利。	第一百三十一条 有关航空运输中发生的损失的诉讼，不论其根据如何，只能依照本法规定的条件和赔偿责任限额提出，但是不妨碍谁有权提起诉讼以及他们各自的权利。
说明："拟修订条文"为《民用航空法》2016 年 8 月公布的修订征求意见稿相关内容。拟修订条文一栏中画线字部分为新增或改动内容。	

《民用航空法》修订征求意见稿拟新增第十一章"民用航空安全保卫"，目次结构拟由原来的十六章变成十七章，但仍然没有设立专门性章节规定旅客权益保护制度。1996 年施行的《民用航空法》是调整民用航空领域法律关系的基本法律，也理应是航空旅客权益保护的基本法。但由于《民用航空法》缺失对旅客权益保护专门性章节规定，对旅客权益保护的彰显力度不够，没能更好地统领关于旅客权益保护的法规、规章及其他规范性文件，从而使得航空旅客权益保护力量较为分散，没有形成应有的航空旅客权益保护合力效应。

（二）航空事故人身损害赔偿法律制度

《民用航空法》对旅客人身损害赔偿责任实行国际运输与国内运输相区别的双轨制，在国际航空运输中承运人对于旅客伤亡的赔偿责任限额高于国内航空运输承运人承担的赔偿责任限额，这引起了学界和民众的广泛讨论。实际上，在航空事故人身损害赔偿方面尚需深入探讨的是其背后的承运人赔偿责任限额问题和精神损害赔偿问题。

1. 赔偿责任限额问题

国际航空运输人赔偿责任限额经过如下调整历程：统一国际航空运输某些规则的公约（1929年《华沙公约》），其中规定旅客人身伤害赔偿责任限额为12.5万金法郎；修订1929年10月12日在华沙签订的统一国际航空运输某些规则的公约的议定书(《海牙议定书》)，其中规定旅客人身伤害赔偿责任限额为25万金法郎。为了适应华沙体制一体化和现代化的需要，总结了70年来国际航空运输法律制度的成功经验，与时俱进，新的《统一国际航空运输某些规则的公约》即1999年《蒙特利尔公约》应运而生。1999年《蒙特利尔公约》对旅客人身伤害赔偿责任限额实行“双梯度责任制度”，以10万特别提款权（SDR）为界点。该公约在调和发展中国家与发达国家利益的基础上对国际航空旅客运输承运人责任制度进行了重大修改，打造了一套新的承运人责任制度。[①]

我国于2005年6月1日加入1999年《蒙特利尔公约》，其于2005年7月31日对我国生效。根据《中华人民共和国民事诉讼法》第二百六十条所确定的“国际条约优先适用”的规则：“中华人民共和国缔结或者参加的国际条约同本法有不同规定的，适用该国际条约的规定，但中华人民共和国声明保留的条款除外。”《蒙特利尔公约》规定的“双梯度责任制度”与我国《民用航空法》中的相关规定不同，我国往返于《蒙特利尔公约》其他缔约国间的国际航空旅客运输赔偿优先适用1999年《蒙特利尔公约》。[②]

2. 精神损害赔偿问题

精神损害赔偿，是权利主体因其人身权益受到不法侵害，使其人格利益、身份利益受到损害而遭受精神痛苦或精神受到损害，要求侵权人给予赔偿的一种民事责任。[③]《民法典》第一千一百八十三条规定：“侵害自然人人身权益造成严重精神损害的，被侵权人有权请求精神损害赔

① 张军：《航空旅客权益保护法律制度研究——以民航法为视角》，载《中国民航出版社》2018年版，第67页。

② 谢瑞：《比较法视野下的航空旅客运输责任赔偿》，载《安顺学院学报》2014年第4期，第121页。

③ 杨立新：《侵权法论》，人民法院出版社2011年版，第859页。

偿。因故意或者重大过失侵害自然人具有人身意义的特定物造成严重精神损害的，被侵权人有权请求精神损害赔偿。”具体到航空旅客人身损害赔偿中，我们需要讨论的是侵犯生命权、健康权和身体权时的精神损害赔偿问题。

新的《统一国际航空运输某些规则的公约》即1999年《蒙特利尔公约》打造了一套新的国际航空旅客运输承运人责任制度，但仍然没有彻底解决旅客精神损害赔偿问题。1999年《蒙特利尔公约》第十七条规定，对于因旅客死亡或者身体伤害（bodily injury）而产生的损失，只要造成死亡或者伤害的事故是在航空器上或者上、下航空器的任何操作过程中发生的，承运人就应当承担责任。1999年《蒙特利尔公约》最终表述使用的是“身体伤害”（bodily injury）这一术语，而没有直接使用“精神伤害”（mental injury）这一术语，精神损害赔偿问题还是悬而未决。[①]可以预见，在将来的国际航空旅客运输人身损害赔偿诉讼中，承运人赔偿责任范围是否包括精神损害赔偿这一问题仍将取决于各国国内法的规定和法院实践。

《民用航空法》相对于《民法典》处于特别法地位，按“特别法优先一般法”的适用原则，航空旅客运输损害赔偿应优先适用《民用航空法》。而作为民航业基本法的《民用航空法》缺失旅客精神损害赔偿规定，这样的法律制度环境不利于航空旅客权益的保护。[②]美国学者罗尔斯曾强调：“正义是社会制度的首要德性，正像真理是思想体系的首要德性一样。一种理论，无论它多么精致和简洁，只要它不真实，就必须加以拒绝或修正；同样，某些法律和制度，不管它们如何有效率和安排有序，只要他们不正义，就必须加以改造或废除。”[③]

3. 航空旅客行程延误处置法律制度

在航空旅客运输实践中，航班延误、航班超售航与航班取消导致旅客行程延误情形也时有发生，这让旅客选择航空出行本应享受到的快捷

① 韩冰：《国际航空旅客运输中精神损害赔偿的比较法探讨》，载《中国海洋大学学报（社科版）》2012年第3期，第83页。

② 张军：《航空旅客权益保护法律制度研究——以民航法为视角》，中国民航出版社2018年版，第74页。

③ [美]约翰·罗尔斯：《正义论》，何怀宏、何包钢、廖申白译，中国社会科学出版社2009年版，第3页。

性打折不少。作为民航业基本法的《民用航空法》仅对航班延误赔偿有原则性规定，而对于航班超售与航班取消问题均无规定。随着我国航空客运业的快速发展，旅客行程延误问题已成为社会的热点、民航业的难点、旅客的焦点。

（1）知情权保护存在进一步提升的空间。

首先，《民用航空法》缺少对航班超售、航班取消方面知情权的规定。《民用航空法》在第八章“公共航空运输企业”中第九十五条第三款规定：“旅客运输航班延误的，应当在机场内及时通告有关情况。”这里仅涉及航班延误方面知情权的相关规定。当然，航班延误是伴随着航空运输的产生而存在，天气、空中交通管制、流量控制、突发事件、安检、航班调配、机务维护、机组人员、机场设施、旅客等因素都可能造成航班延误。航班延误具有普遍性和不可绝对避免性，《民用航空法》作出相应规定是顺理成章之事。但是，随着航空运输业的发展，航班超售与航班取消导致旅客行程延误的情形也时有发生。《民用航空法》作为调整民用航空领域的基本法，也理应对航班超售、航班取消方面的知情权问题作出原则性规定。

其次，《民用航空法》没有涉及老、幼、病、残、孕特殊旅客行程延误下知情权保护问题。现实生活中，由于生理性差别形成老、幼、病、残、孕不同类别的特殊旅客。这需要根据不同的类别情形制定不同于一般旅客的“特殊”保护机制，才能更好地确保特殊旅客的知情权。

再次，部分航空公司在确保旅客知情权方面尚需提升。在旅客行程延误情形下，航空公司应切实履行航空旅客运输合同的告知义务、协助义务等附随义务。知情权是旅客享有的基本权利，航空公司应及时、准确告知旅客行程延误原因及预计起飞时间等。但是，在航空旅客运输实践中，有的航空公司为规避责任，本是由于机务维护、航班调配、机组人员等自身原因造成航班延误，往往以天气原因、空中交通管制、流量控制来搪塞，旅客不能及时、准确知晓航班延误真实原因；有的航空公司采用航班超售来减少客座虚耗，却没有切实有效地履行告知义务；有的航空公司为了自身商业利益最大化合并航班，导致航班取消，却以机械故障等原因搪塞；等等。

（2）旅客行程延误赔偿法律制度不完善。

首先，《民用航空法》缺少对航班延误概念的界定。从 1929 年《华沙公约》到 1999 年《蒙特利尔公约》对航班延误及责任承担作了原则性规定，但对航班延误概念却没作具体界定。[①]《民用航空法》《旅客、行李国内运输规则》《旅客、行李国际运输规则》对航班延误及责任承担作了原则性的规定，但没有进一步明确界定航班延误概念、赔偿范围、赔偿限额等，在实践中缺乏可操作性。直到 2017 年 1 月，民航规章《航班正常管理规定》对航班延误概念、航班延误信息告知规范、航班延误服务规范等相关问题进行了一些细化规定，其中第三条对航班延误概念作出规定："航班进港延误是指航班实际到港挡轮挡时间晚于计划到港时间超过 15 分钟的情况。航班出港延误是指航班实际出港撤轮挡时间晚于计划出港时间超过 15 分钟的情况。机上延误是指航班飞机关舱门后至起飞前或者降落后至开舱门前，旅客在航空器内等待超过机场规定的地面滑行时间的情况。"航班延误在航空运输中发生频次较高，波及旅客范围较大，是致使旅客行程延误最主要的因素，成为航空运输中颇为头疼之事。民航规章《航班正常管理规定》对航班延误问题作出进一步的界定，无疑又向前推进了一大步。这里是以挡轮挡、撤轮挡时间对航班进港与出港延误进行的界定以及航班飞机开关舱门时间对机上延误进行的界定。航班延误要成为民航业基本法《民用航空法》层面的界定尚存在进一步商榷之处。

其次，《民用航空法》缺少对航班超售的规定。随着我国民航客运业的快速发展，航班超售作为国际惯例引入后相关立法并未适时跟进。航班超售也是导致旅客行程延误不可忽略的因素，针对航班超售下旅客投诉和抱怨日益增多的情势，民航局运输司在 2007 年下发了《关于规范客票超售有关问题的通知》，要求各航空公司应履行航班超售告知义务；制定优先登机规则，并在售票场所、办理乘机手续柜台等明显位置公告；对无法登机的旅客提供相应服务并给予一定补偿等。[②]由于法律尚未对

① 袁发强：《从契约到身份：航空旅客权益保护法律的演变》，载《江西社会科学》2015 年第 4 期，第 162 页。

② 董念清：《中国航空法：判例与问题研究》，法律出版社 2007 年版，第 51 页。

航班超售补偿标准作出统一规定，航空公司的补偿标准又各不相同，旅客对航班超售补偿很难满意。为了切实保护航空旅客的合法权益，促进民航客运业的健康发展，《民用航空法》应从民航业基本法的高度对航班超售问题作出原则性规定，以便其他民航法规、规章及规范性文件在此框架下进一步完善航班超售相关制度，从而将航班超售纳入制度化、规范化、法制化轨道运行。

三、对地面第三人损害的赔偿责任

民航业基本法《民用航空法》对因飞行中的民用航空器或者从飞行中的民用航空器上落下的人或者物，造成地面（包括水面，下同）上的人身伤亡或者财产损害的赔偿问题作出了相关规定。《民用航空法》（修订征求意见稿）与《民用航空法》对比（见表 4-6）。

表 4-6 《民用航空法》（修订征求意见稿）与《民用航空法》对比

拟修订条文	现行条文（2021 年版）
第一百五十七条　因飞行中的民用航空器或者从飞行中的民用航空器上落下的人或者物，造成地面（包括水面，下同）上的人身伤亡或者财产损害的，受害人有权获得赔偿；但是，所受损害并非造成损害的事故的直接后果，或者所受损害仅是民用航空器依照国家有关的空中交通规则在空中通过造成的，受害人无权要求赔偿。 前款所称飞行中，是指自民用航空器完成登机或装货后所有外部舱门均已关闭时起，至其任一此种舱门为下机或卸货目的开启时止，其间的任何时间；就轻于空气的民用航空器而言，飞行中是指自其离开地面时起至其重新着地时止。	第一百五十七条　因飞行中的民用航空器或者从飞行中的民用航空器上落下的人或者物，造成地面（包括水面，下同）上的人身伤亡或者财产损害的，受害人有权获得赔偿；但是，所受损害并非造成损害的事故的直接后果，或者所受损害仅是民用航空器依照国家有关的空中交通规则在空中通过造成的，受害人无权要求赔偿。 前款所称飞行中，是指自民用航空器为实际起飞而使用动力时起至着陆冲程终了时止；就轻于空气的民用航空器而言，飞行中是指自其离开地面时起至其重新着地时止。
说明："拟修订条文"为《民用航空法》2016 年 8 月公布的修订征求意见稿相关内容。拟修订条文一栏中画线字部分为新增或改动内容。	

《中华人民共和国民用航空法》第十二章对地面第三人损害的赔偿责任（第一百五十七条至第一百七十二条）作了规定。

《民法典》在第七编“侵权责任”中第一千二百三十八条规定：“民用航空器造成他人损害的，民用航空器的经营者应当承担侵权责任；但是，能够证明损害是因受害人故意造成的，不承担责任。”

《民用航空法》还对免责情形与除外适用进行了规定。

（一）免责情形

“第一百六十条 损害是武装冲突或者骚乱的直接后果，依照本章规定应当承担责任的人不承担责任。

依照本章规定应当承担责任的人对民用航空器的使用权业经国家机关依法剥夺的，不承担责任。

第一百六十一条 依照本章规定应当承担责任的人证明损害是完全由于受害人或者其受雇人、代理人的过错造成的，免除其赔偿责任……。

第一百六十四条 除本章有明确规定外，经营人、所有人和本法第一百五十九条规定的应当承担责任的人，以及他们的受雇人、代理人，对于飞行中的民用航空器或者从飞行中的民用航空器上落下的人或者物造成的地面上的损害不承担责任，但是故意造成此种损害的人除外。”

（二）除外适用

“第一百七十二条 本章规定不适用于下列损害：

（一）对飞行中的民用航空器或者对该航空器上的人或者物造成的损害；

（二）为受害人同经营人或者同发生损害时对民用航空器有使用权的人订立的合同所约束，或者为适用两方之间的劳动合同的法律有关职工赔偿的规定所约束的损害；

（三）核损害。”

四、民用航空保险

风险总是客观存在、无法避免、无法消灭的，也具有了恒久性。因其对人类社会生活、生产可能带来的破坏性，加之人类稳定、安全的心理需求，必须对其加以防范与控制，而法律因其稳定性与持久性的价值取向成为最佳风险防范控制手段,法之安全价值也有了重大的实际意义。

民用航空保险是以民用航空活动中涉及的财产及相关经济利益为保险标的的各种保险的总称。民用航空保险就是针对民用航空活动造成的对飞机、旅客人身与财产、地面第三人等损害进行补偿。毋庸置疑，民用航空保险作为将风险外化的救济手段，无论对于致害人风险分担、受害人权益救济还是航空业的整体发展都极为重要。民用航空保险是保障民航运输市场稳健发展的不可或缺的重要手段。民用航空保险起源于20世纪初，目前已发展成为一个较为成熟的险种。民用航空保险涉及面广，是一种综合性保险，具有下列显著特点：高价值、高风险、高技术；再保险和共保必不可少；险种国际化；承保条件与国际市场同步；原保险人与再保险人共同处理赔案；自愿保险与强制保险相结合，以强制性保险为主。①

我国民用航空保险发展相对更晚一些。1974年9月，中国人民保险集团公司为中国民航出具新中国第一份航空保险单，开创了我国民用航空保险的先河。随着我国民用航空运输事业的快速发展，航空保险的作用也越来越突出。②进入21世纪以来，我国航空保险的险种不断丰富，机场责任险、空中交通管制责任险、航班延误险、航空机票取消险等新型专属保险产品纷纷出现，填补了国内该类产品的空白。同时，由于航空业具有一定的资金实力、经营规模较大以及庞大的航空保险需求，为将航空资本转化为金融资本，实现多元化经营的目标，并争取到航空保险市场的话语权和一定的自主权，一些实力雄厚的航空公司开始将资本注入保险公司，从而开拓和推进了航空保险市场的发展。③

尽管航空保险的学术分类多样化，但是根据保险公司开发的险种，民用航空保险主要包括机身险、责任险、战争险和其他险种：④

---

① 参见杨祖高:《民航法规与实务》，国防工业出版社2013年版，第113-115页。

② 李新记:《我国航空保险法律问题研究》，南京航空航天大学硕士学位论文，2007年，第3页。

③ 郝秀辉、刘海安、杨万柳:《航空保险》，法律出版社2012年版，第37页。

④ 参见郝秀辉、刘海安、杨万柳:《航空保险》，法律出版社2012年版，第17-21页。

航空器机身险。航空器机身险主要承保飞机在飞行、滑行或在地面停航时被保险飞机的机身、发动机及附件设备的灭失、损坏、失踪以及发生碰撞、跌落、爆炸、失火等不论何种原因而造成飞机的全损或部分损坏，保险公司予以赔偿。

航空器责任险。航空器责任险主要承保在航空器的生产、设计、运营、使用过程中以及相关航空领域因意外事故而导致人身伤亡或财产损失而应由被保险人承担的赔偿责任或依规定承担相关费用的风险。主要包括：航空旅客责任险；航空第三人责任险；机场（航空港）责任险；航空货物运输责任险；注（储）油责任险；航空食品责任险；航空展览责任险；航空机库责任险（航空修理人责任险）；航空延误责任险；航空产品责任险；空中交通管制责任险；空中表演责任险；航空行李责任险。

航空战争险。航空战争险主要承保的是航空器因战争、劫持、敌对行为、武装冲突、罢工、民变、恐怖袭击、飞机被扣留、没收等造成的飞机损坏、旅客和第三人人身伤亡或财产损失、货物毁损，应由被保险人承担的赔偿责任，以及由此引起的被保险人对旅客或第三人应负的法律责任费用。

其他险种。主要包括航空人身意外险；航空产品试飞险；航空执照丧失险；航空机票取消险。

《中华人民共和国保险法》于 1995 年通过后，历经 2002 年、2009 年、2014 年、2015 年多次修正，共八章，185 条，旨在规范保险活动，保护保险活动当事人的合法权益，加强对保险业的监督管理，维护社会经济秩序和社会公共利益，促进保险事业的健康发展。本法所称保险，是指投保人根据合同约定，向保险人支付保险费，保险人对于合同约定的可能发生的事故因其发生所造成的财产损失承担赔偿保险金责任，或者当被保险人死亡、伤残、疾病或者达到合同约定的年龄、期限等条件时承担给付保险金责任的商业保险行为。在中华人民共和国境内从事保险活动，适用本法。

《中华人民共和国保险法》(目次)

第一章 总则

第二章 保险合同

第三章 保险公司

第四章 保险经营规则

第五章 保险代理人和保险经纪人

第六章 保险业监督管理

第七章 法律责任

第八章 附则

国际航空保险已发展成为一个完整的保险类别及专门市场。我国航空保险市场总体上发展较快但规模仍然较小,市场供给主体及险种不多,再保险水平低,风险管控能力不强。[①]按照制度经济学的观点,一个社会的经济运行总是在制度变迁的框架内进行的;进而制度变迁的基本规律就是从制度短缺到制度供给,再到制度需求与制度供给之间的平衡。从需求角度讲,主观因素和客观因素的改变都可以导致对新制度的需求。

航空运输是高速高空运行的高风险行业,其运输的特殊性理应要求具有不同于一般商业的保险规则。民航业发展至今,在"以人为本"和日益强调人文关照的当下,旅客救济问题突显。而单纯的承运人赔偿责任具有一定局限性,仅靠承运人赔偿责任无法保证旅客获得充分、有效的赔偿。航空承运人法定责任险在航空旅客人身伤亡、行李毁灭、遗失、损坏和延误、航班延误、航班取消、航班超售等情况下发挥着重要作用。[②]国际法和各国国内法一样,规定航空第三人责任险为强制性责任保险,并以是否能提供充分的保险保证金或担保作为航空器运营人获得运营许可的前提条件。作为民航业基本法的《民用航空法》也规定了对地面第三人损害的强制性责任保险,但缺少航空旅客责任保险规定。从国际公约的视角来看,华沙体系建立了航空旅客责任保险机制的雏形。1999年《蒙特利尔公约》初步建立了强制航空责任保险体系,其第五十条规定:

---

① 唐金成、张亚:《新形势下中国航空保险发展研究》,载《西南金融》2016年第1期,第26页。

② 郑一争:《航空旅客责任保险法律问题研究》,中国政法大学博士学位论文,2018年,第45页。

"缔约国应当要求其承运人就其在本公约中的责任进行充分保险;缔约国可以要求经营航空运输至该国内的承运人提供其已就本公约中的责任进行充分保险的证据。"从各内国法的视角来看,航空旅客责任保险机制也经历了从初步建立到逐渐发展的过程,呈现出了保险类别和承保范围的扩大化、保险标准和限额的科学化、保险保障机制的科学化和再保险市场的完善等特点。[①]但是,我国《民用航空法》的规定与之不同,只要求航空公司承保第三人责任险,还没有旅客强制责任保险制度的明文规定。航空旅客责任保险是否具有强制保险的性质,体现为不同的立法例,我国立法应基于对航空旅客的充分保护将航空旅客责任保险规定为强制保险。[②]其实,在航空运输实践中,我国航空公司已经按《蒙特利尔公约》的要求对旅客货物责任险进行了承保。但是,承运人投保的旅客责任险更多的是航空承运人规避责任风险的考量,而不是为旅客权益的目的进行的。航空事故往往造成旅客重大人身伤害及财产损失,而强制保险制度要求承运人必须投保责任险或提供其他财务证明,借助保险人的力量可以确保承运人具有足够的经济赔偿能力。航空旅客责任保险是航空运输企业不可或缺的风险管理工具之一,为了确保航空旅客得到及时充分保护,建议在民航业基本法《民用航空法》中增加航空旅客强制责任保险的规定,设置航空旅客运输保险合同、航空器保险等各种航空保险合同制度,与《保险法》共同构成航空保险基本立法框架。在航空旅客权益的保障体系中,承运人对旅客的强制责任保险应该是所有救济手段中的最优选择,规定航空运输企业针对每名旅客均投保责任险的义务,既可以保障旅客的权益,又可以避免事故发生后航空企业面临巨额赔偿的困境,避免对航空产业的发展造成严重的困扰,并推动保险业的发展。[③]《民用航空法》(修订征求意见稿)与《民用航空法》关于保险条款的规定(见表 4-7)。

---

① 郑一争:《航空旅客责任保险法律问题研究》,中国政法大学博士学位论文,2018 年,第 45 页。

② 郝秀辉、刘海安:《航空旅客责任保险研究》,载《保险研究》2013 年第 1 期,第 37 页。

③ 王立志、杨惠、聂晶晶:《航空旅客权益保护问题与规制》,法律出版社 2013 年版,第 147 页。

表 4-7 《民用航空法》(修订征求意见稿)与《民用航空法》对比

拟修订条文	现行条文(2021 版)
第一百五十条 从事通用航空活动的,应当投保地面第三人责任险。鼓励投保机上人员险。	第一百五十条 从事通用航空活动的,应当投保地面第三人责任险。
第一百六十六条 民用航空器的经营人应当投保地面第三人责任险或者取得相应的责任担保。	
第一百六十七条 保险人和担保人除享有与经营人相同的抗辩权,以及对伪造证件进行抗辩的权利外,对依照本章规定提出的赔偿请求只能进行下列抗辩: (一)损害发生在保险或者担保终止有效后;然而保险或者担保在飞行中期满的,该项保险或者担保在飞行计划中所载下一次降落前继续有效,但是不得超过二十四小时; (二)损害发生在保险或者担保所指定的地区范围外,除非飞行超出该范围是由于不可抗力、援助他人所必需,或者驾驶、航行或者领航上的差错造成的。 前款关于保险或者担保继续有效的规定,只在对受害人有利时适用。	
第一百六十八条 仅在下列情形下,受害人可以直接对保险人或者担保人提起诉讼,但是不妨碍受害人根据有关保险合同或者担保合同的法律规定提起直接诉讼的权利: (一)根据本法第一百六十七条第(一)项、第(二)项规定,保险或者担保继续有效的; (二)经营人破产的。 除本法第一百六十七条第一款规定的抗辩权,保险人或者担保人对受害人依照本章规定提起的直接诉讼不得以保险或者担保的无效或者追溯力终止为由进行抗辩。	
第一百六十九条 依照本法第一百六十六条规定提供的保险或者担保,应当被专门指定优先支付本章规定的赔偿。	
第一百七十条 保险人应当支付给经营人的款项,在本章规定的第三人的赔偿请求未满足前,不受经营人的债权人的扣留和处理。	
说明:“拟修订条文”为《民用航空法》2016 年 8 月公布的修订征求意见稿相关内容。拟修订条文一栏中画线字部分为新增或改动内容。	

第三节　中国航空赔偿制度的完善

航空事故发生不可逆转，致使旅客人身、财产权益受到损害；航班延误、航班超售与航班取消时有发生，致使旅客行程延误。这都理应回归实质性的依法求偿权。美国著名的霍姆斯大法官曾说：法律就是每一个人对于我这件事情法庭会怎么判的一个预期。而我国现行航空旅客运输赔偿法律制度不完善，旅客维权没有清晰、稳定的法律制度预期。

现行《民用航空法》是1996年施行的，当时我国民航业处于稚幼阶段，作为民航业基本法的《民用航空法》鉴于航空运输的巨大风险，侧重于扶持航空运输业的发展，在制度设计上偏重保护航空承运人。这在当时所处的航空运输环境下，这种选择也无可厚非。但是，今非昔比，我国已是名副其实的航空大国，现在航空运输业发展状况已大为改观，不再是昔日脆弱的、缺乏经验的行业，今日飞行之翅已越发强硬，正飞向航空强国的蓝天。顺应世界航空法倾斜保护旅客这一弱势群体权益的发展趋势，在"以人为本"的时代旋律下，《民用航空法》应强化保护航空旅客权益。

《民用航空法》中航空旅客权益保护主要涉及航空事故人身损害赔偿问题；旅客行程延误处置问题；旅客随身携带物品及托运行李毁损、灭失、延误问题。介于旅客随身携带物品及托运行李毁损、灭失、延误问题在《民用航空法》中相对不突显及篇幅结构方面的考虑，下文未予涉及。

一、加大对旅客权益保护的彰显力度

航空旅客权益保护可以说是一种三角支撑关系：民航局等主管部门（主管方）—航空公司、机场（运营方）—航空旅客（消费方）这三方是相依相恋的利益共同体，谁也离不开谁。民航局、航空公司、机场、旅客应当是相亲相爱的一家人，携手共创多赢局面。航空旅客运输在航空运输中的地位以及旅客在航空旅客运输中的角色决定了航空旅客权益保

护的重要性,《民用航空法》作为调整民用航空领域的基本法理应在旅客权益方面留足应有空间，对航空旅客权益保护关涉的重要问题进行定调与导航，从而加大对旅客权益保护的彰显力度，从而更好地谱写旅客权益保护的乐章。

我国《民用航空法》应秉承以旅客为本理念，对处于弱势地位的旅客进行倾斜性权益配置。作为民航业基本法的《民用航空法》应设立专章规定旅客权益保护法律制度，以便对下位法的民航行政法规、民航规章、地方性法规及规范性文件的制订完善进行定调与导航。建议在《民用航空法》修订征求意见稿新增“民用航空安全保卫”这一章基础上再新增“航空旅客权益保护”专章，在此章中新增“航空旅客权利”作为第一节；修改调整原第九章第三节“承运人的责任”相关条款，合并到“航空旅客权益保护”这一章作为第二节“承运人责任”。①

其中新增“航空旅客权利”此节包括但不限于以下内容：航空旅客享有《中华人民共和国消费者权益保护法》赋予消费者的基本权利；航空旅客享有个人隐私不受侵犯的权利；航空旅客享有人性化关照的权利；航空旅客在自身处于特殊需求情形下享有获得救助的权利；老幼病残孕旅客有权要求承运人为搭乘航班提供便利，享有较其他旅客更为优待的权利；航空旅客有权决定接收或拒绝接收航空公司的交易条件；航空旅客购票以后有权要求航公司提供运输服务，除非有法定理由，航空公司不得拒载；航空旅客在被拒载情形下有权要求承运人提供正式性书面证明；等等。

其中修改调整《民用航空法》原第九章第三节“承运人的责任”相关旅客权益保护的条款在以下航空事故人身损害赔偿法律制度的完善以及航空旅客行程延误处置法律制度的构建部分进行具体探讨。

二、航空事故人身损害赔偿法律制度的完善

英国经济学家哈耶克曾说：“制度是因为人们的理性不足而人们又要

① 张军:《航空旅客权益保护法律制度研究——以民航法为视角》，中国民航出版社2018年版，第112页。

把握错综复杂之现实的详尽细节而渐渐学会使用的一项工具。”[①]我国是大陆法系国家，成文法是司法审判的主要依据，具有法律效力、清晰明确、操作性强的航空事故人身损害赔偿法律制度是至关重要的。[②]作为民航业基本法的《民用航空法》的修订完善在考量现实性基础上应更具前瞻性。顺应航空旅客运输承运人责任制度发展的必然趋势，从保护航空旅客权益的视角出发，航空事故人身损害赔偿承运人应实行无限额严格责任制，承运人赔偿范围应包含精神损害赔偿。

（一）承运人责任应实行无限额严格责任制

1999年《蒙特利尔公约》采用双梯度责任制度：第一梯度引进了严格责任的归责原则，设置最高赔偿限额，损害赔偿在此限额内以发生的实际损失计算；第二梯度突破了华沙体制的限额赔偿制，实行无限额赔偿，没有固定的赔偿限额，承运人承担过错推定责任。1999年《蒙特利尔公约》确立的双梯度赔偿责任制度中，赔偿仍是限于实际损失，只是不限于一个基本数字而已。[③]1999年《蒙特利尔公约》是为了适应华沙体制一体化和现代化的需要，旨在统一国际航空运输某些规则，其中关于承运人责任的双梯度责任制度在调和发展中国家与发达国家利益方面暂时找到了平衡点，但国际航空旅客运输承运人责任制度不会止步于双梯度责任制度，这毕竟不是承运人责任制度发展的最后选择和最终归宿所在。

在《民用航空法》修订征求意见稿中，关于国内航空旅客人身损害赔偿拟实行1999年《蒙特利尔公约》双梯度责任制度，并建立具有实质性意义的定期复审机制，从而统一国内外航空事故人身损害赔偿标准问题（见表4-8）。

---

① [英]哈耶克：《自由秩序原理》，邓正来译，三联书店1997年版，第81页。

② 李洪涛：《欧盟航班延误立法与司法实践对我国的启示》，载《中国民用航空》2014年第1期，第31页。

③ 王瀚：《国际航空运输责任法研究》，法律出版社2012年版，第149页。

表 4-8 《民用航空法》(修订征求意见稿)与《民用航空法》对比

拟修订条文	现行条文(2015年版)
第一百二十八条 国内航空运输承运人的赔偿责任限额及复审机制由国务院民用航空主管部门制定，报国务院批准后公布执行。其中，根据本法第一百二十四条所产生的每名旅客的损害赔偿，按照下列规定执行：(一)不超过限额的部分，承运人不得免除或者限制其责任；(二)超过限额的部分，承运人证明损失不是由于承运人或者其受雇人、代理人的过错造成的，或者损失完全是由第三人的过错造成的，不应当承担责任。	第一百二十八条 国内航空运输承运人的赔偿责任限额由国务院民用航空主管部门制定，报国务院批准后公布执行。
第一百二十九条 国际航空运输承运人的赔偿责任、限额以及复审制度按照中华人民共和国缔结或者参加的国际条约规定执行。	第一百二十九条第一款规定，国际航空运输承运人的赔偿责任限额按照下列规定执行：对每名旅客的赔偿责任限额为16600计算单位；但是，旅客可以同承运人书面约定高于本项规定的赔偿责任限额。
说明："拟修订条文"为《民用航空法》2016年8月公布的修订征求意见稿相关内容。拟修订条文一栏中画线字部分为新增或改动内容。	

此修订意见有许多方面值得肯定。首先，适应了国际航空运输责任制度的新发展，缩小了我国同其他国家国内航空运输对旅客损害赔偿限额的差距；其次，建立了具有实质性意义的定期复审机制，使航空运输人身损害赔偿责任限额能够根据不断发展的经济水平与生活水平得到互动调整；再次，加重了国内航空运输承运人的责任，加强了对旅客权益的保护。无疑，此修订建议能在较大程度上解决当前《民用航空法》在航空事故人身损害赔偿方面突显的问题，将使国内航空运输旅客权益保护进程又向前推进一大步。

但是，笔者一直主张并期待航空事故人身损害赔偿应实行无限额严格责任制，按实际损失大小赔偿。无限额责任是相对于责任限额而言的。实行无限额责任制，不是指赔偿毫无限制，而是指承运人承担赔偿责任时没有固定的责任限额，需要根据人身损害实情按照既定计算标准确定一个具体赔偿数额。损害赔偿的基本理论依据仍然是在恢复原状理论的基础上提供的补偿性赔偿。1999 年《蒙特利尔公约》在第二十九条也明确表明惩罚性赔偿无缘此义。严格责任是相对于过错责任而言的。实行严格责任制，承运人承担责任的要件是以其行为与旅客人身损害事实间存在因果关系，而不以承运人的主观过错为其承担责任的要件，旅客也无需对承运人是否存在过错承担举证责任。但只要承运人能证明旅客人身损害是旅客本身的过失或者其他不当作为、不作为所致，方可免责。航空运输的特殊性决定了航空旅客的弱势性表征更为突显，一旦发生人身损害事故，难以举证证明承运人过错之所在。航空旅客运输承运人责任制度这架法律天平应在航空旅客一方添加较重的砝码，从而倾斜保护旅客权益。实行无限额严格责任制是保护旅客权益含金量高的一个核心制度，有利于对航空旅客这一航空交通运输服务消费领域的弱势群体加以切实保护，可以为旅客的生命健康权在受到侵害时提供切实赔偿。①

航空承运人对旅客人身损害赔偿承担无限额严格责任制，这样可以与一般法的《民法典》相融通。2021 年 1 月 1 日起施行的《民法典》第一千一百七十九条规定："侵害他人造成人身损害的，应当赔偿医疗费、护理费、交通费、营养费、住院伙食补助费等为治疗和康复支出的合理费用，以及因误工减少的收入。造成残疾的，还应当赔偿辅助器具费和残疾赔偿金；造成死亡的，还应当赔偿丧葬费和死亡赔偿金。"《民法典》第一千二百三十八条规定："民用航空器造成他人损害的，民用航空器的经营者应当承担侵权责任；但是，能够证明损害是因受害人故意造成的，不承担责任。"其中残疾赔偿金、丧葬费和死亡赔偿金依据最高人民法院《关于审理人身损害赔偿案件适用法律若干问题的解释》（2020 年修正）相关规定，侵权致人伤残或者死亡：（1）残疾赔偿金根据受害人丧失劳动能力程度或者伤残等级，按照受诉法院所在地上一年度城镇居民人均可支配收入或者农村居民人均纯收入标准，自定残之日起按二十年计算。但六十周岁以上的，年龄每增加一岁减少一年；七十五周岁以上的，按

① 张军：《航空旅客权益保护法律制度研究——以民航法为视角》，中国民航出版社 2018 年版，第 118 页。

五年计算；（2）丧葬费按照受诉法院所在地上一年度职工月平均工资标准，以六个月总额计算；（3）死亡赔偿金按照受诉法院所在地上一年度城镇居民人均可支配收入或者农村居民人均纯收入标准，按二十年计算。但六十周岁以上的，年龄每增加一岁减少一年；七十五周岁以上的，按五年计算。

（二）承运人赔偿范围应包括精神损害赔偿

2021 年 1 月 1 日起施行的《民法典》第一千一百八十三条规定："侵害自然人人身权益造成严重精神损害的，被侵权人有权请求精神损害赔偿。因故意或者重大过失侵害自然人具有人身意义的特定物造成严重精神损害的，被侵权人有权请求精神损害赔偿。"最高人民法院《关于审理人身损害赔偿案件适用法律若干问题的解释》（2020 年修正）第一条第一款规定："因生命、身体、健康遭受侵害，赔偿权利人起诉请求赔偿义务人赔偿物质损害和精神损害的，人民法院应予受理。"最高人民法院《关于确定民事侵权精神损害赔偿责任若干问题的解释》（2020 年修正）第一条规定："因人身权益或者具有人身意义的特定物受到侵害，自然人或者其近亲属向人民法院提起诉讼请求精神损害赔偿的，人民法院应当依法予以受理。"

长期以来，人们对航空运输承运人的赔偿范围到底包不包括精神损害，尤其是纯粹的精神损害争论不休。

随着人类物质生活水平的不断提高，人们物质生活的品质得到较好满足。人们的生活层级表现为更加重视身心健康，更加享受精神世界的安宁，更加注重精神生活的质量。航空运输是公共交通的一种方式，航空事故具有不可绝对避免性。航空事故有可能在造成旅客死亡或身体伤残情形下给旅客亲属或本人带来精神损害；航空事故可能仅给旅客造成精神损害而致使旅客精神伤残。实际上，精神损害的负面影响一般持续时间较长甚而伴随终身，会使生活品质大大降低。可以说，精神损害后果的严重性不亚于身体损害。随着人类对自身精神世界的深入探究和医学技术的快速发展，精神和肉体的关联性被证实越加密切，难以把精神损害同身体损害截然剥离开来，可以说，没有不存在任何生理反应的精神伤害。纯粹精神损害也就不再“纯粹”，必将获得更大的适用空间，承认特定情况下的纯粹精神损害赔偿也将成为各国侵权责任法的发展趋势。[①]

现代法律社会应当从人本主义与人文关照角度出发，哪里有损害那里就应有救济。精神损害赔偿范围具体可包括航空事故造成旅客在死亡或身体伤残情形下的精神损害；航空事故导致的精神损害引起的身体损害；空难情形导致的纯粹性精神损害。对于纯粹性精神损害赔偿应限于对旅客的日常生活能力产生了与以前不同的持久而明显的精神官能症，如心脏病发、流产等身体症状发生或歇斯底里、精神分裂等心理状态改变。至于目睹死伤事件时呈现出的震惊、焦虑、沮丧、恐惧、悲恸等主观性短暂心理反应，不可请求赔偿。由此，可将精神损害限定为“与身体损害相关联的精神损害或者具有持久而明显的精神官能症精神损害。”[②]对精神损害赔偿不作最高限额规定，实行承运人赔偿无限额责任制，从而切实保护航空旅客这一弱势群体权益。当然，如前所述，无限额责任制不是赔偿毫无限制，而是按照精神实际损害程度进行赔偿。同时，为了最大限度兼顾承运人利益，对于航空旅客在航班延误、航班取消与航班超售情形下，航空旅客在被拒载情形下，航空旅客随身携带物品或托运行李（因故意或者重大过失侵害旅客具有人身意义的特定物造成严重精神损害情形除外）毁损或丢失情形下，承运人赔偿范围不包括精神损害赔偿。当然，随着人类生活水平的不断提高与航空运输业的进一步发展，可以逐步拓展精神损害赔偿适用范围。

顺应航空旅客运输承运人责任制度发展的必然趋势，从保护航空旅客权益的视角出发，承运人赔偿范围应包括精神损害赔偿，这理应是法律实质正义及人本主义的切实体现。这需要作为民航业基本法的《民用航空法》作出明确规定，构建起旅客稳定的法律制度预期。对此，《民用航空法》可对 1929 年《华沙公约》第十七条规定的“……造成旅客死亡、受伤或者其他任何身体伤害的……”调整为“……造成旅客死亡、身体

① 何祥菊：《国际航空法中的旅客精神损害赔偿问题探讨》，载《华东政法学院学报》2004 年第 5 期，第 71 页。

② 唐明毅、陈宇：《国际航空私法》，法律出版社 2004 年版，第 135 页。

或者精神损害的……”，[①]具体可作如下规定：“因发生在航空器上或者在旅客上、下航空器过程中的事故，造成旅客死亡、身体或者精神损害的，承运人应当承担责任；但是，旅客的伤亡完全是由于旅客本人的健康状况造成的，承运人不承担责任。”

三、航空旅客行程延误处置法律制度的构建

在航空运输实践中，航班延误、航班超售与航班取消致使旅客行程延误时有发生，航空运输的快捷性大打折扣。这里把航班延误、航班超售与航班取消统一归结到旅客行程延误中进行旅客行程延误处置法律制度构建。在界定旅客行程延误概念的基础上，构建旅客行程延误信息告知制度与不合理行程延误赔偿制度。

（一）旅客行程延误概念界定

通常意义上讲，旅客行程延误是指从时间上看承运人未能按照旅客运输合同约定的时间完成该项运输。航空旅客运输合同约定的时间，一般指承运人的航班时刻表或者机票载明的时间。[②]航班时刻表或机票载明的时间，就航空旅客运输合同而言，实际上是航空承运人单方拟定的“格式条款”，各航空公司规划出了自己最优的航班时刻表，在民航客运市场参与竞争。航班时刻表或机票载明的时间构成了旅客对承运人履行合同义务时间的合理预期。“航班时刻表或机票载明的时间”能简单、清楚地判定旅客行程延误，操作性强、运作成本低。航班时刻表或机票载明的时间应当作为判定行程延误的直接证据。

对行程延误可以做这样的界定：行程延误是指在航空旅客运输中，承运人未能按照运输合同约定的时间离站或到站的一种事实状态。行程延误分为离站延误与到站延误两种情形。离站延误是指承运人未能按照航班时刻表或机票载明的离站时间离站；到站延误是指承运人未能按照

① 贺富永：《国内航空承运人对旅客损害赔偿立法走向思考》，载《南京航空航天大学学报（社会科学版）》2016 年第 3 期，第 69 页。

② 杨惠、吴桐水：《关于国内客运航班延误的几个法律问题》，载《河北法学》，2005 年第 8 期，第 66 页。

航班时刻表或机票载明的到站时间到站。[①]《旅客、行李国内运输规则》规定的离站时间是指旅客登机后关闭机门的时间。有学者认为，到站时间应当理解为打开机门的时间。笔者赞同这一观点，易于理解判断到站延误，操作性强。

当然，这里是先按通常意义界定行程延误概念，在此基础上再探讨其责任承担问题。首先，从事实层面来看，航班错过了相应的离站、到站时间点，就是延误。航班离站时间延误而到站时间不延误是延误；航班离站时间不延误而到站时间延误是延误；航班离站时间与到站时间均延误是延误。其次，结合航空运输实践层面的具体情况，平衡双方利益作出法律上的行程延误责任界定。换言之，并不是所有行程延误承运人都应当承担公约或者国内法意义上的延误法律责任。这里还要根据致使旅客行程延误的具体因素的不同，把行程延误划分为合理延误与不合理延误，再分别具体确定承运人的责任范围。

（二）旅客行程延误信息告知制度

《民用航空法》在第八章“公共航空运输企业”中第九十五条第三款规定：“旅客运输航班延误的，应当在机场内及时通告有关情况。”建议《民用航空法》进一步完善此条款作出规定：“航班延误、航班超售与航班取消致使旅客行程延误时，航空公司、机场应当在机场内及时通告有关情况，并应通过有效方式及时、准确告知旅客相关动态信息，做好解释工作。”同时，建议《民用航空法》新增航班超售相关规定：“航空公司可以进行客票超售时，应做好客票超售的各项服务工作，切实履行告知义务，制定优先登机规则，对无法登机的旅客提供相应服务并给予一定补偿。”

《民用航空法》从基本法高度作出原则性规定，以便其下位法规、规章及规范性文件作出具体性规定，确保旅客知情权。应进一步将旅客行程延误信息发布告知的基本内容、基本方式及程序添加到《旅客、行李

① 张军：《航空旅客行程延误处置法律制度的构建》，载《西华大学学报（哲学社会科学版）》，2018 年第 3 期，第 19 页。

国内运输规则》《旅客、行李国际运输规则》中，并构建旅客行程延误信息发布责任制度，使其具有法律效力，便于操作执行。

航空公司、机场在法律法规框架下，具体制定旅客行程延误信息发布实施制度，确保旅客知情权。第一，告知旅客致使行程延误原因：航班延误、航班超售航班取消。第二，确切告知航班延误或航班取消的具体原因：天气、空中交通管制、流量控制、突发事件、安检、航班调配、机务维护、机组人员、旅客、商业目的等因素。第三，确切告知航班超售具体信息：超售人数、优先登机规则、自愿放弃座位人数、被拒载人数、拒载赔偿标准等。第四，告知旅客权利：法律法规、航空公司的运输条件以及航空公司的其他规定中所涉旅客权利，权利救济的具体事宜，等等。

（三）旅客行程延误赔偿制度

由于致使旅客行程延误的因素具有确定性，易于对延误的合理与否进行界定性，操作性强。通过概括加列举方式对延误因素加以界定：由于承运人自身所无法控制的天气、空中交通管制、流量控制、突发事件、安检、旅客等因素致使旅客行程延误，属于合理延误；由于承运人应当预见并可以避免的航班调配、机务维护、机组人员、航班超售、商业目的取消航班等因素造成旅客行程延误，属于不合理延误。

对于合理延误，承运人无过错原则上不需承担责任。但是，承运人和旅客间业已形成航空运输合同关系，承运人还应按照合同附随义务尽到勤勉尽责的善良管理人的注意义务。合理延误发生，承运人应当履行告知义务，及时、准确告知旅客相关延误信息；承运人应当履行协助义务，协助旅客安排餐食、住宿、交通等，费用由旅客支付。如果承运人未能尽到勤勉义务，没有采取一切可能的补救措施来避免旅客行程延误损失的发生，则要承担相应的法律责任。

对于不合理延误，致使旅客行程延误的原因属于承运人自身可以控制范畴，承运人理应承担责任。但是，考虑到航空运输的特殊性以及我国民航客运业情况，为了在责任承担方面适度平衡承运人的利益，给予一个过渡期，不合理延误应进一步作合理延误时间与不合理延误时间界定，以后逐渐缩短合理延误时间，直至取消。不合理延误的“合理时间”需结合航程进行界定更具合理性。由此，旅客行程延误赔偿责任构成要件主要应考虑以下因素：行程延误不是承运人无法控制因素所致；结合航程，延误时间超过班期时刻表或机票载明的离站时间或到站时间或离站到站时间总和达到一定时间。

不合理行程延误承运人免于承担赔偿责任情形：不合理行程延误在航程 1500 公里（含）以下，在预计离站时间或到站时间或离站到站时间总和延误 2 个小时以下的航班；中国境内航程 1500 公里以上，以及中国境外航程 1500 公里以上 3000 公里（含）以下，在预计离站时间或到站时间或离到站时间总和延误 3 个小时以下的航班；中国境外航程 3000 公里以上，航班在离站时间或到站时间或离到站时间总和延误 4 个小时以下的航班。[①]但是，在上述情形下，如果承运人没有采取一切可能的补救措施来避免旅客行程延误损失的发生或如果能证明旅客行程延误损失的发生是由于承运人故意或者明知可能造成损失而轻率作为或者不作为造成的，承运人均需承担赔偿责任。即使是在免于承担赔偿责任的情形下，承运人应当履行告知义务，及时、准确告知旅客相关延误信息；承运人应当履行协助义务，协助旅客安排餐食、住宿、交通等，费用由旅客支付。

不合理行程延误承运人承担赔偿责任情形：航程 1500 公里（含）以下，在预计离站时间或到站时间或离到站时间总和延误 2 个小时（含）以上的航班；中国境内航程 1500 公里以上，以及中国境外航程 1500 公里以上 3000 公里（含）以下，在预计离站时间或到站时间或离到站时间总和延误 3 个小时（含）以上的航班；中国境外航程 3000 公里以上，航班在离站时间或到站时间或离站到站时间总和延误 4 个小时（含）以上的航班（见表 4-9）。[②]

① 张军：《航空旅客行程延误处置法律制度的构建》，载《西华大学学报（哲学社会科学版）》2018 年第 3 期，第 21 页。

② 张军：《航空旅客行程延误处置法律制度的构建》，载《西华大学学报（哲学社会科学版）》，2018 年第 3 期，第 21 页。

表 4-9 不合理行程延误承运人赔偿责任

航班航程（公里）	延误时间（小时）	赔偿标准（人民币：元）
1500 公里（含）以下航班	2（含）小时以上	旅客行程延误赔偿实行双梯度额度：第一梯度，票面价格 2 倍以下赔偿额度，承运人承担无过错责任原则；第二梯度，票面价格 2 倍以上（含）赔偿额度，承运人承担过错责任原则。赔偿范围限于直接损失，间接损失及精神损失不予支持。
中国境内 1500 公里以上所有航班 中国境外 1500 公里以上 3500 公里（含）以下航班	3（含）小时以上	
中国境外 3500 公里以上航班	4（含）小时以上	

1. 赔偿范围问题

我国《民法典》第五百八十四条规定："当事人一方不履行合同义务或者履行合同义务不符合约定，造成对方损失的，损失赔偿额应当相当于因违约所造成的损失，包括合同履行后可以获得的利益；但是，不得超过违约一方订立合同时预见到或者应当预见到的因违约可能造成的损失。"承运人应当赔偿不合理延误所导致旅客行程延误的直接损失，具体包括旅客在候机过程中支出的食宿费等费用；旅客耽误乘坐经停地点航班的损失；旅客重新购票而额外支出的票款等。根据违约损害赔偿的可预见性规则，承运人原则上不予赔偿不合理延误所导致旅客行程延误的间接损失。当然，可能有旅客确实因为行程不合理延误而导致诸如合同未能按约履行承担了违约责任、合同未能按时签订丧失了签约机会等后果，但此种损失一般不应列入承运人的损害赔偿范围。[①]除非旅客在缔约时已经向承运人明确披露了此情况并且在诉讼中能证明其真实性所在。

旅客行程延误赔偿范围也不应包括精神损害。虽然给予精神损害赔偿是人本主义与人文关照在法律制度层面的切实体现，是现代法律与时俱进的表征，但是介于我国当前的社会物质生活条件等因素，我国法律仍将精神损害赔偿严格限制在侵权行为中。而不合理延误可能给旅客造

① 蔡东辉：《航空旅客运输航班延误及其法律责任》，载《法律适用》2006 年第 8 期，第 88 页。

成一定程度的身体损害或财产损失，但此种损害或损失属于违约责任范畴，因此旅客在不合理行程延误案中主张精神损害赔偿不应该得到支持。[①]

2. 赔偿责任限额问题

1929 年《华沙公约》及其后形成的华沙体制规定因航班延误造成旅客损失的赔偿限额为每位旅客 4150 特别提款权，即航空运输延误赔偿实行赔偿责任限额制。我国是 1999 年《蒙特利尔公约》的签约国，往返于《蒙特利尔公约》其他缔约国间的国际航班如出现延误，均应在 4150 特别提款权赔偿限额之内予以赔偿；除非该旅客与承运人缔约时约定了更高的赔偿限额。我国《民用航空法》对航班延误造成旅客损失的赔偿同样实行赔偿责任限额制，但未对国内航班延误造成旅客损失出台具体的赔偿限额标准。

鉴于此，旅客行程延误赔偿可以参考 1999 年《蒙特利尔公约》的双梯度责任制度设计双梯度额度：第一梯度，票面价格 2 倍以下赔偿额度，承运人承担无过错责任原则；第二梯度，票面价格 2 倍以上（含）赔偿额度，承运人承担过错责任原则（见表 4-9）。[②]同时，根据居民消费者价格指数（CPI）每两年对赔偿限额进行一次审查，建立赔偿金额的通货膨胀自动调整机制，以使赔偿金额随通货膨胀互动提高。

---

① 贺元骅：《论航空运输不合理延误及其责任》，载《中国民航飞行学院学报》2002 年第 3 期，第 20 页。

② 张军：《航空旅客行程延误处置法律制度的构建》，载《西华大学学报（哲学社会科学版）》2018 年第 3 期，第 21 页。

第五章　国际航空法

第一节　国际航空立法概况

世界上第一部国际航空法可以追溯到1919年在法国巴黎通过的《空中航行国际公约》。其出台背景是：随着航空时代的来临，航空器在第一次世界大战后期被广泛用于战争，制空权优势左右了战争的胜负，其对战争的决定性影响让人们充分认识到航空器的重大军事价值，呼唤着统一的国际航空法律规则的问世。实际上，第一次世界大战之前国际社会便围绕航空器飞越一国领空是否构成侵权及相关的空气空间的属性等领空主权问题争论不休。第一次世界大战结束后通过的《空中航行国际公约》,首先也是首次明确的就是主权国家对其领土上空的空气空间拥有主权，并制订了航空器空中飞行的基本规则，长期相持不下的领空主权论争终止。其后，国际社会先后在航空民商法、航空行政法、航空刑法领域开疆拓土，逐渐形成清晰、完善的国际航空法律规则体系，并以双边体制和多边体制两种运行方式并行演进。

一、国际航空运输双边体制

第二次世界大战以前，民航业还未进入成熟期，两国间国际航班的开辟，一般是采取外交换文后，由一国航空公司向另一国航空主管当局提出申请，经过许可后投入营运。1944年芝加哥会议上，当以美国为首的航空大国在多边交换营运权的努力失败后，会议最后文件第八段拟定了一个“临时航路协定的标准式”作为妥协。由于对“航路”的认识分歧，且缺少可遵循的共同规则，因此产生了1944年芝加哥标准格式。但其主要内容是“辅助性权利”（ancillary right）方面的规范。

1944 年的《芝加哥公约》在确认国家领空主权原则的基础上，奠定了以双边协定来调整国际航空运输的体制。由此形成的上千个航空运输双边协定构成了国际航空运输双边体制的基础。按照 1944 年国际民航会议的初衷，原本是要制订一个关于商业航空权的多边协定来取代已有的、大量的双边协定，但是没有得到多数代表的认可，从而形成了现代国际航空运输管理的双边体制。国家之间商业航空权利的交换必须通过双边谈判来确定。双边谈判以对等原则和互惠原则为基础，各种航空权利的交换、航线和通航地点的确定、承运人的指定以及运力的使用等方面，均须由双方平等协商决定。应该说，这种体制对竞争力较弱的发展中国家采取有效的自我保护有利。

尽管从理论上讲，国际航空运输公法领域实行统一的法律规则，似乎最符合航空天然国际性的特点，简单易行又可省却诸多烦扰。但是，这种理想状态在实践中很难做到。主要原因在于世界各国政治、经济和社会制度的巨大差异，以及各国经济发展水平不平衡。双边协定体制恰恰能够弥合理想和现实之间的这段差距。考察国际航空运输私法领域的 1929 年华沙公约体制，虽然在实行统一国际规则方面获得很大成功，但有关的麻烦和纠纷也不少。双边体制虽有规则不完全统一的缺陷，但是却具有灵活性的优点。双边“协定”一般毋需各国议会批准就可生效，便于修改或补充。

二、国际航空运输多边体制

当民用航空运输业步入成熟期后，人们从早期对领空主权和国家安全的关注转向对航空商业利益的关注，航空政策也从严格管制走向放松管制，倡导航空自由化。我们认为，民用航空运输天然的国际性造就了多边体制生存的土壤，领空主权的排他性却哺育着双边体制的成长。在这个历史进程中，国际社会首先进行了多边国际公约的尝试，其中既有 1929 年《华沙公约》、1944 年《芝加哥公约》以及 1999 年《蒙特利尔公约》的巨大成功，又有 1947 年的日内瓦多边协定谈判的失败和 1957 年马德里第二届欧洲民用航空会议（ECAC）会议关于定期国际航班多边谈判的失败。尽管屡遭挫折和失败，但这种努力从未间断。近年，在经济全球化和航空自由化浪潮的推动下，地区性多边航空自由化协定、代码共享、WTO 航空法律规则所代表的多边主义的努力，正在逐步扩大其影响。然而，由于世界各国航空运输业的发展水平不同，航空强国致力于打开世界航空市场，极力促进航空自由化，在各种多边体制谈判中表现出咄咄逼人的进攻态势；航空业弱小的发展中国家，出于对本国处于稚幼期的航空企业的保护，倾向于坚守国家主权与安全的城池，渐次开放航空市场，因而对西方国家倡导的航空自由化和多边体制不太感兴趣。

（一）多边国际公约

目前已经生效的国际统一适用的国际航空公约主要有三类：（1）1929 年《华沙公约》以及一系列修订文件形成的国际航空民商法律序列，特别值得关注的是替代华沙公约体系的 1999 年《蒙特利尔公约》，规定了国际航空运输中有关民事责任的国际私法规则。（2）以 1944 年《芝加哥公约》为主体的国际航空行政法律序列。如前所述，该公约是民用航空的宪章性文件，对国际法在航空领域的具体适用作了整体性规定；（3）由 1963 年《东京公约》、1970 年《海牙公约》、1971 年《蒙特利尔公约》及其 1988 年补充议定书、2010 年《北京公约》以及《北京议定书》所形成的航空刑事法律规则。

国际公约是实现国际统一规则的主要渊源。据统计，迄今先后制定的国际航空公约有 30 多个。其中有些因影响较小或者根本没有达到法定批准与加入国数量而没有生效，故较少为人所知晓。例如，1938 年在布鲁塞尔签订的《统一有关海上救助飞机或以飞机救助的若干规则公约》。有些虽已生效，但批准或加入的国家数量很少，在国际上的约束力十分有限，例如，在 1933 年 5 月制定的罗马《统一有关航空器材地（水）面第三方造成损害的某些规则的公约》和 1938 年在布鲁塞尔签订的对该公约的议定书，1948 年在日内瓦订立的有关飞机财产权利的《关于国际承认对飞机的权利的公约》，欧洲各国 1956 年在巴黎签订的《关于欧洲不定期航班商业权利的多边协定》，等等。但这些文件作为对航空法研究提供了有益借鉴的资料，有其自身的价值。

（二）地区多边自由化协定

美国的放松政策，进一步推动了航空自由化浪潮。在这股浪潮的冲击下，首先是欧共体（现为欧盟）在它的区域范围内，开始了多边航空自由化进程。1987 年 12 月各成员国达成了使共同体内的航空市场自由化的协议,并制定了于 1993 年 1 月 1 日前实现内部市场完全自由化的计划。按该协议，首先开放 70 个座位以下飞机的运费价格并废止第五种航空自由权。接着又用 2408/92 号条例废止了限制各航空公司的第五种航空自由权。按 2409/92 号条例，运费或价格（包括货运在内）可由航空公司与用户达成的协议而定,毋需在该协议执行前 24 小时内报请成员国政府，以便政府酌情按竞争法规定来干预，以防运费过高或过低。1992 年 6 月 22 日，欧共体理事会通过了所谓“第三套办法”（Third Package），旨在最大限度地实行定价自由和市场准入的自由化，为在欧共体内实现单一航空市场制定一个总框架。

其后，地区性多边自由化协定迅速增加。1994 年，由欧盟和南美洲 5 个国家组成了安第斯集团，同年亚太经济合作组织（OPEC）成员发表《奥克兰挑战声明》。之后，加勒比共同体（CARICOM）建立，并于 1996 年签订了多边航空协定，1997 年南美 6 国订立《福塔莱萨协定》，1998 年柬埔寨、老挝、缅甸、越南签订航空协定，1998 年阿拉伯民航委员会 16 国之间订立中东和北非航空协定，1997 年西非 6 国订立《班珠尔协定》，1999 年中非经济和货币共同体（CEMAC）订立 6 国航空协定，1999 年东部和南部非洲共同市场（COMESA）20 个国家签订协定，1999 年非洲 52 个国家之间达成的协议亚穆苏克罗 II 号部长级决定。上述多边自由化协定是国际航空运输多边体制框架的重要内容。

（三）代码共享（code sharing）

20 世纪 80 年代中期以后，美欧等国的航空公司之间创设了一种新的合作形式——“代码共享”（code sharing）或译作“共用航班号码”。目前这类协议已达 600 多个。而且，由多家航空公司组成的航空联盟的影响越来越大，最有代表性的是“明星联盟”（Star Alliance）、“寰宇一家”（One World）、“空中团队”（Sky Team）和“金翼”（Wings）等四大全球航空联盟。它们在国际航空运输多边体制框架的形成过程中扮演着重要的角色。

在国际航空运输实践中，各国航空公司经营的航班，都有一个固定代码。该代码由国际航协（IATA）统一分配或指定，起着识别该航班身份的标记作用，广泛应用于飞机票证、运费或时刻表、电讯以及其他各种法律文书中。代码由两部分组成，前面两个外文字母标示航空公司名字，如 KE（大韩航空公司）、JL（日本航空公司）、CA（中国国际航空公司），后面三位阿拉伯数字标示飞机飞向的目的地。依照美国运输部（DOT）的说法，代码共享是指“两个以上航空承运人使用一个航空承运人的牌号”。例如，按甲乙两家航空公司的协议，甲方航空公司承允乙方航空公司使用其航班号码，经营与甲方航班相衔接的乙方航班航线；乙方航空公司对等地承允甲方航空公司使用其航班号码，经营原属甲方航班的线路。通过这种方式双方航空公司可实现某地直通，这既可以使双方航空公司实现规模经营的效益，也可免却部分乘客中途转机之苦，取得航空公司和乘客之间的双赢。

航空公司之间共用航班号码的办法起源于美国。为满足小航空公司经营中心城市辐射偏僻小城镇的需要，而使用大航空公司（因其设备不适宜经营这类航班）的航班号码。后经美国政府以“符合公众利益”为由加以倡导，逐渐扩大到大航空公司的国际航线，成为与外国航空公司合作的有效形式，现已遍布全球。以德国汉莎航空公司为例，其已与世界 13 个航空公司发生共用号码的关系，计有芬兰航空公司、加拿大航空公司、俄罗斯航空公司、大韩航空公司、新西兰航空公司和中国国际航空公司等。不过，对于代码共享，不论各国国内法还是国际航空法中，均无法律规定。因此，在代码共享流行过程中，有些国家如德国曾对其是否包含有营运权，提出过疑问。例如，以美国西北航空公司与荷兰皇家航空公司在洛杉矶—阿姆斯特丹—慕尼黑航路上共用航班号码而言，美德航空协定中曾有第五种自由的规定，但荷兰与德国航空协定中并无此规定。中国国际航空公司与美国西北航空公司，在中美航路上亦有代码共享的合作方式。有人认为或怀疑其中包含有“准营运权”（quasi traffic right)。一般认为，这种共用代码的审查须以双边协定规定同类营运权作根据，并经双方政府批准认可。但是，形成代码共享的固定模式和通用法律规则，似乎尚待时日。

（四）WTO 航空服务附件

1994 年成立的世界贸易组织（WTO）在《服务贸易总协定》（GATS）的《航空服务附件》中，将飞机的维修与保养、航空运输服务的销售与营销及计算机查询与订座系统（CRS）三个领域纳入其调整范围，这标志着 WTO 所主导的多边贸易体制正式向航空运输服务领域进军，构成了对以主权原则和双边体制为主要特征的“芝加哥体制”的挑战。《航空运输服务附件》开篇就讲，“本协定（GATS）适用于影响航空运输服务的措施，不论其为定期或不定期或辅助性服务”。因为从本质上讲，国际航空运输是服务贸易的一种，《服务贸易总协定》（GATS）就是要在世界范围内实现服务贸易自由化。

从航空服务贸易纳入 GATS 的谈判进程来看，在关贸总协定乌拉圭回合谈判中，以美国为主并得到荷兰、新加坡和英国不同程度支持的一派，坚持将国际航空运输纳入 GATS 体制，实行“开放天空”，在市场准入等问题上实行多边贸易自由化的制度。它们认为这是实现航空企业的效率和经济效益的唯一途径。而包括澳大利亚、日本和广大发展中国家在内的多数派则认为，GATS 体制是外在地强加于国际民航界的东西，而非从国际航空运输实践中内生的。它们并不反对自由化的观念，但却认为，在未经谨慎地研究其利弊与风险的情况下，贸然采取航空市场准入等无节制的多边自由化是不恰当的。多数发展中国家认为，在各国幅员大小各异，经济发展水平与实力悬殊的现阶段，仍应以保持芝加哥双边体制为宜。在 1994 年 11 月的国际民航组织（ICAO）第四次航空运输会议上，重申了渐进地推进航空自由化进程的主张，认为经济发展水平相当的国家，在区域范围（如欧盟、安第斯集团等）订立多边自由化协议，具有推动航空自由化的作用，但在经济发展水平悬殊的各国之间，现阶段仍要实行双边体制。这种共识和意见，也反应在 GATS 的文件里。GATS《航空运输服务附件》规定，“按本协定承担的任何具体承诺或义务，均不降低或影响一个成员在 WTO 规定生效之日仍然有效的双边或多边协议中的义务”，并进而规定，“本协定，包括其解决争端程序在内，不适用于（a）以任何形式赋予的营运权（traffic rights），或（b）与行使营运权有关的直接服务”。

目前国际民航组织正在研究修订计算机订座系统营运行为规范，研究服务贸易总协定对航空运输管理制度的影响。尽管 WTO《航空运输服务附件》目前仅管辖三个领域，但从附件第 1 条对其宗旨的表述，以及第 5 条规定的表述“服务贸易理事会应定期，至少五年一次地审议航空运输领域发展情况和本附件运作情况，以考虑把本协定进一步适用到该领域的可能”，说明，GATS 把航空运输服务列为例外，只是暂时的。从长远看，GATS 规则将进一步扩大或延伸于航空运输服务的更大范围，航空运输业务权等“硬权利”将会逐步纳入 WTO 多边贸易体系。这是因为：一方面，世界经济的全球化导致了国际航空运输管理的区域化、自由化，众多的双边航空自由化协定、多边天空开放协定和地区及有限的多边自由化协定强化了这种趋势。区域化、自由化趋势已经引发国际社会以持久的兴趣探索新的可能的多边协议，从根本上变革传统的国际航空运输双边体制；另一方面，目前积极倡导航空运输多边体制的是美国、加拿大和欧盟国家，它们恰好主导甚至控制着 WTO 的发展方向，因而增加了将其他航空运输问题纳入服务贸易范围的可能性。

三、航空自由化与国际航空运输体制

（一）航权概念及其分类

“航权”一词源自 1944 年芝加哥会议通过的《国际航班国境协定》和《国际航空运输协定》，台湾民航界最早用以指称“空中自由”权（freedoms of the air），大陆民航界习惯使用“业务权”，英文写法“traffic rights”。英籍著名航空法专家郑斌教授在 1962 年出版的《国际航空运输法》中，将“traffic rights”界定为：狭义上指在任何两点之间运送旅客、货物、邮件的权利，广义上与航空运输“市场准入权”同义，按照汉语习惯，宜定名为“运营权”。其包括：航线权（route rights）、业务权（traffic rights）、经营权（operational rights）、运力权（capacity rights）和定价权（pricing rights）等五种“硬权利”，以及“商务权”（doing business rights）等英文中的“软权利”。正是由于这层渊源关系，航权问题长期受《芝加哥公约》管辖。WTO《航空运输附件》也使用“traffic rights”，按其定义，包含航线权、业务权（或航权）、经营权、运力权、运价权五种权利，因此汉语中继续使用“业务权”或“航权”似乎不太妥切，定名为“运营权”更准确些。

按照 1944 年《芝加哥公约》有关文件，一般将航权分为五种基本形式，分别是：

第一航权，指领空飞越权，即授予一个国家的定期或不定期国际航班不降停地飞越授权国领空的特权；

第二航权，指技术经停权，即给与一个国家的定期或不定期国际航班在授权国的领土上降落（比如加油），但不允许上下客、货；

第三航权，指卸载权，即市场准入权授权国承允承运人的定期国际航班在授权国的指定机场卸下来自承运人所在国的客、货；

第四航权，指营运权，即市场准入权授权国承允承运人的定期国际航班回程从授权国的指定机场装载前往承运人所在国的客、货；

第五航权，指市场准入权，即授权国承允承运人的定期国际航班在授权国下载来自第三国的客、货，或从授权国装载客、货飞往第三国。

上述五种航权基本形式，已经被人们广泛接受和普遍使用。值得进一步探讨的是，在国际航空运输实践中，除了五种基本的航权形式，又衍生出了“第六、七、八航权”，甚至“第九航权”。

第六航权，在国际民用航空组织的有关文件中，指某国或地区的航空公司在境外两国或地区间载运客货且中经其登记国或地区（此为第三及第四自由权的结合）的权利。郑斌教授将其定义为，“飞入授权国领土并在那里卸下或装上表面上来自或前往承运人飞机登记国的客货，而这种客货由该承运人用不同航班，从第三国运往飞机登记国，或用不同的航班从飞机登记国运往第三国的权利”。

第七航权，指某国或地区的航空公司完全在其本国或地区领域以外经营独立的航线，在境外两国或地区间载运客货的权利。

第八航权，指某国或地区的航空公司在他国或地区领域内两地间载运旅客、货物、邮件的权利（即“国内载运权”）。如果将第八航权又区分为“连续的国内载运权”和“非连续的国内载运权”。那么，前者为“第八航权”，后者便成了“第九航权”。

（二）航空自由化的演化径路

“航空自由化”，又称航空经济自由化，指取消政府对航空运输在经济上的管制，实行进入市场和制定运价自由化，使其完全由市场机制调整。航空自由化在很大程度上受“不管制”的影响。所谓“不管制”（deregulation），是相对于管制（regulation）的“放任政策”。

从历史渊源来说，美国是航空自由化的首倡者。美国政府在充分论证的基础上，正式于 1979 年推出“不管制”政策。该政策是“自由化经济理论”在航空运输领域的具体运用，其目的是为美国的国家利益服务。在决策之前，美国政府专门成立了由国务院、运输部和总统国际经济政策顾问委员会组成的部级指导委员会，委托“Karbride House Inc.”咨询公司进行了专题研究。1975 年 2 月公布《美国国际航空政策处在十字路口——关于可供选择的各种政策及其后果的研究报告》。该报告以实现美国国家利益目标为宗旨，列举了 19 个国家利益目标。其中 12 个主要目标是：（1）国防需要；（2）邮政服务需要；（3）国际贸易需要；（4）制定公平合理价格；（5）普遍安全需要；（6）支付平衡；（7）美国对外政策利益；（8）环保要求；（9）能源使用；（10）满足公共需要；（11）发展民用航空业；（12）就业。另外 7 个次要目标是：（13）承运人竞争机会均等；（14）航空运输业健康发展；（15）承运人之间竞争；（16）保护美国承运人；（17）促进外国人到美国旅游；（18）促进航空制造业；（19）保障国际航空承运人的经济和效率。其后，以实现上述目标为主旨，按照“自由化多边”“自由化双边”“重整现行政策”“严格管制多边”“严格管制双边”五大类别分别编制政策，又拟制划分七大区域模拟实验执行这些政策，逐一分析其后果，并从中提出了美国航空自由化的国家利益目标：在国内促使航空运输发达，在价格上能为最大多数接受，以服务于保护美国的国家利益；同时，能为航空公司提供有利于提高生产力和繁荣经济的条件，以便超过外国竞争对手；在国际上，恢复美国航空运输业逐渐丢失给外国（特别是欧洲）竞争对手的地位，按照最正统的自由主义原则，开展不受任何管制的竞争。该目标对航空运输的定位准确而清晰，最后建议采用航空自由化政策并为美国政府采纳。

20 世纪 80 年代以后，经济全球化的发展步伐加快，航空自由化的响应者越来越多，并且呈现出区域化、集团化发展态势。90 年代后，航空自由化浪潮进一步向世界蔓延,引发了 1994 年国际民航组织召开的第四次世界航空运输大会对国际航空运输管理体制的深入探讨。进入 21 世纪，经济全球化趋势对航空运输的影响愈益深刻，各国不再强调本国是否拥有“旗国航空公司”，而是强调航空自由化既是挑战又是机遇，关键是如何面对。2003 年国际民航组织召开的第五次世界航空运输大会，直接以“自由化的挑战和机遇”为主题，深入研究了航空自由化问题。这次会议的主要成果也反映在航空运输自由化方面：（1）各国首先对航空自由化涉及的主要问题交换了意见并达成了共识，一致认为航空自由化是发展的必然趋势，强调航空运输自由化不是“是否”要不要的问题，而是“如何”施行的问题，深刻反映了世界航空运输观念的根本变化；（2）会议制定并通过了国际航空运输总体原则宣言，作为推进航空自由化的指导性文件；（3）会议制定并通过了（双边、地区和有限多边）自由化航空运输协定范本，供各国商谈和签订航空运输协定时参考。这正如 ICAO 理事会主席科泰特致开幕词时指出：“在 1994 年上一次会议的基础上，我们的工作将着重于‘怎样’，而非‘是否’实行自由化。会议建立的框架将用于指导未来国际航空运输管理的改革。”

面对经济全球化浪潮和航空自由化趋势，中国民航应对积极。进入 21 世纪后，中国民航确立了建设航空强国的宏伟目标，目前中国航空运输总量排名世界第二位，仅次于美国。民航强国建设法治先行。2004 年以来，中国民航连续担任国际民航组织一类理事国，提供中国方案，发出中国声音，逐渐走近国际民航舞台的中央。2010 年国际民航组织在北京召开会议，通过了《北京公约》及《北京议定书》，全面加强应对恐怖主义国际航空安排。2020 年以来，新冠肺炎疫情肆虐全球，国际航空运输领域中的单边主义、民粹主义、霸凌主义一度盛行，多边主义、国际合作与开放共享势头受阻。但从长远来看，航空自由化的基本趋势没有改变。因此，循序渐进地推进航空自由化进程，加快实现中国民航从单一领域航空强国向多领域航空强国转变，是新时代中国民航高质量发展的历史机遇和必然选择。

第二节　国际航空法律体系

国际航空法律体系主要由国际航空民商法律体系、国际航空行政法律体系、国际航空刑事法律体系所构成。国际航空民商法律体系的主体内容由 1929 年在波兰首都华沙订立的《统一国际航空运输某些规则的公约》(简称 1929 年华沙公约),及其系列法律文件所构建的华沙体制,1933 年《罗马公约》及其 1952 年修订法律文件所形成的罗马体制组成；国际航空行政法律体系主要由 1944 年在美国芝加哥订立的《国际民用航空公约》(简称 1944 年《芝加哥公约》)及其相关附件构成；国际航空刑法律体系主要由《关于航空器内犯罪和某些其他行为的公约》(简称 1963 年《东京公约》)等三个国际航空刑事公约及其补充议定书构成。

一、国际航空民商法律体系的主要内容

(一)华沙体制

1. 1929 年《华沙公约》

民用航空活动产生之初，因民用航空活动而产生的民事责任皆由各国国内法来确定。但由于法系的差异与各国法律的不同，国际民用航空运输活动的民事责任界定变得十分复杂。各国原来的普通民商法很难适应国际民用航空发展的需要，航空法的国际国内立法及法学研究因此繁盛起来。因受 1924 年产生国际统一规则的海商法——《海牙规则》的启发，1925 年法国政府出面邀请以欧洲国家为主的 43 个国家在巴黎举行

第一次航空私法国际会议。这次会议组建了一个负责起草国际航空私法的“航空法专家国际技术委员会”（CITEJA），就航空运输中的民事责任展开研究。

1929 年 9 月，第二次航空私法国际会议在华沙召开，与会代表在航空法专家国际技术委员会提供的草案的基础上，经过反复的修改和讨论，制定了至今仍然有效的《统一国际航空运输某些规则的公约》，简称 1929 年《华沙公约》。公约虽然冠用了“某些规则”之名，实际上相当完备地规定了运输凭证和航空承运人责任的一整套国际统一规则。即使在整个国际私法领域，它也堪称成功之作。至今已有 120 个国家参加了该公约，我国于 1958 年 7 月 20 日参加了该公约。该公约及其以后的相关文件被称作“华沙体制”。

1929 年《华沙公约》的主要内容：一是规定了运输凭证强制制。承运人不出具客票或者行李票航空货运单，或者出具不符合约定，将无权援用公约关于赔偿责任限额或者免除责任规定。二是承运人责任限额制。公约规定承运人对每位旅客人身伤亡的责任为 125 000 普安卡雷法郎（当时折合 8 300 美元），每件手提行李为 5 000 普安卡雷法郎，每公斤行李、货物为 250 普安卡雷法郎。三是确立了推定过失归责制。承运人如果不能证明航空运输期间发生的损害不是他或者其代理人、受雇人的过错的造成的，就被推定负有过错，应当承担相应的责任。四是界定了国际航空运输的定义，从而限定公约的适用范围。公约对国际航空运输定义的界定一直沿用至今。五是规定了责任限额的例外情形。除航空客票和货运单的例外规定外，公约还规定如果损失是由于承运人、承运人的受雇人或者代理人的有意的不良行为造成的，或者是由于承运人、承运人的受雇人或者代理人的过错造成的，而根据案件受理法院地的法律，这种过错被认为相当于有意的不良行为，承运人、承运人的受雇人或者代理人无权援用本公约关于免除或者限制承运人责任的规定；六是规定了国际航空运输争议纠纷的受诉法院、应该适用的法律以及诉讼时限。该公约第 28 规定：“一、有关赔偿的诉讼，应当由原告选择，在一个缔约国的领土内，向承运人住所地或其主营业所所在地或签订合同的机构所在地法院提起，或者向目的地点的法院提起。二、诉讼程序应当根据案件受理法院地法律规定办理。”第29条规定：“一、有关赔偿的诉讼，应当在航空器到达目的地点之日起，或者应当到达之日起，或从运输停止之日起两年内提起，否则丧失索赔的权利。二、除斥期间的计算方法根据案件受理法院地的法律确定”。

2. 1955年《海牙议定书》

1929年《华沙公约》订立后，承运人责任限额就受到个别国家的批评。第二次世界大战之后，美国就坚持认为公约规定的承运人责任限额太低，强烈主张提高承运人责任限额。但新兴的第三世界国家普遍认为公约的标准过高，不愿参加1929年《华沙公约》。而公约第25条表达含混不清，为不满责任限额国家的法院提供了一个避开责任限额的“逃逸条款”。为弥合美国与第三世界国家之间在承运人责任限额上的分歧，为消除公约用语上的混乱，从1953年起，国际民航组织（ICAO）法律委员会着手推动1929年《华沙公约》的修订工作。1955年产生了1929年《华沙公约》第一个修订文件，全称为《修订1929年10月12日在华沙签订的〈统一国际航空运输某些规则的公约〉的议定书》，简称1955年《海牙议定书》。

该议定书的主要内容，一是将承运人对旅客的责任限额由原来的125 000普安卡雷法郎（约合8 300美元）提高一倍，即提高到250 000普安卡雷法郎（当时折合16 600美元）；二是按普通法系有意识的不当行为（wilful misconduct）的定义改写了1929年《华沙公约》第25条，经修改的该条规定：“经证明，损失是由于承运人或者其受雇人、代理人的故意或者明知能造成损失而轻率地作为或者不作为造成的，不适用第二十二条规定的责任限额；证明受雇人、代理人有此种作为或者不作为的，还应当证明其是在职务范围内行事”；三是简化了运输凭证的规定。鉴于1929年《华沙公约》第3条、第4条、第8条、第9条关于客票、行李票和货运单的规定在很大程度上已为国际航协（IATA）制定的统一“共同条件”所囊括，而公约有关条款过于繁琐且措辞含混，议定书统一了客票、行李票和航空货运单“应载明的项目”。

3. 1961 年《瓜达拉哈拉公约》

无论是 1929 年《华沙公约》还是 1955 年《海牙议定书》，都没有对第二次世界大战后兴起的包租飞机的法律关系作出规定。为解决立约承运人和实际承运人分离的法律责任，国际民航组织（ICAO）于 1961 年在墨西哥第二大城市瓜达拉哈拉召开外交会议，签订了《统一非立约承运人所作国际航空运输的某些规则以补充华沙公约的公约》，简称《瓜达拉哈拉公约》。该公约一般被列入华沙体制序列。迄今，批准或者加入该公约的仅 77 个国家。该公约的影响不大，案例较少。

公约对实际承运人和立约承运人进行了界定。立约承运人是以本人名义与旅客、托运人或他们的代理人订立受华沙公约约束的运输协议的承运人。实际承运人是指经立约承运人授权承担部分或者全部运输任务的承运人。同时，公约还强调了立约承运人与航空运输中各种代理人在法律地位上的不同。

4. 1966 年《蒙特利尔协议》

就在 1955 年《海牙议定书》签订之际，美国认为该议定书关于国际航空运输空难赔偿额太低，不仅拒绝批准为满足其要求而修订的 1955 年《海牙议定书》，并且威胁要退出 1929 年《华沙公约》。为维护华沙体制承运人责任限额制的统一，1966 年 5 月 3 日，以美国民航委员会（CAB）为一方，以世界各大航空公司（包括许多美国航空公司）为另一方，达成了一项相当于民间协议的《蒙特利尔临时协议》。

该协议的内容主要包括两个方面。一是凡是进出美国的航班，承运人对每位旅客的责任限额为 75 000 美元（包括法律费）或 58 000 美元（不包括法律费）。二是对前述赔偿责任，承运人不得援用 1929 年《华沙公约》或者 1955 年《海牙议定书》规定的相关免责条款作为抗辩理由。

5. 国际航协的共同条件

国际航协（IATA）的共同条件是浓缩《华沙公约》的基本规则并稍加补充而写成的简明条款，根据实际情况的变化，共同条件也在不断地修订和完善。虽然该共同条件不具备《华沙公约》的性质，但却起作补充《华沙公约》的作用，因而在国际航空法中占有重要地位。国际航协（IATA）的共同条件有客运和货运之分。客运共同条件因受美国和加拿大的反对，自 1970 年始失去了强制约束力，仅起建议措施的作用，不过也对国际航空客运具有指导意义。而货运共同条件作为有约束力的法律文件存在至今。目前各大航空公司在客票或者货运单（或票据背面）上印制的，就是国际航协（IATA）统一制定的第 275 号决议《客票—合同条件》和第 6006 号决议《航空运货单—合同条件》。

6.《危地马拉议定书》

鉴于 1966 年《蒙特利尔临时协议》属于"私人"协议的性质，而且该协议的存在有辱国际民航组织（ICAO）的名誉。为促成各成员达成一个提高承运人责任限额的正式的协议，1971 年，在国际民航组织（ICAO）的支持下，有 21 个国家（主要是发达国家）聚首危地马拉城，再对《华沙公约》和《海牙议定书》进行修订，进而签订了《修订经 1955 年 9 月 28 日在海牙修订 1929 年 10 月 12 日在华沙签订的〈统一国际航空运输某些规则的公约〉议定书的议定书》，简称 1971 年《危地马拉议定书》。该议定书签订后，仅美国对它有兴趣。但具有讽刺意味的是，美国参议院却迟迟不予批准，所以它至今仍未生效。

1971 年《危地马拉议定书》的主要内容有：一是将华沙公约的推定过失责任制改为严格责任制；二是将承运人责任限额从 250 000 普安卡雷法郎再提高到 1 500 000 普安卡雷法郎（当时合 10 万美元），将旅客托运行李和随身携带的行李责任限额提高到 15 000 普安卡雷法郎（当时合 1 000 美元），但即使是这个数字也未能使美国满意，美参议院不予批准；三是规定 10 万美元的限额是绝对的，即使在承运人及其代理人、受雇人实施了"故意的或者明知可能造成损失而轻率地作为或者不作为"也不得突破；四是肯定了航空电子客票的法律效力；五是条约生效的反常程序。

7. 1975 年四个《蒙特利尔议定书》

1975 年在国际民航组织（ICAO）的主持下，又签订了四个《蒙特利尔议定书》。该四项议定书的主要内容如下：一是鉴于国际货币危机情势和各国法院折算上的困境，将 1929 年《华沙公约》、1955 年《海牙议定书》以及 1971 年《危地马拉议定书》规定的承运人责任限额的计算单位由普安卡雷法郎改为特别提款权；二是修订货运规则，明确规定了货运免责的四种情形；三是肯定了电子货运单的法律效力；四是规定货运的严格责任。

8. 1999 年《蒙特利尔公约》

为消除《华沙公约》及其修订书之间的冲突，国际民航组织（ICAO）法律委员会于 1997 年 11 月成立了一个“将‘华沙体制（9 个文件）’合并为一体并使之现代化的专门小组”（SGMW），经过专门小组的努力，1999 年 5 月 28 日国际民航组织（ICAO）缔约国大会于蒙特利尔签订了《统一国际航空运输某些规则的公约》（简称 1999 年《蒙特利尔公约》）。该公约已于 2003 年正式生效。

1999 年《蒙特利尔公约》所修订的主要内容如下：一是修订了运输凭证规则。规定无论承运人是否遵守了有关客票、行李票和航空货运单的规则，不仅不影响运输合同的存在或者效力，而且运输合同仍然受本公约规则的约束，包括有关责任限额规则的约束。二是构架了双梯度旅客责任制。一方面是限额责任实行严格责任归责原则，在赔偿限额 10 万特别提款权之内的人身伤亡赔偿，除完全因旅客健康状况造成的损害外，其余概由承运人负责。另一方面是无限额责任实行过失推定归责，超过 10 万特别提款权之外的人身伤亡赔偿，承运人证明损害不是他或者他的受雇人、代理人所为，或者损失完全是由于第三人过失或者其他不当作为、不作为造成的，不承担无限额责任。三是增设第五管辖权。诉讼除可向承运人住所地法院、主要营业地法院、订立合同的营业地法院或者目的地点的法院提起外，还可以在如下的法院提起，即“在发生事故时旅客的主要且永久住所在该国领土内，并且承运人使用自己的航空器或者根据商务协议使用另一承运人的航空器经营到达该国领土或者从该国领土始发的旅客航空运输业务，并且在该国领土内该承运人通过其本人或者与其有商务协议的另一承运人租赁或者所有的处所从事其旅客航空运输经营”的法院。四是确立了人身伤亡赔偿提前支付制度。公约第 28 条规定，因航空器事故造成旅客死亡或者伤害的，承运人应当在其国内法有如此要求的情况下，向有权索赔的自然人不迟延地先行付款，以应其迫切经济需要。但此种先行付款不构成对责任的承认，并可从承运人随后作为损害赔偿金支付的任何数额中抵消。五是确立了强制保险制度。公约一改先前华沙体制诸文件对承运人责任险不置可否的立场，在第 50 条规定："当事国应当要求其承运人就其在本公约中的责任进行充分保险。当事国可以要求经营航空运输至该国内的承运人提供其已就本公约中的责任进行充分保险的证据"。六是公约进一步提高了承运人责任的保险额。除人身伤亡实行 10 万 SDR 限额责任和超出 10 万 SDR 的双梯度责任外，承运人对每名旅客延误责任的限额为 4 150SDR。承运人对每名旅客行李运输的限额为 1 000SDR。承运人对货物损失的责任限额为每公斤 17SDR。

1999 年《蒙特利尔公约》完成了对原已支离破碎的华沙体制的统一及全面现代化。正如国际民航组织（ICAO）理事会主席阿萨得·柯台特博士说："我们已经成功地使一个具有 70 年历史的国际航空私法的国际文书现代化和一体化并将其合并为一个法律文书，在今后的岁月中，它将为在国际航空事故中的受害者提供足够的赔偿"。2005 年 2 月 28 日第十届全国人民代表大会第 14 次常务委员会批准《统一国际航空运输某些规则的公约》（1999 年《蒙特利尔公约》），6 月 1 日，我国向国际民航组织交存了公约批准书，7 月 31 日，公约对中国正式生效。

（二）罗马体制

罗马体制，是指界定在国际航空运输期间承运人侵害地面或者水面第三人人身或者财产权益所应承担责任的法律体系。该法律体系包括 1933 年《罗马公约》、1952 年《罗马公约》，以及其他一些相关法律文件。

1. 1933 年《罗马公约》

1933 年 5 月 29 日，为消除航空器所有人或经营人因航空器对地（水）

面造成人员财产损失时不同国家之间法律适用的冲突，相关国家签订了《统一有关航空器对地（水）面第三方造成损害的某些规则的国际公约》，简称 1933 年《罗马公约》。公约规定：当航空器对地面上或水面上的人员或者财产造成损害时，航空器经营人对此损害负绝对责任，但将责任限定为与航空器重量相应的数额，并且强制为其责任进行保险或提供担保。为落实 1933 年《罗马公约》的保险责任，1938 年 9 月 29 日于布鲁塞尔又签订了《对统一有关航空器对地（水）面第三方造成损害的某些规则的国际公约的附加议定书》（简称《布鲁塞尔保险议定书》）。但这两个公约都不成功，严重脱离航空运输迅猛发展的实践，仅有少许国家批准。

2. 1952 年《罗马公约》

第二次世界大战后，国际民航组织（ICAO）成立一个专门法律小组修改 1933 年《罗马公约》，1952 年 10 月 7 日在罗马召开的国际航空私法会议通过了取代 1933 年《罗马公约》的新文本，新公约的全称为《关于外国航空器对地（水）面第三方造成损害的公约》，简称 1952 年《罗马公约》。该公约虽已生效，但我国还未加入。

1952 年《罗马公约》的主要内容：一是进一步界定了承担责任主体的范围。该公约规定，航空器的经营人而不仅仅是承运人应当对地面或者水面第三人责任负责。二是确立了严格责任制。公约第 1 条规定，在地面或者水面上蒙受损失的任何人，只需证明该损害是由飞行中航空器或者从航空器上掉下来任何人或者物体造成的，就有权获得赔偿。但公约第 5 条又规定，如果损害是由于武装冲突或者内乱的直接结果，或者是由于公共当局的行为剥夺了该经营人使用该航空器的权利，它将不承担责任。三是构架了责任限额制度。公约第 11 条按飞机的重量（适航证准予起飞的飞机最高重量，不包括起飞耗掉的燃油）和人员生命伤亡两种标准规定了赔偿最高限额；但是，如果受害人经证明，该损害是由经营人、其受雇人或者代理人故意行为造成的，经营人的责任不受限制。同时，凡未经有使用权的人同意非法得到并使用航空器，该使用人责任没有限制；四是确立责任担保制度。该制度是 1952 年《罗马公约》十分宝贵的经验。公约不仅规定了对地（水）面第三人责任实行强制保险，而且要求经营人必须购买充分足额的保险。如果不履行前述保险义务，经营人必须提供相当的资信证明担保。航空器随机必须携带相关的保险证明或者资信证明，不随机携带者须将该证明文件的副本交由飞经国政府指定机关或国际民航组织（ICAO）保存；五是规定了诉讼规则。

由于航空大国认为1952年《罗马公约》的赔偿限额仍然很低，并且没有对噪音声震、核损害以及对法院管辖异议等问题作出满意的规定。因此，1978年在蒙特利尔又制定了提高该公约责任限额的议定书，但情况并没有多大改变。批准1952年《罗马公约》的只有26国，其中还不包括美国、加拿大这样的航空大国，欧洲则只有比利时、意大利与卢森堡参加。1978年的议定书至今未生效。

二、国际航空行政法律体系的主要内容

第二次世界大战后，为建立国际民用航空运输的新型管理体制，国际社会于1944年12月7日在美国芝加哥签订了《国际民用航空公约》，习惯上以缔结地称之为1944年《芝加哥公约》。1944年《芝加哥公约》是国际航空公法的宪章性文件，其所确立的法律原则和规则具有普遍的国际法效力。该公约的主要内容有：

（一）航空器国籍原则

航空器国籍原则是《芝加哥公约》的一个基本原则，该公约的许多条款都直接或者间接地构筑于该条款之上。航空器国籍原则承认，航空器依照某一国国内法具有一定法律人格并拥有该国国籍，国籍国在国际法上享有国籍规则的若干权利与义务。例如各国应“采取措施以保证在其领土上空飞行的……每一航空器……遵守当地关于航空器飞行和运转的现行规则和规章”；“凡从事国际航行的每一航空器，应具有航空器登记国发给或核准的适航证”；国家财产的豁免；等等。

航空器必须具有国籍，但一架航空器只能有一个国籍。公约第18条规定，一架航空器不得在几个国家同时登记。不过，航空器在某一国

家登记并不意味着该国对其具有所有权。这不仅是因为在私有制国家航空器虽然在该国登记但航空器的所有权仍然属于自然人或者私人财团，而且还因为几个国家联合成立的股份航空公司在某国登记但其他国家或该国的财团、自然人仍然对航空器拥有股权。令人遗憾的是，《芝加哥公约》没有规定航空器国籍国在航空器内具有民事和刑事管辖权。这一内容由后来的相关国际航空刑事公约予以补充。

（二）统一与方便航行原则

《芝加哥公约》在确认领空主权原则的同时，也规定了相应国家一系列义务：（1）遵守国际统一标准原则。公约第 12 条规定："缔约各国承允使这方面的本国规章（指管理国际航空飞行的规章），在最大可能范围内，与根据本公约随时指定的规章相一致。在公海上空，有限的规则应为根据本公约制定的规则。缔约各国承允对违反适用规章的一切人员起诉。"公约还规定，由国际民航组织制定并修改民用航空飞行的国际标准和措施。公约第 37 条规定："缔约各国承允在关于航空器、人员、航路及各种辅助服务的规章、标准、程序及工作组织方面进行合作，凡采用统一办法而能便利、改进空中航行的事项，尽力求得可行的最高程度的一致"。（2）无差别对待原则。各缔约国对航空施加的条件和限制，应对本国和外国、本国与外国航空器、航空企业一视同仁，实行无差别对待。（3）积极进行国际合作，采取一切方便国际航行措施。（4）不得订立与本公约相抵触的协议。

（三）航空事故调查

（1）外国飞机在另一缔约国境内发生造成人员伤亡和飞机受到重大损坏的失事后，事故发生地国有主持调查的义务；

（2）调查应在事故发生地国法律许可的范围内，按照 ICAO 建议的程序进行；

（3）飞机登记国有参加调查并获得调查报告的权力。对不幸发生的空难事故，由事故发生地国负责调查，飞机登记国和航空器生产厂商及提供相关技术的厂商协助和支持。不论国家关系如何，芝加哥公约的飞机登记国均有权获得调查报告。如 1999 年 4 月 15 日，大韩航空一架由上海飞往汉城（今首尔）的 MD11 货机起飞后不久坠毁，飞机上 2 名驾驶员和 1 名机械师遇难，另外导致地面 5 人死亡，37 人受伤。这次事故由中国民航总局负责调查，并得到美国国家运输安全委员会和韩国民航局的协助。此外，波音、惠普、大韩航空也提供了相关技术支持。事故的最后调查报告也由中国民航总局提供给了韩国民航当局，正是中国方面依照《芝加哥公约》规定履行了调查国的义务。

（四）遇难救助义务

《芝加哥公约》第 25 条规定：缔约各国承允对在其领土内遇险的航空器，在其人为可行的情况下，采取援助措施，并在本国当局管制下准许该航空器所有人或该航空器登记国的当局采取情况所需的救援措施，缔约各国在搜寻失踪的航空器时，应按照本公约随时建议的各种协同措施方面进行合作。

（五）国际民航组织

国际民航组织依据 1944 年《国际民用航空公约》(即《芝加哥公约》)于 1947 年 5 月正式成立，是联合国系统中负责处理国际民航事务的专门机构，其前身为根据 1919 年《巴黎公约》成立的空中航行国际委员会（ICAN）。总部设在加拿大蒙特利尔，会员国超过 193 个。其主要活动是研究国际民用航空的问题，制定民用航空的国际标准和规章，鼓励使用安全措施、统一业务规章和简化国际边界手续。该组织作为国家间的国际官方组织，在协调国际航空事务方面颇具权威，在联合国机构中久负盛誉。

中国是 ICAO 的创始国之一，国民政府于 1944 年签署了《国际民用航空公约》，并于 1946 年正式成为会员国。1971 年国际民航组织通过决议承认中华人民共和国为中国唯一合法代表。1974 年我国承认《国际民用航空公约》并参加国际民航组织的活动。同年我国当选为二类理事国，至今已八次连选连任第二类理事国，并在蒙特利尔设有中国驻国际民航组织理事会代表处。2004 年我国成功竞选一类理事国，至今已六次连选连任一类理事国，在国际民航组织中发挥的作用越发突出。

（六）领空主权原则

领空主权原则是民用航空业存在和发展的基石，也是《芝加哥公约》的主要内容之一。20 世纪是民用航空业取得长足进步的世纪。围绕着民用航空运输的立法活动也因此开展得十分活跃。由此缔结的民用航空国际条约，形成了一些普遍适用的法律原则。领空主权就是其中的基本原则之一。该原则从国际习惯法转变为成文法的历史迄今已有近一个世纪，那么，国际社会此前确定领空主权原则的理性基础是什么呢？

1. 理性基础——国家安全、公共安全和航空利益

早在罗马法时代，空气空间的法律地位问题就已引起了法学的关注。罗马法上有一句格言："谁占有土地，就拥有土地上空。"在 19 世纪中叶，英国法院经过多次讨论认为：一颗子弹穿过土地所有人的土地上空，构成侵权行为，因为土地的上空属于土地所有者。从罗马法的格言到英国法院的讨论，领土上空空气空间的法律地位虽然解决了，但是建构这一法律地位的理性基础还未论及，这是日后空气空间法律地位争论不休的原因所在。

对空气空间的法律地位以及相关理性基础的探究，引起国际社会的普遍关注始于飞行时代的到来。20 世纪初，关于该问题讨论中形成两派意见。一派主张国家对其领土上的空气空间享有主权。1910 年的巴黎国际空中航行会议上"已经出现了主张国家对其领土上空拥有主权的总趋势"。另一派则将公海自由和空中航行相联系。这一理论的代表人物是法国著名法学家福希尔。该论主张：空气按其属性，谁都无法完全占有；既然无法占有，国家自然就无法控制或统治它。因此，空气空间是自由的，不仅公海上空的空气空间是自由的，而且国家领土上空的空气空间也是自由的。

争论没有给出答案，实践了结了争论。19 世纪末 20 世纪初对领土上空空气空间权利归属的理性基础的探究，主要集中在空气空间对国家安全和公众安全的影响上。1899 年海牙和平会议上，因空战引发的空中安全问题成为国际法关注的焦点。这是国际社会初步认识到对领空的侵犯必然威胁到国家安全的佐证。第一次世界大战前，航空飞行活动对国

家安全和公共秩序的威胁是任何人凭直觉就可以发现的，许多国家主张国家主权及于空间。1913 年，英国国会通过立法，确定英国对其领土上空的空气空间拥有主权。因此，国家对领陆和领水上空的空气空间享有主权的原则作为一个习惯规则开始为国际社会所接受。第一次世界大战期间，各种类型的航空器被用于多种军事目的。交战各国将航空器投入各种用途，并大量使用。鉴于航空器对空中安全的威胁，在第一次世界大战期间，几乎所有国家都不允许外国飞机飞入或飞越它的领空。这样，领土上空空气空间的法律地位之争在经历了第一次世界大战之后得到了顺利的解决。没有人再对国家控制所有飞经其地面领土的飞行和禁止任何外国航空器进入其可利用空间的权利提出质疑。1919 年在巴黎缔结的《关于空中航行管理公约》(以下简称《巴黎公约》)，也仅是承认和重述了这已存在的习惯法的规则而已。

1944 年《国际民用航空公约》(《芝加哥公约》)的缔约宗旨再次表明，国际社会对国家安全的关注正是构筑领空主权原则的基石之一。公约在序言中写道:“鉴于国际民用航空的未来发展对建立和保持世界各国之间和人民之间的友谊和了解大有帮助，而其滥用足以威胁普遍安全。”为避免民用航空的滥用危及一个国家的安全和公共利益，《芝加哥公约》第 3 条第 2、4 款以及第 4 条规定：缔约各国有权要求未经允许而飞越其领土或者有合理根据认为该航空器被用于与本公约宗旨不相符合的目的的民用航空器在指定的机场降落，或者给该航空器以任何其他的指令(如拦截)，以终止此类侵犯。每一缔约国应采取适当措施，禁止将在该国登记的或者在该国有主营业所或永久居所的经营人所使用的任何民用航空器肆意用于与本公约不相符合的目的。

如果说领空主权原则在 20 世纪的前半叶主要是建构于保障国家安全和公共安全的基础上的话。那么，在 20 世纪后半叶，保护国家的航空利益则构成了领空主权学说的又一理性基础。而且，随着世界和平的持久，这一基础所发挥的影响越来越大。在第二次世界大战结束之际，美英等国已充分认识到了战后民用航空的巨大商机。因此，围绕制订怎样的国际航空政策的争论十分激烈。在 1944 年的芝加哥会议上，航空实力最强大的美国为达到其称霸国际航空界的目标，竭力主张国际民用航空自由化。结果该论遭到许多与会国的抵制。英国所倡导的国际民用航空秩序论由于坚持了领空主权的精神，因此得到了大多数与会国的支持。后来，这一基于国家领空主权之上最大化保护本国在国际航空市场中利益的思想被写进了《芝加哥公约》。

在《芝加哥公约》体系确立之后，各国对领空主权与国际民用航空商业利益的关系有了更深的认识。他们认为没有政府的介入，没有相关国家一致同意的领空主权原则，很难正确地维护相关各方的利益。为了国家的航空利益，世界各国强烈地将领空主权国原则与市场经济、企业自由和自由竞争联系在一起。事实上，坚持基于领空主权之上的航空管制不仅仅是力量弱小的航空公司及其政府的主张。就是力量强大的航空公司及其政府，也往往因为担心放开市场可能得不到足额的回报或者陷入一场不公平的交易而最终选择国际航空管制主义。诸如美国之类的航空强国，虽然在对外航空政策上倾向于自由化，但却认为：以其地理特性、市场潜力的相对规模以及承运人的竞争力而言，它应该得到更多的利益，但它失掉的比得到的更多。由此导致了美国在新航线的授权中采取“限制性的方案”。

2. 主体内容——领空的利用权、管辖权

秉承巴黎公约领空主权的精神，《芝加哥公约》第一条承认：“每一国家对其领土之上的空气空间拥有完全的、排他的主权。”在此应该注意到，缔约各国对空气空间主权原则的承认不仅延伸到他们的相互关系，也延伸到与非公约缔约方的相互关系，因为第一条所规定的是这一主权由“每一”国家行使。《关于航空器上犯罪和其他某些行为的公约》（以下简称《东京公约》）、《制止非法劫持航空器公约》（以下简称《海牙公约》）、《制止危害民航安全非法行为公约》（以下简称《蒙特利尔公约》）等公约，补充了国家的领空刑事管辖权，使得领空主权原则的内容更加丰富。总的看来，领空主权原则的内容主要表现如下：

（1）飞入或飞经领空承允权。任何飞行器，如没有主权国的许可、默认或宽容，不得飞入或通过该国所有的空气空间。关于这一点，《芝加哥公约》不仅在第 3 条（c）款规定，缔约国的国家航空器“未经特别协定或其他方式的许可并遵照其中的规定，不得在另一缔约国领土上空飞行或在此领土上降落”。而且在第 6 条明确规定民用航空器的定期航班，“除非经一缔约国的特准或其他许可并遵照此项特准或许可的条件，任何定期国际航班不得在该国领土上空飞行或进入该国领土”。无人驾驶航空器也不例外。至于从事不定期国际航班的航空器，虽然享有“在遵守本公约的条件下，不需要事先获准”而飞入或飞经他国领空的权利，或作商业性降停或非商业性降停的权利，但由于领空主权国享有“为了飞行安全，当航空器所欲飞经的地区不得进入或缺乏适当航行设施时，令其遵循规定航路或获得批准方可飞行的权利”，以及制定“认为需要的规章、条件或限制”，因此，实际上不定期国际航班飞经或飞入他国仍然要得到该国同意方可成行。

（2）确保国内运载权。一国有权将本国领土范围内的两个地点之间的航空运营权，保留给本国公司使用和收益。《芝加哥公约》第 7 条规定：“缔约各国有权拒绝准许其他缔约国的航空器为取酬或出租在其领土内载运乘客、邮件和货物前往其领土内另一地点。缔约各国承允不缔结任何协议在排他的基础上特准任何其他国家的空运企业享有任何此项特权，也不向任何其他国家取得任何此项排他的特权。”

（3）管理和管制权。为保障民用航空的正常进行，《芝加哥公约》规定：缔约各国享有设立禁区或临时禁止飞行权（第 7 条），设关机场的指定权（第 10 条），制定空中规章、规则权（第 11 条、第 12 条），入境及放行权（第 13 条），防止疾病传染权（第 14 条），对航空器降停或飞离时的检查权（第 16 条），对遇险航空器的援助权（第 25 条），事故调查权（第 26 条），无线电发射装置的使用权（第 30 条），军火、作战物资或其他危险物品的运输限制权（第 35 条），照相机的使用管制权（第 36 条），以及人员执照认可权（第 40 条）。

3. 1944 年《芝加哥公约》的修订完善

在第一、二次世界大战期间，各国政府基于国家安全的考虑，认为国家对领空的主权是绝对的、神圣不可侵犯的。第二次世界大战后，随着民用航空运输活动的频繁开展，以及有些国家对民用航空器的肆意侵犯，联合国、国际民航组织以及各国政府对领空绝对、排他主权的理解又有了一定程度的修正。一方面认为对来自军事领域的领空侵犯，各国政府可以采取包括武力击毁的方式在内的任何措施予以阻却。侵犯方对其军用航空器被击落、击毁也是敢怒而不敢言，各国政府也对武力阻击行为表示支持或者理解。这一立场是国际社会的一贯立场。

基于航空商业时代以来，民用航空器被军机击毁的势头愈演愈烈，尤其针对苏联军用飞机击落韩国 KE007 航班的严重事态，国际民航组织与 1984 年 5 月召开国际民航组织第 25 届（非常）大会，修订并补充 1944 年《芝加哥公约》第 3 条。

大会对《芝加哥公约》第 3 条作出修改，对制止民用航空器的侵权行为的规定为"（甲）缔约各国承认，各国对飞行中的民用飞机使用武器，必须采取克制态度，并于拦截时，不得危及机上人员的生命与飞机的安全。不得将此款解释为对联合国宪章规定的国家权利与义务有任何修改。（乙）缔约各国承认，各国在行使主权时，对于未经许可或者有正当理由认为用于不符合本公约宗旨的任何目的而飞越其领土的民用飞机，有权令其在指定机场降落，并得给予该机以任何终止该侵犯行为的其他指令。为此目的，缔约各国得采取符合本公约尤其本条（甲）款有关规定的有关国际法规则的任何适宜手段。各缔约国同意公布其关于拦截民用飞机的现行规章。"（甲）款中"必须采取克制态度"（must refrain from）的措辞，不过是"不得"的委婉说法。此语源自《附件 2》和联合国宪章有关条款。单纯从文字语义上说，"采取克制态度"含有当事国自愿采取的意思，但一般不会妨碍条文内含"禁止"的暗示；尤其是与此句中表述整个修订条文核心内容和思想的"不得危及机上人员的生命"联系起来，禁止的意思就更清楚了。（乙）款为领土国实行拦截规定了两种情况：①未经许可而飞越该国领土；②有正当理由认为用于不符合本公约宗旨的目的。关于第 2 种情况涉及的问题比较复杂：什么是"本公约宗旨"？怎样才构成"不符合"？这款规定与 1963 年东京公约第四条关于领土国在五种情况下可"干预飞行中航空器"的规则是否冲突？这些问题都是在适用时很可能发生的，需待在实践中逐步解决。

4. 领空主权原则的价值判断

回顾领空主权原则业已存续的近百年历史，我们发现，正是世界各国正确坚持了领空主权原则，才使20世纪数千个确保国际航空运输顺利进行的多边或者双边国际航空条约得以签订。一方面，它最大限度地避免了滥用民用航空对国家安全的威胁，维护了世界安全。世界绝大多数国家，特别是航空大国庄重承诺，不将民用航空用于有违促进世界各国之间和人民之间合作、有违建立和保持世界各国之间和人民之间的友谊和了解的任何事项。另一方面，它促进了国际航空运输业基于机会均等之上的健康的和经济的发展。如前所述，在构架战后的国际航空运输法律体系时，每个国家奉行的对外航空政策的根本目标就是强调保护本国的航空利益，竭力实现本国航空公司在世界航空市场份额、利益的最大化或最优化。既然各国对外航空政策有深刻的矛盾，但国际航空运输的建立和有序发展以及国际航空利益的获得又离不开各国的合作。那么，各国在维护自身国际航空经济主权之时就不得不有一定的妥协与让步。第二次世界大战后进行的双边或者多边航空运输谈判所采用的方法，除运用其他非航空因素外，通常的先决条件是各方所得利益多少与所付出的相等。而达成国际航空运输协定的主要条件又往往是双方或者多方以金钱表示的经济利益的平等；再者，国际航空运输竞争中处于弱者地位的航空公司所在国政府，往往会制定一种主要有利于维护本国航空公司利益，同时兼顾维持竞争、保护消费者利益的对外航空政策。可见，国际航空运输领域正确坚持领空主权原则，不仅促进了国际航空与国家安全、外交关系、国际贸易、国家经济发展等问题的解决，而且促进了国际航空运输与消费者保护等问题的解决。

但是，和平时期不能对领空主权原则做绝对化理解。因为：第一，国际航空运输所提供的是一种服务，既然如此，它必须要着眼于保护消费者的利益，这就必然要有合理的国际航空运输竞争的存在。完全排斥他国航空公司进入本国航空市场的政策，不可能让消费者从国际竞争中受益。同时会也加重一国境内航空公司的惰性，使其不思改进而丧失活力。第二，国际航空运输的安全目标，不仅要求相关国家在航空器遇险时提供相应的积极的救助支援。而且要求他们为国际航空运输提供最安全的入境航线或者过境航线，以降低国际航空运输的风险。第三，民用航空国际运输所具有浓厚的商业色彩，不仅要求相关国家提供、至少是交换更多的优质国际航线，而且要相关国家提供廉价的协助以降低运输费用。因此，应该在一定程度上限制绝对的排他性的领空主权，这主要指的是在领空的经济主权和刑事管辖权等方面。第四，民用航空国际运输需要军用航空开辟“和平”空间，保留一方“净土”。一国在行使领空主权时，对民用航空器应有必要的克制态度，不能随意使用武力。即便到了非使用不可的时候，也须遵守有关法律规则。如若不然，国际航空运输将难以获得足够的生存发展空间，有违人们和平利用领空的初衷，褫夺人类共享地球空间的权利。真的走到那样的地步，就真正是本末倒置了。

三、国际航空刑法体系的主要内容

国际航空刑法的主要内容包括有：1963 年《东京公约》、1970 年《海牙公约》、1971 年《蒙特利尔公约》以及 1988 年补充议定书、2010 年《北京公约》以及《北京议定书》，它们构成相互补充的国际航空刑法体系。第二次世界大战之后，随着航空业的发展，航空运输领域的国际刑事犯罪日益突出，严重影响国际航空事业的发展。在有关国际组织和世界各国的共同努力下，先后制订了上述四个有关航空刑事犯罪的国际公约，我国学者习惯上将前三个公约称为“三个反劫机公约”。我国于 1978 年加入《东京公约》，1980 年加入《海牙公约》和《蒙特利尔公约》。为有效打击国内劫机犯罪，我国全国人大常委会还于 1992 年 12 月 28 日专门通过了《关于惩治劫持航空器犯罪分子的决定》。

（一）1963 年《东京公约》

在传统国际法上，刑事管辖的基本原则遵循事故发生地属地管辖原则。对于刑事管辖有无域外效力，不仅英美普通法系国家有一贯恪守刑法域内原则的传统，即使在大陆法系的德国和法国也持谨慎态度，只有在例外情况下才承认外国刑法的域外效力。这就必然引出这样一个问题：要想惩治国际航空刑事犯罪，必须革新传统国际刑事管辖规则，创设新的刑事犯罪管辖规则。这正是酝酿制定 1963 年《东京公约》的主要背景和动因。即使在航空犯罪领域确立域外管辖或登记国刑法的域外效力，也并非如人们想象的那样简单。因为它必然迫使普通法国家大幅度调整本国传统观念的重大课题，从而招致激烈抵制。实际上，以美国为首的一些国家，在法律委员会会议和东京会议上曾多方进行阻挠，认为“有域外效力的管辖是一种破例的管辖”。这是美国等一批普通法系国家后来迟迟不愿批准东京公约的主要原因。

1963 年《东京公约》的正式名称为《关于航空器内犯罪和某些其他行为的公约》。公约的主要内容有：

1. 航空器登记国管辖权

作为整个公约的核心内容，《东京公约》第 3 条确立了航空器登记国管辖权，“一、航空器登记国有权对航空器上的犯罪与行为行使管辖权；二、各缔约国都应采取必要措施，以确立其作为登记国对在该国登记的航空器上犯罪的管辖权。三、本公约不排除依本国法行使的任何刑事管辖权。”

该条内容既是对民用航空器法律地位的确认，也可视为对传统国际法规则的创新与发展：一是由于飞行中的航空器作为一个临时单位，与机上旅客和财物关系最密切的是飞机登记国，因此登记国管辖是合理的。该管辖权意在保证任何情况下，即无论飞机飞越公海和无人管辖区域（如南极），对机上发生的刑事犯罪不至于无人管辖。二是登记国管辖权本质上是一种域外管辖权，即对飞行于本国领土以外的本国飞机上发生的犯罪行为的管辖权。《东京公约》第 3 条规定的域外管辖权，意味着给予各国刑法以域外管辖，并使之获得国际承认，成为一条国际法规则，此前国际法不仅没有这条规则，而且对一国刑法是否有域外效力，长期争论不休。三是飞机登记国管辖权是一种新型管辖权。之前，许多大陆法系国家在国内法中都对登记国管辖权作了规定，但在国际法上，《东京公约》之前并无各国普遍承认的登记国管辖权。在此意义上，《东京公约》规定的飞机登记国管辖权是一种新型的管辖规则。

此外,《东京公约》第 4 条对于飞人、飞经本国的航空器上发生的刑事行为的管辖权作了明确规定，赋予非登记国的缔约国在下列情况下对机上犯罪行使管辖权：一、犯罪在该国领土上具有后果；二、犯罪人或受害人为该国国民或在该国有常住地；三、犯罪危及该国安全；四、犯罪违反了该国现行有关航空器飞行规则或规章；五、为确保该国遵守其在多边国际协定中所承担的任何义务，有必要行使管辖权。

2. 航空器机长的权力和义务

航空器机长对于飞行中的航空器上犯罪或危及航空安全或正常秩序行为的警察权力，是《东京公约》一项相对独立的重要内容。

《东京公约》第 5 条至第 15 条，赋予机长四种治安权力：

（1）凡机长有正当理由认为某人在航空器上有或将有第 1 条第 1 款所指犯罪或行为者，可以对此人采取包括看管在内的，正当而又必要的措施（第 6 条第 1 款）。公约第 1 条第 1 款是关于机上犯罪、危害航空器或者机上人员与财产安全或者违反机上秩序与纪律的行为的规定，“看管”意味着对人身自由的限制，这本应是警察依法行使的公权力。赋予机长该项权力，在国际法中并无先例，因而第 7 条规定了时限：“依第 6 条对某人采取的看管措施，只应持续到航空器在任何地点降落为止”。

谁有权实施上述措施呢？一般认为，机长可命令或授权其他机组人员协助，并可请求或授权旅客协助，以看管机长认为需要看管的人。不仅如此,“任何机组人员或旅客如有正当理由认为，必须马上采取正当措施预防以保护航空器或者机上人员或财产的安全，无需经过上述授权，也可采取此种措施”（第 6 条第 2 款）。机组人员和旅客采取这类正当预防措施，并不鲜见。例如，公约签订前的 1961 年 10 月 14 日，一架日本航空公司班机在飞越太平洋时，一位不法旅客企图打开机舱门，并用酒瓶袭击该机乘务员，后被众旅客制服。

（2）对于有危害航空安全、违反机上正常秩序与纪律行为的人，机长有权在任何降落地点令其下机（第 8 条）。这种情况主要是针对有轻罪或即使不构成犯罪但让其留在机上可能危及飞行安全的人，如酗酒、寻衅滋事者。

（3）对机上发生的严重犯罪行为，需要追究其刑事责任者，机长有将其押送降落地国治安当局的权力。“凡机长有正当理由认为，某人在机上的行为，在他看来依航空器登记国刑法已构成严重犯罪者，可将该人送交任一降落地缔约国主管当局”（第 9 条第 1 款）。该条款给予机长判断是否“构成严重犯罪”的标准，是他依对本国（登记国）刑法的了解，所作出的主观判断，比较宽松且符合实情。毕竟，机长不是法律方面的内行，不可能精通本国刑法，更不可能通晓各国的刑法标准。

（4）机长有权依登记国法律，合法理解证据。《东京公约》第 9 条第 3 款规定：“机长在……将嫌疑犯送交某国当局时，应向该当局提供他依航空器登记国法律合法掌握的证据与材料”。该款是应东京会议的国际刑警组织（INTERPOL）观察员的强烈要求，经反复讨论后加上的。搜集证据，尤其是现场第一手证据，对于法院定罪量刑起着决定性作用；但在各国实践中，假搜集证据之名而制造伪证的伎俩与手法，种类繁多。“合法掌握”具有限制证据采集方式之意。

为何赋予机长治安管理权？主要是基于民用航空器机长的法律地位。首先，从飞行安全角度看，机长是飞机驾驶的技术首脑，其主要职责在于从技术上保证飞行安全。为确保飞行安全，机长应服从空中交通管制部门的指令。但在紧急情况下，机长有权自主判断，独立处置。其次，从民事责任角度看，机长是航空承运人的受雇人或代理人，承担着履行航空运输合同的责任。机组人员受航空公司委派执行航班任务，就履行航空运输合同和处理侵权行为而言，机长担当了航空公司的代理人身份。遇到紧急迫降和降落地无本公司驻在人员，机长有权代表公司对飞机维修、食品补给作最后决定。最后，从管理角度看，机长是机上人员和财产的重要管理者，肩负着机上人员生命和财产的管理重任。从法律上说，当飞机“装载完毕、机舱外门各门均已关闭”，机上人员和连同飞机在内的财产构成了一个临时单位。在这个相对封闭的天地里，最高负责人的位置非机长莫属。

机长的义务。依《东京公约》规定，为保证降落地国行使刑事管辖权，赋予了航空器机长两项义务：一是“机长应在实际可能的条件下，尽快地将机上载有依第 6 条规定予以看管的人的案由与情况，于航空器在一国降落前，通知该国当局”（第 7 条第 2 款），“尽快地在降落前将送交该人的意思与案由通知该国主管当局”（第 9 条第 2 款）。对令其下机者亦复如此；二是对严重犯罪者，机长应向降落地国当局“提供他依航空器登记国法律合法掌握的证据与材料”。

机长行使治安权的免责。根据《东京公约》第 10 条的规定，“凡依本公约采取的行动，不论机长、机组任何其他人员、任何旅客、航空器所有人与经营人，还是为其利益而进行此次飞行的人，在因被采取行动的人所受待遇而提出的任何诉讼中，都不被认为负有责任。”这是关于机长行使治安权的免责条款。如果机长在行使公约规定的权力中有某些不当，导致“被采取行动的人”（即受到看管或者令其下机，或者押送降落地国当局）受到损害而引起行政、刑事、民事责任，则应免除机长的此类责任。当然，免除责任的条件必须依公约的规定：

（1）免除责任的范围限于“被采取行动的人所受待遇而提出的任何诉讼”，不论这类诉讼是由其本人提出，还是他的近亲属提出，都可被免予承担。

（2）免除责任的人员包括机长、其他机组人员、旅客、航空器所有人、航空器经营人及为其利益而进行此次飞行的包机人、租机人或在某种情况下的承运人六种。对机长和其他机组人员而言，既可免除民事与刑事责任，又可免除被吊销执照或免职等行政责任；对旅客而言，一般只涉及民事与刑事责任；其余四类人员一般只涉及民事责任。

（3）免除责任的“任何诉讼”囊括民事诉讼、行政诉讼和刑事诉讼，从而相应地免除其民事、行政与刑事责任。

3. 降落地国的权力与义务

一般来说，机长对飞行中航空器上发生的犯罪行为的治安权力，到飞机降落“打开任何一扇机舱门以卸载”时终止。其后关于处理犯罪嫌疑人的责任，自然地转交给了降落地国。但是，对降落地国来说，如果机长押送给它的罪犯，是在外国登记的飞机飞经外国领空时在机上对其他外国人实施犯罪的外国人，抑或降落地国是坚守刑法域内原则的国家，除个别在国内法中作了管辖规定的国家外，多数国家都会因该犯罪行为与本国缺少法律联系而无意行使管辖权，除非它愿意行使如“国际海盗罪”那样的普遍管辖权。只有降落地国是飞机登记国或发生犯罪时飞机的飞越国，或者犯罪人或受害人为该国国民或以该国为常住地者，降落地国一般乐意依《东京公约》的登记国原则、属地管辖原则或者国籍管辖原则实施管辖。

1963 年《东京公约》第 12 条和第 13 条第 1 款规定了降落地国有义务接受机长令其下机者或押送给它的罪犯后，赋予降落地国一项重要权力，即对机上有严重犯罪行为的人，“凡判明情况有此需要者”，有权加以拘留或采取保证随传随到的其他措施。降落地国对令其下机者与有严重犯罪者进行初步调查后，视本人是否有罪，本国是否有或者愿意行使管辖权，本国引渡法、入境法与驱逐出境法等三个方面的具体情况作出处理。在实践中，降落地国没有或不愿意行使管辖权时，一般采用驱逐出境的办法予以处理。

4. 关于“反劫机条款”

1963 年《东京公约》是第一个对劫持航空器犯罪作出规定的国际公约，但它并不专门针对劫机犯罪。因为在当时，劫机事件还只是北美与中美洲的加勒比海地区的局部区域问题，劫机犯罪并不十分突出，因而未能引起国际社会的普遍重视。缔结《东京公约》也主要是为了解决航空器内犯罪的刑事管辖权、机长的责任以及各缔约国相互协助的责任等问题。因此，早期的《东京公约》草案并没有涉及劫机问题。随后，在东京会议上，由于美国和哥伦比亚代表的强烈坚持与要求，公约才在第四章设立专章对“非法劫持航空器”作出规定。但其对劫机犯罪的定义相当笼统，也没有为惩治劫机犯罪制订出一套切实可行的规则体系。但是,《东京公约》毕竟为制止劫持航空器的犯罪奠定了基础，使劫持航空器的概念第一次出现在国际条约中。

5.《东京公约》的主要缺陷

依照传统国际法，刑事管辖主要包括属地管辖、属人管辖、保护管辖和普遍管辖四种。当几个国家同时对一个刑事案件拥有管辖权而出现

“并行管辖”（concurrent jurisdiction）时，《东京公约》第 3 条第 3 款所作的处理是：不排除依照本国法行使的任何刑事管辖权。但是，对于拥有管辖权的各方谁有优先管辖权的问题，特别是在最通常的飞机登记国与飞经国之间的管辖冲突，《东京公约》没有任何实质性突破。这正是在遇到多方管辖冲突或有管辖权各方因某种原因不愿行使管辖权时，《东京公约》无能为力的缘由所在。这是《东京公约》的一个明显的缺陷。

解决并行管辖冲突曾经是《东京公约》的三个预定目标之一，但最终未能如愿。即使是在 1963 年东京会议上，各方也还在为寻求解决方案而努力，一些国家的代表提出排定优先管辖顺序的方案，即第一降落地国—飞经国—飞机登记国。但这个方案在最后表决时未获通过。理由很简单：其一，任何优先制均须有一套保证措施，特别是关于保证引渡的规则，否则引渡难以兑现；而依传统国际法的引渡规则，需由双边或多边引渡协议确认引渡义务。这种既存的定式规则，绝非朝夕之间所能撼动。其二，事先排定优先顺序的做法未必充分合理。在航空运输实践中，多数案件需根据具体案情方能确定第一优先权，并行管辖延续多时。此一状况几百年未变，航空法要改变这种状况谈何容易。

（二）1970 年《海牙公约》

1963 年《东京公约》开放签字以后，劫机犯罪有增无减，遏制航空犯罪的效果不佳。特别是 20 世纪 60 年代末，劫机事件漫延到全世界，劫机犯罪进入高发期，仅 1968 年一年之中就发生了 30 起，1969 年竟发生了 91 起之多。劫机犯罪受到国际社会的普遍关注。《东京公约》的不足暴露无遗。于是，在联合国的敦促下，1970 年 12 月 1 日，国际民航组织在海牙召开了有 77 个国家代表参加的外交会议，并于 12 月 16 日通过了《关于制止非法劫持航空器的公约》即 1970 年《海牙公约》。1970 年《海牙公约》的主要内容如下：

1. 劫机犯罪的定义及构成要件

1970 年《海牙公约》第 1 条具体规定了劫机犯罪的行为方式，第 2 条规定了各缔约国承诺以严厉刑罚惩治这类犯罪。

（1）劫持航空器罪定义。

1970 年《海牙公约》第 1 条给出了劫持航空器罪的定义：在飞行中的航空器内的任何人，凡以暴力或暴力相威胁，或者以任何其他精神胁迫方式，非法劫持或控制该航空器，或者从事这类行为的任何未遂行为；或者从事这类行为或其任何未遂行为的共犯，均构成犯罪。根据该项定义，劫持航空器的犯罪被划分为既遂犯与未遂犯两种，但不包括与机长勾结合谋、贿赂收买机组人员及诈骗等“第三种方式”。很明显，劫机犯罪以是否劫持或控制该航空器作为既遂与未遂的判断标准，而不像通常以犯罪行为人的犯罪目的是否达到或被劫持的航空器是否飞出国境作标准。这就是说，只要犯罪分子着手实施劫持行为，并已达到非法劫持或控制该航空器的状态，就具备了劫机犯罪的全部构成要件，并以犯罪既遂论罪；如果犯罪分子着手实施劫持行为后，因其意志以外的原因未能达到非法劫持或控制该航空器的程度，当以劫机犯罪的未遂论处。

（2）劫持航空器罪的构成要件。

① 客体要件。

劫机犯罪侵犯的客体是复杂客体，既危害了旅客人身、财产以及航空器的安全，又破坏了正常的航空运输秩序，但主要是前者。该罪侵犯的对象必须是飞行中或者使用中的航空器。《东京公约》《海牙公约》中规定的是在飞行中的航空器。《蒙特利尔公约》扩大了罪行的范围，它不仅包括在飞行中，而且包括在使用中的航空器内所犯罪行。

② 客观要件。

劫机犯罪在客观方面表现为以武力、武力威胁，或者任何其他胁迫方式的行为。其一，根据《海牙公约》（包括《东京公约》和《蒙特利尔公约》）关于本公约不适用于供军事、海关或警用的航空器的规定，该罪仅适用于民用航空器，非民用航空器（即国家航空器）即使被劫持，也只应作国内犯罪处理。其二，须以武力或武力威胁，或者任何其他胁迫方式劫持航空器。武力，是指直接对航空器实施袭击或者对被害人采用危害人身安全和人身自由的行为，使其丧失反抗能力或者不能反抗的身体强制方法，如劫机分子携带匕首、枪支、炸药、雷管、引爆装置等对付旅客和机组人员；武力威胁是指以武力为内容进行威逼，迫使被害人不敢反抗的精神强制方法，如劫机犯向机组人员或乘客叫喊“谁动就打死谁”或“马上引爆”等行为；其他胁迫方式，是指前述方法之外的其他迫使被害人不能反抗或不敢反抗的强制方法。凡劫持航空器的行为，一经实施，即构成本罪。

③ 主体要件。

本罪的主体为一般主体。凡达到了刑事责任年龄、具备刑事责任能力的人均可成为本罪主体，包括本国公民、外国人或无国籍人。例如，外国人劫持他国飞机进入我国境内，构成劫持航空器罪，且我国具有刑事管辖权。

④ 主观要件。

本罪在主观方面为故意犯罪，但对犯罪目的和动机没有要求。行为人劫持航空器，不论目的与动机如何，皆不影响本罪的成立。这一点得到四个国际航空刑事公约的一致认定。

2. 首次引入或引渡或起诉原则

1970 年《海牙公约》首次引入“或引渡或起诉”的原则。1963 年《东京公约》第 16 条虽然规定有引渡规则，但其目的在于为航空器登记国优先管辖创造条件，进而强化航空器登记国的管辖权，而事实上并没有提出“或引渡或起诉”的原则。《海牙公约》第一次提出了“或引渡或起诉”原则，其后的 1971 年《蒙特利尔公约》重申了这一原则。

所谓“或引渡或起诉”的原则，首先，各缔约国间如有引渡条约，则应把公约列举的罪行列入应该引渡的罪行；如果没有引渡条约，决定引渡时，公约可视为引渡的法律依据。其次，为便于引渡，每一罪行应视为不但发生于实际犯罪地点，而且发生在对罪行有管辖权的国家领土内。再次，缔约国于嫌疑犯在其领土内时，如不予以引渡，则应毫无例外，并不得不当拖延，将案件交付主管当局，以便依照本国法律规定的程序提起刑事诉讼。

应当指出，危害国际航空安全犯罪不适用“政治犯不引渡原则”。“政治犯不引渡”是一项古老的国际习惯法原则，但是，从《海牙公约》和《蒙特利尔公约》的规定来看，显然是排除适用该原则的。《海牙公约》

和《蒙特利尔公约》均在第7条规定，凡在其境内发现所称案犯的缔约国，如不将他引渡，则……必须毫无例外地为起诉目的，将案件送交其主管当局。该当局应按本国法中任何严重性质的普通犯罪的同样方式作出决定。可见，以“普通犯罪”作出决定，着意将危害国际航空安全的犯罪人排除在“政治犯”之外，当然就不能适用“政治犯不引渡原则”。

3. 适用范围

《海牙公约》第3条在规定适用范围时，除采用《东京公约》第5条的“飞行中”定义外，将适用范围限于：机上发生犯罪的航空器其起飞地点或实际降落地点在该航空器登记国境外，而其从事国际还是国内飞行则无关紧要。但是，凡犯罪嫌疑人或所称犯罪嫌疑人在该航空器登记国以外国家境内发现者，情况就不同了，即不论该航空器起飞地点或实际降落地点在何处，均可适用《海牙公约》。这表明，公约适用于在非缔约国登记的飞机上发生的劫机行为。与《东京公约》第1条不同，《海牙公约》第1条的犯罪定义与第3条适用范围中都未使用“缔约国”一词，其目的在于鼓励和支持更多的国家加入公约或自动采用公约规定制裁劫机行为。

4. 管辖和惩治

（1）管辖权。

1970年《海牙公约》对传统国际法管辖原则有一个较大的突破。其第4条规定：

“1. 凡属于下列情况，各缔约国应采取必要措施以确立其对犯罪、以及与犯罪有联系的所称罪犯以暴力侵害旅客与机组人员的任何其他行为的管辖权：

（1）在该国登记的航空器上发生犯罪；

（2）机上发生犯罪的航空器在该国降落，而所称罪犯仍在机上；

（3）在不带机组人员租用航空器上发生犯罪，而承租人的主要营业地在该国，或者承租人无此类营业地而其常住国在该国。

2. 在其境内发现所称罪犯的缔约国，凡不按第八条将该人引渡给第一款所列的任一国家者，同样应采取必要措施以确立其对犯罪的管辖权。

3. 本公约不排除依本国法行使的任何刑事管辖权。”

除第 1 款第 1 项的飞机登记国管辖权外，第 4 条所列的各项管辖权，都是公约创设的。而第 2 款的规定，属于一国对外国人在外国犯罪的域外或普遍管辖权，而传统国际法对这类管辖权要求很严格，仅在个别犯罪如海盗罪才允许实施。海牙公约所创设的这一管辖模式，为以后的反恐怖主义条约首开了先河。这是由于第 4 条所规定的，不仅是对劫机本身的犯罪行为的管辖，它还包含有在劫持过程中其他暴力侵害犯罪的管辖权，如在劫机时枪杀与严重伤害机组人员或旅客的行为。第 1 款所列有主要管辖权的国家，其所受侵害与劫机行为关系最为密切，最便于行使刑事管辖权。

（2）惩治。

1970 年《海牙公约》第 2 条规定，各缔约国承允对上述犯罪予以严刑惩治。根据该规定，1970 年《海牙公约》根据传统国际刑法一贯做法，将劫持航空器罪的刑事处罚交由各国国内法处理。至于“严刑惩治”，各缔约国的标准迥异。如我国《刑法》第一百二十一条规定，犯本罪的，处 10 年以上有期徒刑或者无期徒刑；致人重伤、死亡或者航空器遭受严重破坏的，处死刑，表明我国重刑标准最低为 10 年有期徒刑，但在一些西方国家，1 年以上的监禁就算重罪，相差甚远。此一状况为劫机犯罪留下的空间，一些对劫机犯罪判罚较轻的国家成为劫持航空器后向往的“天堂”。对劫机犯罪行为人的惩治属于一国刑事管辖权，属于国家主权范畴，在没有理由统一规定也无法统一规定的现实背景下，也是没有更好选择办法的无可奈何之举，毕竟各国的刑法惩治规则需要保持自身的一致性。

（三）1971 年《蒙特利尔公约》

1971 年《制止危害民用航空安全非法行为的公约》（简称 1971 年《蒙特利尔公约》）是 1970 年《海牙公约》的姊妹篇。这是基于制订公约之初的设计与考量：一个专门用于劫持飞机的犯罪，一个专门用于危害航空安全的犯罪。前者成为1970年《海牙公约》，后者成为1971年《蒙特利尔公约》。1970年《海牙公约》主要惩治针对飞行中的航空器进行的劫机犯罪。但是，危害国际航空安全的犯罪无处不在，采用破坏航空器、破坏机场上正在使用中的航空器及其航行设施等犯罪在世界各地还经常发生。鉴于犯罪行为的多样性，1970年《海牙公约》显然不足以全面承担起维护国际民航安全的重任，1971年《蒙特利尔公约》恰好弥补《海牙公约》这方面的某些不足与漏洞。1971年《蒙特利尔公约》的主要内容有：

1. 危害航空安全犯罪的定义

定义危害航空安全犯罪是1971年《蒙特利尔公约》遇到的难题之一。秉承1970年《海牙公约》的做法，公约第1条及其1988年《蒙特利尔公约补充议定书》详细定义了危害民用航空安全的犯罪行为：

（1）对飞行中航空器上的人实施可能危及航空器安全的暴力行为；

（2）破坏或损坏使用中的航空器，使其不能飞行或危及其飞行安全的行为；

（3）在使用中的航空器内放置具有破坏或损坏该航空器而使其无法飞行或危及飞行安全的行为；

（4）破坏或损坏航行设备或妨碍其操作以至危及飞行中的航空器安全的行为；

（5）在国际机场上实施足以危害民用航空安全的暴力行为；

（6）传送明知虚假的、可能危及飞行中的航空器安全的情报的行为；

（7）上述行为的未遂行为；

（8）教唆、共谋或帮助上述犯罪的行为。

鉴于危害民用航空安全的地面犯罪种类繁多，世界各国的刑法制度千差万别，之前又无既成的该类犯罪的国际法定义，1971年《蒙特利尔公约》还是尽最大努力给出了危害国际民用航空安全的犯罪定义，尽管有关危害国际民用机场的犯罪是1988年《蒙特利尔公约补充议定书》后来补充进去的，公约在这方面的成就仍然功不可没。

2. 危害航空安全犯罪的构成要件

（1）必须是针对“飞行中”或者“使用中”的航空器所实施的行为。

为打击范围广泛的危害国际民用航空安全犯罪，单靠《东京公约》与《海牙公约》创设的“飞行中”这一概念是不够的，因为它无法概括危害航空安全的地面犯罪，如在旅客登机时对航空器的袭击。因此，有必要在保留“飞行中”概念的基础上，再创设一个新的概念以界定危害航空安全罪的客观要件，于是，“使用中”这个概念应运而生。1971 年《蒙特利尔公约》第 2 条将“飞行中”定义为：航空器从装载完毕、机舱外部各门均已关闭时起，到打开一扇舱门卸载时止，均应视为在飞行中；航空器被迫降落时，在主管当局接管该航空器及机上人员与财产以前，均应被视为在飞行中。而将“使用中”定义为：航空器从地面人员或机组人员为某次飞行而进行航空器飞行前准备时起，到任何降落后 24 小时止，均应被认为在使用中；使用期在任何情况下都应延长到公约所定义的航空器在飞行中的整个期间，即遇有飞机迫降时，在主管当局接管之前，均应视为使用中。

该条关于“飞行中”与“使用中”的界定，是判断某一犯罪是否构成危害航空安全罪的基本客观要件。离开这一要件，危害航空安全罪就不成立。

（2）必须具有危害民用航空安全的行为。

1971 年《蒙特利尔公约》规定的犯罪行为包括：对飞行中航空器上的人员使用暴力，危害航空器安全的行为；破坏使用中的航空器的行为；破坏航行设施的行为；传递假消息，危害航空安全的行为。这些行为可概括为危害国际民用航空器飞行安全的行为。1988 年《蒙特利尔公约补充议定书》规定的犯罪行为有：在国际机场上对任何人实施导致或可能导致其严重伤害或死亡的暴力行为；破坏或严重损坏国际机场设施或停降在机场上的飞机，或妨碍机场的营运，如果该行为危害或可能危害机场的安全。综上规定，这些犯罪破坏了国际机场内的人员、设备及使用中的航空器的安全。上述犯罪行为侵害的直接客体是飞行中或者使用中的航空器及国际机场上的人员、设备及其未使用的航空器的安全。其客观方面表现为公约第 1 条及其补充议定书所列的危害行为。

（3）必须具有“非法地故意地”实施犯罪。

从立法技术角度看，1971 年《蒙特利尔公约》第 1 条第 1 款使用“任何人凡非法地故意地做出下列行为……”的用语，是对假设条件的设定。在此，“非法地”包含有未经当局授权、许可或者无正当理由的意思，而“故意地”则是对行为人实施犯罪行为时主观状态的要求。这说明，主观故意是危害航空安全罪的主观要件，过失犯罪不构成该罪。依据刑法学原理，犯罪主体必须具有犯罪意思，并付诸实施达到违犯刑法所保护的权益时，才构成犯罪。这种主客观的结合与我国《刑法》第十一条对“故意”的表述是一致的，即“明知自己的行为会发生危害社会的结果，并希望或者放任这种结果发生，因而构成犯罪的”。

（4）必须具有危害民用航空安全的后果。

1971 年《蒙特利尔公约》第 1 条规定的行为之所以构成危害国际航空安全罪，还在于所列行为具有危害国际航空安全的后果。可见，危害国际民用航空安全的实际后果是构成危害国际航空安全罪不可或缺的客观要件。

一般地说，只要是具有刑事责任能力的犯罪主体实施的该类行为，具备上述构成要件，即构成危害国际民用航空安全罪。

3. 适用范围

1971 年《蒙特利尔公约》第 4 条规定的是适用范围：凡属于机上犯罪、放置爆炸物和传送假消息三类犯罪，不论从事国际飞行还是国内飞行，飞机的起飞地点或降落地国在飞机登记国域外，或者犯罪发生在飞机登记国境外，即便犯罪嫌疑人逃往国外，均可适用公约。但对于实施破坏航行设施的犯罪，只有该设施用于国际航行时，公约才予以适用；如果该设施仅用于国内航行，而犯罪嫌疑人逃往国外，公约即不予适用。

4. 管辖权问题

1971 年《蒙特利尔公约》第 5 条规定的管辖权与其对适用范围的规定相联系：对机上犯罪、放置爆炸物的行为，不论犯罪是在一国境内还是境外，即便嫌犯逃到国外，公约都将适用，犯罪发生地国、飞机登记国、飞机降落地国、飞机承租人的主要营业地国或永久居住国、犯罪人所在国均有管辖权；对传送假消息的嫌犯，不论其犯罪有无国际因素，甚至逃到国外，公约都将适用，但该外国如果不属于第 5 条第 1 款规定的有主要管辖权的国家，该国则没有管辖权；对破坏航行设施的嫌犯，该设施用于国际航行，适用公约管辖，但当其逃往国外，该国无管辖权。如果航行设施仅用于国内航行，不适用公约管辖，即便逃到国外，该国也无权管辖。

5. 1988 年《蒙特利尔公约补充议定书》

《蒙特利尔公约》没有规定对机场内服务人员和设备的犯罪以及破坏机场上未使用的航空器的犯罪。基于以上的不足，为了防止、制止和惩处这类犯罪行为，各国于 1988 年 2 月 24 日在蒙特利尔签订了《蒙特利尔公约补充议定书》。该议定书第 2 条规定了犯罪的行为方式，旨在保护国际民用航空机场内的服务人员、设备及其未使用的航空器的安全。

1971 年《蒙特利尔公约》所列的各项犯罪均未将袭击民用航空机场的恐怖犯罪行为包括进去，而其后陆续发生的多起袭击机场和候机楼的严重犯罪事件逐渐让人们清醒过来：1971 年《蒙特利尔公约》在打击国际机场犯罪方面显得那么苍白无力，原因是它在这方面没有相应的惩治措施。为了堵上这个缺口，在 1986 年的第 26 届世界民航大会上，当加拿大代表提议补充对国际机场犯罪的国际立法时，很快获得大会的一致同意。经过将近两年的准备，国际民航组织于 1988 年 2 月制定了《制止在用于国际民用航空的机场内发生的非法暴力行为以补充 1971 年 4 月 23 日订立蒙特利尔的制止危害民用航空安全的非法行为公约的议定书》，即 1988 年《蒙特利尔补充议定书》。该议定书在 1971 年《蒙特利尔公约》第 1 条中增加了一款：

"任何人使用一种装置、物质或武器，非法地故意地做出下列行为，即为犯罪：在用于国际民用航空的机场内，对人实施暴力行为，造成或足以造成重伤或死亡者；毁坏或严重损坏用于国际民用航空的机场设备或停在机场上不在使用中的航空器，或者中断机场服务以致危及或足以危及机场安全者。"

该款内容以对付国际民用航空机场的非法暴力行为为目的，规定了针对使用中的国际民用机场实施的三种犯罪行为：一是使用暴力手段危害机场人员生命安全的故意犯罪行为，二是故意破坏国际机场的设备或停放在机场上的不在使用中的民用飞机，影响国际机场的安全运行的犯罪行为，三是严重扰乱国际民用机场服务与有序运转的犯罪行为。上述三类犯罪，主观方面均为故意，犯罪手段均为使用某种具有破坏力的装置、物质或武器。

议定书第 3 条为公约第 5 条增加了一款内容，以确保相关各方对危害国际民用机场的犯罪行为行使管辖权，即在其境内发现犯罪嫌疑人的缔约国，不引渡即起诉，保证了国际社会共同一致采取措施惩治该类罪犯，也不管犯罪嫌疑人逃往哪个国家，都会受到追究和惩处。

第三节　国际航空立法的现代化

一、1999 年《蒙特利尔公约》：华沙公约体系的现代化

为消解华沙公约及其修订书之间在运输凭证规则、归责原则、赔偿标准、管辖冲突等方面带来的混乱局面，真正统一国际航空运输民商法主要法律规则，实现华沙公约体系所代表的国际航空民商法律的现代化，自 20 世纪 90 年代中期开始，国际社会做出了艰苦卓绝的努力。1997 年 11 月，国际民航组织（ICAO）法律委员会成立了一个“将‘华沙体制（9 个文件）’合并为一体并使之现代化的专门小组”（SGMW），经过专门小组的努力，1999 年 5 月 28 日国际民航组织（ICAO）缔约国大会于蒙特利尔签订了《统一国际航空运输某些规则的公约》（简称 1999 年《蒙特利尔公约》）。该公约于 2003 年正式生效。

（一）1999 年《蒙特利尔公约》修订的主要内容

为着统一国际航空运输民商法主要法律规则，1999 年《蒙特利尔公约》对 1929 年以来的华沙公约文件作出六项重要修改：

1. 修订了国际航空运输凭证规则

1999年《蒙特利尔公约》确立起无论承运人是否遵守了有关客票、行李票和航空货运单的规则，不会影响航空运输合同的存在或者效力，而且航空运输合同仍然受本公约规则的约束，包括有关责任限额赔偿规则的约束。

2. 构架了我国法律界称之为“双梯度旅客赔偿责任规则”

其基本内涵是限额赔偿责任实行严格责任归责原则，在赔偿限额10万特别提款权（SDR）之内的人身伤亡赔偿，除完全因旅客健康状况造成的损害外，其余概由航空承运人负责，10万特别提款权之内的限额赔偿不适用过错推定归责原则，无论航空承运人是否存在过错，均要承担赔偿责任，从而无过错责任归责原则引入国际航空民商法中，成为“严格责任”原则；至于超过10万特别提款权的人身伤亡赔偿，除非承运人举证证明损害不是它自身或者它的受雇人、代理人所造成的，或者损失完全是由于第三人过失或者其他不当作为、不作为造成的，将要承担无限额责任，归责原则沿用华沙公约体系一贯的过失推定归责原则。

3. 增加了一个国际航空诉讼管辖法院

在原《华沙公约》四个诉讼管辖法院的基础上增加旅客的“永久居所地”法院诉讼管辖权，也就是“第五管辖权”。根据1999年《蒙特利尔公约》第33条第1款的规定，诉讼除可向承运人住所地法院、主要营业地法院、订立合同的营业地法院或者目的地点的法院提起。第33条第2款规定，“对于因旅客死亡或者伤害而产生的损失，诉讼可以向本条第一款所述的法院之一提起，或者在这样一个当事国领土内提起，即在发生事故时旅客的主要且永久居所在该国领土内，并且承运人使用自己的航空器或者根据商务协议使用另一承运人的航空器经营到达该国领土或者从该国领土始发的旅客航空运输业务，并且在该国领土内该承运人通过本人或者与其有商务协议的另一承运人租赁或者所有的处所从事其旅客航空运输经营。”具体地说，索赔人取得第五管辖权必须具备三个条件：其一，发生事故时旅客的主要且永久居所在该国领土内。“主要且永久居所”指发生事故时旅客的那一个固定和永久的居住地。应当注意的是，旅客的国籍不作为决定性因素。其二，承运人使用自己的航空器或者根据商务协议使用另一承运人的航空器经营到达该国领土内或者从该国领土始发的旅客航空运输。所谓“商务协议”是指承运人之间就其提供联营航空运输业务而订立的协议，如承运人自己的航班，以及代码共享、航空联盟公司的航班。但不包括诸如机票代售协议、货运代理协议等代理协议。其三，在该国领土内该承运人通过其本人或者与其有商务协议的另一承运人租赁或者所有的处所从事旅客航空运输经营。处所（premise）指经营场所，且不论该经营场所是承运人自己所有的还是租赁的，或者是其代号共享伙伴、航空联盟伙伴所有或者租赁的。航空运输经营的范围比“航空运输业务”要宽得多，是指与航班有关的一切经营活动，而不限于航班本身，如机票销售、揽货、广告推销等活动都应属于航空运输经营范围。可见，为索赔人开辟了新的诉讼途径的“第五管辖权”的条件是非常严格的。一般而言，第五管辖权的适用需要满足如下条件：（1）只适用于人身伤害或死亡诉讼；（2）乘客的管辖地选择权；（3）第五管辖地必须在缔约国内；（4）承运人必须在第五管辖权地有业务；（5）只有一个永久居住地；（6）与现有的四个管辖地相比，第五管辖地的相对重要性——只有当单程机票在国外购买，第五管辖地才有重大作用。

4. 确立了人身伤亡赔偿提前支付制度

1999 年《蒙特利尔公约》第 28 条规定，因航空器事故造成旅客死亡或者伤害的，承运人应当在其国内法有如此要求的情况下，向有权索赔的自然人不迟延地先行付款，以应其迫切经济需要。但此种先行付款不构成对责任的承认，并可从承运人随后作为损害赔偿金支付的任何数额中抵消。

5. 确立了强制保险制度

1999 年《蒙特利尔公约》一改先前华沙体制诸文件对承运人责任险不置可否的立场，在第 50 条规定：“当事国应当要求其承运人就其在本公约中的责任进行充分保险。当事国可以要求经营航空运输至该国内的承运人提供其已就本公约中的责任进行充分保险的证据”。

6. 进一步提高了承运人责任的保险额

1999 年《蒙特利尔公约》规定，除人身伤亡实行 10 万 SDR 限额责任和超出 10 万 SDR 的双梯度责任外，承运人对每名旅客延误责任的限额为 4 150SDR。承运人对每名旅客行李运输的限额为 1 000SDR。承运人对货物损失的责任限额为每公斤 17SDR。

（二）评价与展望

根据 1999 年《蒙特利尔公约》对华沙公约体所作的重要修改，我们认为可以做出如下基本判断：

（1）1999 年《蒙特利尔公约》标志着华沙公约体系的现代化，反映了国际航空民商法的时代诉求和历史进步。自 20 世纪 60 年代以来，对华沙公约体系所代表的国际航空民商法，在运输凭证规则、归责原则、限额赔偿额度、管辖法院等核心问题上，各方意见不合、争执不下，华沙公约文件几经修改，各方仍不满意，故才出现 1955 年《海牙议定书》、1966 年《蒙特利尔协议》、1971 年《危地马拉议定书》、1977 年四个蒙特利尔议定书在上述核心问题上的反复修改。特别是在旅客限额赔偿标准问题上，各方观点僵持不下、难以统一。在 20 世纪 80 年代末 90 年代初，部分国家甚至提出了废除华沙公约体系的观点，华沙公约体系几近崩溃。1999 年《蒙特利尔公约》在承继《危地马拉议定书》10 万特别提款权旅客赔偿责任限额的基础上，在坚持合同自由、取消合同订立形式与责任限额挂钩的同时，构建旅客赔偿责任规则，因回应了大多数国家的呼声和时代要求，代表了国际航空民商法的进步方向。

（2）1999 年《蒙特利尔公约》增设“第五管辖权”，印证了西方主要国家对国际航空法仍有着绝对的话语权和主导权。可以说，迄今为止的国际航空法律制度是在西方主要国家的主导下构建起来的，这是一个不争的事实，国际航空诉讼“第五管辖权”更是美国在制订 1971 年《危地马拉议定书》的过程中坚持并由其他国家艰难妥协所达成。1999 年

《蒙特利尔公约》增加“第五管辖权”，也主要是为满足美国的要求由各方妥协所形成。事实上，以美国为首的主张引入高赔偿额的国家认为：第一，索赔人在旅客的居住国提出法律诉讼，是旅客的正当权利；第二，旅客的居住国是大多数索赔者定居的地方，因而该国法院通常会适用这些索赔者（受害者）所期望的法律和赔偿标准，索赔人也能够在他们最熟悉的法院提起诉讼，引入第五管辖权将确保索赔人受到公正待遇，得到充分赔偿；第三，正在兴起的航空联盟、代码共享、电子订座和因特网订票，已对1929年确立的华沙司法管辖权构成严重挑战，使得确立司法管辖的任务日益复杂化，第五管辖权的引入将简化这一任务；第四，如今大多数国内航班至少承载一些与国际航线相关的旅客，国际航空旅行者的数目日益增多，载运他们的航空联盟也日益复杂，这些都导致那些根据《华沙公约》无法在旅客国内获得司法管辖权的赔偿者数量增加，基于此，有必要引进第五管辖权。而以中国、埃及为代表的发展中国家则反对引入，发展中国家认为，第一，现行华沙体制确立的四种司法管辖权是行之有效的、充分的；第二，引入第五管辖权将导致全球航空运输成本增加，其中增加的保险成本和经营成本最终会反映到运价的增长上，增加的费用还是由广大旅客来承担；第三，索赔人对“慷慨法院”的挑选同时会导致诉讼体制更加复杂；第四，第五管辖权在一定程度上侵害了司法主权的独立和完整，需要适度管控。

可见，美国提出“第五管辖权”目的在于保护本国公民的利益，以方便本国公民在国内通过旅客的常住地诉讼管辖法院对其他国家的航空公司提出赔偿诉讼。因此在新的《华沙公约》草案起草初期，各国对是否引入以及如何引入第五管辖权产生了激烈的争议。美国在修订新约的会议上曾经提出，如果不在新《华沙公约》增加第五管辖权，就拒绝签署和批准该公约。鉴于美国在国际航空运输业中举足轻重的地位，它的拒绝将破坏国际航空运输法律体系的完整，进而引发新的更大的冲突，大多数国家采取了折中方案，最后在新《华沙公约》中有条件地引入了第五管辖权。围绕“第五管辖权”的生效所列出的六个条件，真实地反映出各缔约方对美国企图单方面主导国际航空法律的抗争与不满，也是包括大多数发展中国家和少数西方国家长期积压的对美国操控国际规则的怨气的释放。由此可见，20 世纪 90 年代末，包括中国在内的广大发展中国家对国际法律规则已经不再是简单地被动参与，开始在规则的制订中从后台走到前台，积极主动作为，发出了自己的声音，并产生积极的效果。进入 21 世纪以来，广大发展中国家在多边国际规则的制订中，借助 G20、“金砖五国”、区域性组织等多边合作机制抱团取暖、集团作战，不再是过去的散兵游勇、单兵作战，所发挥出来的积极作用更加彰显。特别是随着中国综合国力的进一步增强，中国在团结广大发展中国家发挥出来的建设性作用越发突出，日益走近国际舞台中央。这一趋势代表了“百年变局”下国际新秩序的和平力量、正义力量，必须继续坚持和保持这种发展势头，共同捍卫多边主义，致力构建公平合理的国际关系和国际航空运输新秩序。

（3）1999 年《蒙特利尔公约》统一国际航空运输法规的意图尚待实践验证。1999 年《蒙特利尔公约》以适应国际航空运输民商法的现代化为目的，正如国际民航组织（ICAO）理事会主席阿萨得 ·柯台特博士说：“我们已经成功地使一个具有 70 年历史的国际航空私法的国际文书现代化和一体化并将其合并为一个法律文书，在今后的岁月中，它将为在国际航空事故中的受害者提供足够的赔偿。”自 1999 年《蒙特利尔公约》于 2003 年生效以来，已经历不短的实践检验。多个华沙公约文件公约在适用规则、赔偿标准等方面的冲突能够得到平抑，修订后的若干重要规则是否能够实现统一原本支离破碎的华沙体制的初衷，目前尚难以做出准确的判断，其立法意图的实现仍需进一步实践检验。比如，当外国法院关于国际航空运输案件的判决在符合国内法院承认和执行的条件时，为使该判决在内国发生法律效力，必须由利害关系人、或者由作出判决的该外国法院、或者由二者共同向内国法院提出承认与执行的申请。实践中，内国法院在接到外国法院请求承认和执行国际航空运输案件裁判的申请书时，都要作审查。这种审查是实质性的还是形式性的，国际上通行的做法是依据被请求方本国的法律决定。《中意司法协助条约》第 25 条规定：“关于承认与执行裁判和司法调解书的程序，缔约各方适用本国的法律。”1971 年《关于承认与执行外国民事和商事判决公约》第 14 条规定：“外国判决的承认和执行的程序，在本公约未作相反规定的，由被请求国的法律支配。"国际航空民商法在一国的司法实践无疑具有相当的难度，其涉及国家主权的挑战性不容忽视。

二、2010 年《北京公约》及《北京议定书》：1971 年《蒙特利尔公约》的现代化

2010 年《北京公约》是对 1971 年 9 月 23 日在蒙特利尔签署的《关于制止危害民用航空安全的非法行为的公约》(1971 年《蒙特利尔公约》）的修订完善；2010 年《北京议定书》则是对 1988 年 2 月 24 日在蒙特利尔签署的《在国际民用航空机场制止非法暴力行为以补充 1971 年 9 月 23 日在蒙特利尔签订的〈关于制止危害民用航空安全的非法行为的公约〉的议定书》(1988 年《补充议定书》）的补充完善。2010 年《北京公约》和 2010 年《北京议定书》在国际民航组织 2010 年北京世界民航大会得以提出，旨在进一步将使用民用航空器作为武器，和使用危险材料攻击航空器或其他地面目标定为犯罪行为，明确将非法运输生物、化学和核武器及其相关材料，定义为应受惩罚的行为，同时强化了犯罪行为的指挥者和组织者的刑事责任。

两个法律文件的签订，标志着"9 · 11"事件之后，国际社会对危害国际航空安全犯罪所作出的法律应答，体现了 1971 年《蒙特利尔公约》及其 1988 年《补充议定书》的现代化进程。使航空安保法律框架得以现代化和强化，包括通过将各种恐怖主义行为进行刑事定罪得以现代化和强化。2010 年《北京公约》已于 2018 年 7 月 1 日生效。国际民航组织秘书长柳芳博士指出："该公约还将通过强化全球反恐怖主义条约体系，协助实施联合国全球反恐战略。"国际社会普遍认同，将一些对民用航空构成新兴威胁的行为进行刑事定罪，包括对上述罪行的某些准备行为予以刑事定罪，必然加强各国防范这些罪行的能力，并对犯罪行为人进行起诉和惩罚。

（一）历史背景

早在 1996 年 6 月 3 日，国际民航组织理事会就已决定要将有关威胁

国际航空安全的违法行为纳入国际航空刑事公约，重点针对以破坏航空器目的的航空犯罪对象。2001 年美国“9·11”事件发生后，相关立法进程得以加快，涉及范围扩展到严厉打击包括威胁国际民航安全的新型国际恐怖主义犯罪行为。在国际民航组织采取立法行动之前，许多国家已先期通过航空安检、机场安保、加固驾驶舱门、组建空警、加大安保人员、增强生化武器防范能力等具体措施，强化对危害民用航空安全犯罪的防范、打击力度。国际民航组织在 2001 年 10 月对以法律手段制衡国际航空恐怖主义犯罪作出快速回应，基本态度是尽快开启修订相关国际航空条约立法进程，采取综合性方式应对危及航空安全的恐怖主义犯罪。具体实施步骤是：指示理事会及秘书长快速处理对民用航空器新的紧迫威胁，全面审查现有的航空安全法的充分性 ，审视国际民用航空组织航空安全体系，包括 1944 年《芝加哥公约》附件 17 以及其他相关附件。通过三年的工作，得出的结论是：现有的 5 个国际航空刑事公约对于打击威胁民用航空器安全的违法犯罪行为的作用有限，难以应对各种新型的危害国际航空安全的恐怖犯罪方式 ,尤其是非法将民用航空器作为武器的犯罪，非法使用民用航空器传播生物、化学和核物质的犯罪，使用上述物质袭击民用航空器的犯罪,使用无线电发射机或者其他设备，干扰或者破坏航空器使用的信号的违法犯罪行为，使用计算机袭击或者毁坏操作航空器所必需的数据的违法犯罪行为，非法蓄意传送、放置或者卸载飞机上或机场的重要设备的违法犯罪行为，对致命性设备的使用构成威胁的犯罪。基于此，修订与危害国际航空安全有关的 1971 年《蒙特利尔公约》及其 1988 年《补充议定书》成为必然选择。于是有了 2010 年在北京召开的世界民航大会对公约及相关议定书的修订。

（二）修订的主要内容

2010 年《北京公约》及《北京议定书》对 1971 年《蒙特利尔公约》及其 1988 年《补充议定书》作出多处重要修改：

1. 增加了 5 种新型的危害国际航空安全犯罪

一是增加了“任何人利用使用中的航空器造成死亡、严重人身伤害或对财产或环境的严重破坏”的犯罪；二是增加了“任何人从使用中的航空器内释放或排放生化核武器或者其他危险物质，造成或可能造成死亡、严重人身伤害或对财产或环境的严重破坏”的犯罪；三是增加了“任何人对一使用中的航空器或在一使用中的航空器内使用生化核武器或者其他危险物质造成死亡、严重人身伤害或对财产或环境的严重破坏”的犯罪；四是增加了“任何人在航空器上运输 、导致运输或便利运输炸药、放射性材料、生化核武器以及原材料、特殊裂变材料以及辅助设备、材料等物品”的犯罪；五是增加了“任何人威胁实施”或“非法和有意地造成任何人受到这种威胁”的犯罪。上述修改充分考量了全球范围内国际恐怖主义犯罪加剧，危害国际航空安全的国际恐怖主义犯罪十分严重的情况。新增的 5 种新型恐怖主义犯罪行为与 1971 年《蒙特利尔公约》及其 1988 年《补充议定书》原有的危害国际航空安全的犯罪行为，共同构成危害国际航空安全的犯罪行为的完整体系。

2. 增加了有关法人犯罪的内容

2010 年《北京公约》及《北京议定书》规定：“如果负责管理或控制该法人的人 ，以其身份实施第一条所述犯罪，得以追究该法人的责任。”显然，这里所指的责任包括刑事 、民事或行政责任。在实践中，不乏法人凭借其雄厚财力给予国际恐怖主义组织或个人提供充裕的资金支持的事例，最典型的就是本·拉登的“基地组织”对“9·11”事件的袭击者提供人财物支持。在联合国有关反恐怖主义的法律中，1999 年《制止向恐怖主义提供资助的国际公约》及 2000 年《联合国打击跨国有组织犯罪公约》，最先规定了法人的犯罪能力和法人承担的刑事责任，明确规定“法人实施公约规定的犯罪行为时，应当承担包括刑事、民事和行政责任在内的法律责任；法人责任的承担不影响实施罪行的个人的刑事责任”。2010 年《北京公约》及《北京议定书》吸收这一成果。按照公约的规定，各缔约国可以自行选择适用法人承担责任的方式，无论法人承担何种性质的责任，均不影响管控该法人的自然人承担刑事责任。

3. 对共同犯罪人作出了统一的规定

2010 年《北京公约》及《北京议定书》将“组织或指挥他人实施公

约所规定的犯罪行为者，协助犯罪行为人逃避调查、起诉或惩罚者级国际航空犯罪行为的协助实施者”，明确规定为共同犯罪人，并首次将“与他人商定实施公约所规定的犯罪行为者”纳入公约惩治的范围，明确地将武装冲突中武装部队的活动及一国军事行为排除在民用航空法的适用之外。这种做法与联合国有关反恐怖主义的国际公约中规定的共同犯罪人基本一致，主要包括恐怖主义犯罪的组织指挥者、参与者及资助者，体现了国际反恐怖公约的新成果。当然，公约排除军事豁免权并不意味着国家的刑事责任完全不受到国际公约的制裁，二是将武装冲突和战争中的平民保护交由国际人道主义法分工完成，不再重复由国际航空法作出处理。

（三）评价与展望

2010 年《北京公约》及《北京议定书》增加 5 种新型国家航空恐怖犯罪，并不意味着这些规定能够得到即刻执行，需要经由各缔约国签署并批准该公约，并通过修改国内立法作为履行国际条约的义务，建立国内执行和惩罚制度，才能让增加的 5 种新型国家航空恐怖犯罪得到执行。如果缔约国不能制定充分有效的国内安排，2010 年《北京公约》及《北京议定书》的立法目的将会落空，这也是国际民航组织理事会通过专项决议敦促缔约国在国内法中并入对威胁或破坏民用航空器安全的犯罪行为的惩罚方式缘由所在。

2010 年《北京公约》及《北京议定书》旨在纳入威胁国际民航安全的新型犯罪行为，及时回应了国际社会中诸如恐怖主义不是全球性的问题，只是针对少数国家的外交政策在世界上遭到激烈反对的结果等反对声音。换言之，那种认为恐怖主义只与少数国家有关，没有被涉及的国家并未遭受损失无需插手的观点显然存在一定的问题。全球化时代的国家恐怖主义行为，包括国际航空恐怖犯罪行为，对国际航空运输秩序造成的破坏性后果十分明显，负面示范效应突出，依靠一国之力很难有效实施打击，需要多国开展充分的国际合作方能奏效，离开了包括国际航空刑法在内的国际法的支持难以达成目的。两个国际法律文件的签订，显示出国际社会对严厉打击国际航空恐怖犯罪行为的基本立场、鲜明态度与充分合作。然而，2010 年《北京公约》及《北京议定书》能否被大多数国家最终签署转化为国内法，还有待司法实践的进一步检验。

在世界范围内，对于2010年《北京公约》及《北京议定书》的签订，大多数国家持支持和肯定态度。国际民航组织秘书长更是高度评价，认为它将会增强国家间阻止、控告和惩罚犯罪人的合作，在航空法中具有里程碑的意义。对于这样的评价，部分人持有不同看法，尤其是2020年新冠肺炎疫情发生后，国际上单边主义、保守主义、民粹主义一度盛行，表现出在一些国家在重大国际问题上不愿合作，选择对抗和单干。部分国家对国际社会能不能在国际航空恐怖犯罪行为方面展开充分合作存有疑虑十分正常，也很难保证大多数国家能够顺利地将促进控告和惩罚犯罪的条约内容广泛地吸收并入到国内法中，其结果完全取决于缔约国履行新的国际义务的意愿与强度。

总之，航空安全的首要目标不只是简单地补足国际航空法律体系中的法律漏洞，而是切实有效地阻止国际航空恐怖袭击犯罪行为的发生。尽管国际航空法律体系构成反恐行动的一个重要环节，但最稳妥有效的方式是采取系统的、多学科立场的，包括提出联合国解决方案中列出的A/RES/60/288等一系列全面的措施 。因此，在这个意义上，2010年《北京公约》及《北京议定书》是国际航空刑法打击航空恐怖犯罪取得的重要成就，但它们作用的发挥和航空安全屏障的建立仍然依赖于缔约国之间的在航空运输实践中信任、团结与协作。

三、2014年《蒙特利尔议定书》：1963年《东京公约》的现代化

1963年《东京公约》作为最早的国际航空刑事公约，其在域外管辖规则等核心问题上对传统的国际刑法有重大突破，或许正是因为如此，留下的漏洞和缺陷也十分明显，主要体现在五个方面：一是其对“飞行中 ”（in flight）的定义与1970年《海牙公约》和1971年《蒙特利尔公约》的定义不一致，范围过窄、时限较短，与国际航空运输实践不尽切合；二是其对非循规行为界定不够明确；三是其对管辖权的规定存在“并行管辖”冲突，在无引渡规则下出现“管辖真空”，特别是第三方不愿行

使管辖权时导致犯罪嫌疑人逃之夭夭；四是航空器降落地国责任缺乏规范操作流程，由航空器降落地国自行决断，容易导致犯罪嫌疑人不被追究起诉；五是其对机长治安权力的规定授权过大，引起广泛关注。基于1963年《东京公约》的缺陷，经过国际社会的不懈努力，2014年4月在加拿大蒙特利尔国际外交会议上审议通过了《蒙特利尔议定书》，是对1963年《东京公约》的修订。该议定书在适用范围、刑事管辖权与航空安全员规则等方面对《东京公约》作出重要修改。

（一）2014年《蒙特利尔议定书》修订的主要内容

1. 关于适用范围

鉴于《东京公约》适用于在航空器上的人员所犯下的罪行或行为，而不问该航空器是处于飞行中、公海上或是不属于任何国家领土的其他区域，如何界定“飞行中”这一决定公约适用起始与终止的“时间门槛”，直接关涉公约的适用范围。《蒙特利尔议定书》重新规定了“飞行中”的含义，旨在通过扩大公约适用范围以更全面地规制机上发生的罪行与行为。

1963年《东京公约》对“飞行中”给出了两种定义：一是第1条第3款规定，飞行中是指航空器从其为飞行目的而开启发动机时起，直至完成飞行滑行结束时止的时间。这是正常飞行情形下的“飞行中”；第5条第2款规定，飞行中是指航空器装载完毕关闭最后一扇机舱门时起，直至完成飞行开启第一扇机舱门时止的时间；航空器被迫降落时，在主管当局接手该航空器及机上人员和财产的责任以前，航空器均应被视为仍在飞行中。

修订后的2014年《蒙特利尔议定书》取消了第1条第3款对“飞行中”的定义。采用与1970年《海牙公约》和1971年《蒙特利尔公约》一致的对“飞行中”的定义，即飞行中是指航空器装载完毕关闭最后一扇机舱门时起，直至完成飞行开启第一扇机舱门时止的时间；航空器被迫降落时，在主管当局接手该航空器及机上人员和财产的责任以前，航空器均应被视为仍在飞行中。这一做法既保持了与其他公约对于“飞行中”概念所作界定的一致，也更加符合国际航空运输的实际情况。

2. 关于管辖权规则的修订

刑事管辖权规则的调整是1963年《东京公约》修订之重心所在，也是修订后公约变化最大之处。《东京公约》第3条确立了以航空器登记国管辖权为核心的“并行管辖体系”（concurrent jurisdiction），即针对机上发生的罪行与行为，航空器登记国有权行使管辖权，同时也不排斥各国依其本国法行使管辖权。

2014年《蒙特利尔议定书》大体保留了上述管辖权规则，在允许各缔约国依其国内法行使管辖权之前提下，首先确立航空器登记国有权对在其国家登记之航空器上发生的“罪行与行为”行使管辖权。其中，针对机上发生的“罪行”，航空器登记国还负有义务采取必要措施确立其管辖权；而针对可能危害航空器或机上人员财产安全，或危害机上良好秩序与纪律的其他“行为”，若其并不构成罪行，则航空器登记国有权力但并无义务确立此种管辖权。其后，《蒙特刊尔议定书》作出补充规定，航空器降落地国（state of landing）和航空器经营人所在国（state of the operator）在符合条件时也有权对机上发生的罪行与行为行使管辖权。

（1）航空器降落地国管辖权的设立。

根据2014年《蒙特利尔议定书》第4条，若某项罪行或行为是在一缔约国领土内降落的航空器上所为，且犯罪嫌疑人仍在机上时，该国作为航空器降落地国也有权对此航空器上发生的“罪行与行为”行使管辖权。并且，当下述2项条件满足时，缔约国还应采取必要措施对机上发生的“罪行”确立此种管辖权：①某项罪行是在其前一起飞地或下一预备降落地在其领土内的航空器上所为，且随后该航空器在其领土内降落而嫌犯仍在机上；并且②航空器或机上的人员或财产安全，或机上的良好秩序与纪律受到侵害。议定书还要求，在作为航空器降落地国行使其管辖权时，各缔约国应当考虑相关罪行是否在航空器经营人所在国也同样构成犯罪。值得肯定的是，议定书在国际法层面对降落地国管辖权作出新的规定具有积极意义，有利于推动各缔约国积极起诉行为人。

2014年《蒙特利尔议定书》对降落地国管辖权的增设旨在解决1963年《东京公约》降落地国管辖权难题。因为1963年《东京公约》“并行管辖”规则已经明确认可包括降落地国在内的各国均有权依其国内法行使管辖权，但成效不佳。议定书明确赋予降落地国以管辖权作为对航空器注册国管辖权的补充，但并不等同于各降落地国均有国际法上的义务确立并行使此种管辖权。而且，针对机上发生的犯罪，议定书规定了在特定情形下，降落地国不仅有权力同时也有义务确立此种管辖权。具体而言，当且仅当①某一航空器上发生的罪行导致航空器或机上人员财产安全，或机上良好秩序与纪律受到危害；并且②嫌犯仍在该航空器上；并且③该航空器的降落地国同时也是该航空器降落前的上一个起飞地国或降落前的下一个预备降落地国时，降落地国管辖权的确立对各缔约国才是义务性的。也即是说，针对不符合上述特定情形的罪行，以及其他不构成罪行但同样可能危害航空器安全与秩序的行为，各缔约国均无义务作为降落地国确立与行使管辖权。

（2）航空器经营人所在国管辖权的设立。

根据《蒙特利尔议定书》第 4 条，缔约国作为航空器经营人所在国，有权对相关航空器上发生的罪行与行为行使管辖权，但需满足 2 项条件：①某项罪行或行为是在不带机组成员租给承租人的航空器上所为，亦即有关罪行或行为是在干租（dry lease）或湿租的航空器上所为；②此航空器承租人（即航空器经营人）的主营业地（principle place of business）在缔约国境内，或当无此种营业地时，其永久居所（permanent residence）在该国境内。针对符合上述条件的“罪行与行为”中的“罪行”，缔约国还需必要措施确立对此类行为的刑事管辖权。

2014 年《蒙特利尔议定书》对航空器经营人所在国管辖权的设立同样采取了权力范围与义务范围相分离的立法方式，即对于符合条件的缔约国，其作为经营人所在国有权对机上发生的“罪行与行为”行使管辖权，但仅就其中的“罪行”负有确立此种管辖权的义务。此外，议定书第 2 条还规定，当经营人所在国与航空器登记国并非同一国家时，1963 年《东京公约》第 4 条（非航空器登记国的管辖权）、第 5 条（机长职权的范围）与第 13 条（缔约国的权力与义务）中提及的“航空器登记国”均应被视作“经营人所在国”。换言之，当航空器登记国与经营人所在国不是同一国家，应当用航空器经营人所在国替代 1963 年《东京公约》相应条款中的航空器登记国。

2014 年《蒙特利尔议定书》对降落地国管辖权与经营人所在国管辖权的增设还有当代国际运输实践的发展变化需求。根据 1944 年《国际民用航空公约》(Chicago Convention of 1944，以下简称 1944 年《芝加哥公约》) 第 12 条与第 17 条，民用航空器具有其登记国国籍。作为国际航空法的“宪章”，1944 年《芝加哥公约》确立了航空器登记国普遍管辖原则。1963 年《东京公约》赋予航空器登记国管辖权的国际法依据即在于此，其预设了航空器与其注册国间存在管辖与控制上的法律联结，以及地理与经济上的密切联系。不过，随着航空器租赁业务兴起，情况有了新的变化。在现代航空租赁实践中，干租航空器的承租人即航空器的经营人）所租之航空器未必是在其本国注册的航空器，该航空器的运营也可能不涉及其注册国,因而注册国与航空器间的联系也可能不再紧密。例如，当在 A 国注册之航空器干租给 B 国经营人从事 B 国与 C 国间的定期航班业务时，A 国是航空器注册国，B 国同时是降落地国与经营人所在国，C 国是降落地国，也可能同时是经营人所在国。 在此情形下，针对机上发生的罪行与行为，在 B 国或 C 国对行为人进行追诉与问责，均要比在 A 国更加便利可行。不仅如此，由于 A 国与该航空器的运营联系松散，往往怠于向 B 国或 C 国提出引渡请求起诉行为人，导致 1963 年《东京公约》所确立的航空器登记国管辖权在事实上被架空。

此一情况在 20 世纪 80 年代已引起重视。1980 年对 1944 年《芝加哥公约》所作的修订中增设了第 83 条之二规定，当在一缔约国登记的航空器由在另一缔约国有主营业地或永久居所的经营人根据租用、包用或互换航空器协议或任何其他类似协议经营时，登记国可与该另一国通过协议，将 1944 年《芝加哥公约》项下赋予登记国对航空器的职责和义务转移至该另一国，且登记国应被解除对已转移的职责和义务所承担之责任。2014 年《蒙特利尔议定书》作为国家间的多边协议，对经营人所在国管辖权的确立完全符合这一情形，事实上其条文措辞直接来自 1944 年《芝加哥公约》有关条文。

综上，2014 年《蒙特利尔议定书》规定的降落地国管辖权与经营人所在国管辖权，既有来源于 1944 年《芝加哥公约》的正当国际法依据，也为 1963 年《东京公约》适应当前国际空运实践做出了合理调整，可在一定程度上改善了之前存在的“管辖空缺”问题，其修订之积极价值应予肯定。

3. 航空安全员规则的增设与机长职权的变动

增设航空安全员（in-flight security officer）规则是 2014 年《蒙特利尔议定书》的特色之一。该问题在修订过程中各国分歧较大，争议焦点集中于航空安全员职权与机长职权的调配，各国对航空安全员定义、职权与选派方式等问题的认识不统一。增设航空安全员规则旨在通过为航空器增补职业安保人员，协助机长和机组成员遏止与排除航空器上的非法干扰行为，并对紧急事件做出处置。作为相互妥协的结果，2014 年《蒙特利尔议定书》仅有四个内容涉及航空安全员，且与机长职权的调整有关。2014 年《蒙特利尔议定书》保留了 1963 年《东京公约》第 6 条第 1 款对机长职权的规定，但将公约第 6 条第 2 款删去，修改为以下 3 项有关机长职权与航空安全员职权的新规定：（1）机长可以要求或授权其他机组成员提供协助，并可请求或授权但不能强求航空安全员或旅客给予协助，以便管束其有权管束的任何人。任何机组成员或旅客在有理由认为必须立即采取行动以保护航空器或机上的人员或财产安全时，同样可在未经机长授权之情形下采取合理预防措施。（2）依照有关缔约国间的双边或多边协议或其他安排部署的航空安全员，在有理由认为必须立即采取行动以保护航空器或机上人员免受非法干扰行为侵害时，或在该协议或安排允许之条件下，也包括使其免受行将犯下的严重罪行的侵害时，可在未经机长授权之情形下采取合理预防措施。（3）由 2014 年《蒙特利尔议定书》所修订的《东京公约》中的任何规定均不得被视作缔约国有义务制定航空安全员方案，也不得被视作缔约国达成了授权外国航空安全员在其领土内行动的双边或多边协议或其他安排。

必须指出，上述航空安全员可采取合理预防措施的条件与范围均具有特定性：其一，航空安全员采取合理预防措施的前提条件是缔约国之间就此达成双边、多边协议或有关安排；其二，在有关协议与安排允许之条件下，航空安全员也仅能针对“非法干扰行为”与“行将犯下的严重罪行”引起的潜在危害采取措施；其三，航空安全员保护的对象仅限于航空器本身的安全与机上人员的安全，而不包括机上财产的安全。因此，议定书项下的任何机组成员与旅客采取合理预防措施的范围均比航空安全员更为宽泛。此外，2014 年《蒙特利尔议定书》还将航空安全员列入了 1963 年《东京公约》第 10 条规定的享有责任豁免的成员名单。修订后，对于任何根据 1963 年《东京公约》所采取的行动，无论是航空器机长、任何其他机组成员、任何旅客、任何航空安全员，还是航空器的所有人或经营人，或本次飞行是为其而进行的人，在被追诉的有关行为人因其遭受之待遇而向上述人员提起的诉讼中，上述人员一概不承担责任。此责任豁免的范围被认为涵盖了刑事、行政和民事责任。

与之相对应，在机长职权方面，2014 年《蒙特利尔议定书》将 1963 年《东京公约》规定的“其认为根据航空器登记国刑法是严重罪行”修改为“其认为是严重罪行”，不再强制要求机长必须按照航空器登记国法律来判断是否构成严重罪行。

（二）评价与展望

1. 修订后的适用范围未必合理

2014 年《蒙特利尔议定书》统一了“飞行中”概念，并部分扩大了《东京公约》的适用范围。这种做法不能令人满意，也未能实现其初衷。一方面，2014 年《蒙特利尔议定书》对公约适用范围的调整“顾此失彼”，在扩大适用范围的同时也存在限缩适用范围的问题；另一方面，2014 年《蒙特利尔议定书》在扩大公约适用范围的部分同样也留有疏漏，效果有限。此外，围绕“飞行中”的内涵修订公约甚至可能错失要点，理由是原《东京公约》的意图为规制“航空器上”（on board aircraft）发生的罪行与行为制定国际统一规则，修订重心不应放在“飞行中”上面。

在适用范围的起始点上，2014 年《蒙特利尔议定书》修订后的适用范围反而窄于修订前《东京公约》所规定的适用范围。具体而言，根据《蒙特利尔议定书》对“飞行中”的新规定，针对已经开始进行登机活动而航空器外部舱门尚未关闭前这一时段内机上发生的罪行与行为，《东京公约》已被预先排除了其适用可能，因为修订后公约的适用范围始于“航空器在完成登机后其所有外部舱门均已关闭时”。而根据原《东京公约》对“飞行中”的规定，公约的适用范围始于“航空器为起飞目的而开启动力时”，反而可以部分涵盖航空器外部舱门关闭前这一时段内机上发生的罪行与行为：当登机活动仍在进行（此时航空器外部舱门尚未关闭），而位于地面的航空器为准备滑行和起飞开启其“辅助动力装置”（APU）时，机上发生的罪行与行为便已经处于《东京公约》的适用范围内，至于其外部舱门关闭与否则在所不问。当然，就“开启辅助动力装置”是否等同于《东京公约》项下所指的“开启动力”依然存在理解上的分歧。但可以肯定的是，《东京公约》至少为其适用起点的确定预留了更为宽裕的解释空间，《蒙特利尔议定书》在适用起点上的后移反而是实质性的后退。

即使是在航空器迫降的情形下，2014 年《蒙特利尔议定书》所作规定同样也未尽合适。即便航空器迫降时的适用范围，被 2014 年《蒙特利尔议定书》延伸至降落地国适格主管部门接管对该航空器及其机上人员与财产的责任以前，其何谓“接管”以及如何判断何时构成“接管”，议定书未作任何说明，导致事实上面对迫降情形时，公约的适用范围只能由各缔约国的国内法院通过对“接管”作出判断与解释而自行决定。不仅如此，若航空器在某地迫降是在降落地国主管部门明确作出接管表示后才开始开启外部舱门进行离机操作，也会导致该航空器在离机过程中，发生于机上的罪行与行为同样不属于 1963 年《东京公约》的适用范围内，与非迫降情形下存在的缺陷相同。修订前的《东京公约》尚有可能涵盖此时段内的部分罪行与行为，修订后其适用起点反而被后移至“航空器外部舱门关闭时起”；针对“离机阶段”，即使包括航空器迫降情形下的特别规定，2014 年《蒙特利尔议定书》对适用范围所作的扩大修订，对其取得的成果评价有限。在此意义上，2014 年《蒙特利尔议定书》对 1963 年《东京公约》适用范围修订，未能合理衔接 1929 年《华沙公约》及 1999 年《蒙特利尔公约》中承运人责任期间有关规则。

2. 修订后的管辖权规则存有疏漏

2014 年《蒙特利尔议定书》修订管辖权规则值得肯定，但却存在明显疏漏：（1）议定书未能落实管辖权的实际“行使”（exercising），仅明确各缔约国对航空器登记国管辖权、落地国管辖权、经营人所在国管辖权的“确立”（establishment），不能够释疑缔约国是否有义务通过其国内立法“行使”此种管辖权，实践中这类管辖权的行使与否则依然取决于各国意愿。鉴于此，修订后的管辖权规则在解决各国怠于行使管辖权的问题上究竟能有多大作为，令人怀疑。（2）议定书在“确立”相应管辖权的义务规则中，既未规定罪行的含义与具体情形，也未说明界定罪行的方法，实践中只能继续交由各国法院自行决定，必然影响议定书在统一与协调各国规制机上罪行方面的实践效果。也就是，缔约国是否负有义务兑现对某特定的违法犯罪行为“确立”管辖权，仍然在很大程度上取决于各国意愿。（3）议定书在授予管辖权的有关规则中没有突破。这是由于其对“行为”的规定过于宽泛所致。航空运输实践中，各国对何种行为构成《东京公约》项下的“危害或能够危害航空器或其机上人员与财产安全或危害机上正常秩序与纪律的行为”难以达成共识。例如，针对旅客在盥洗室中擅自吸烟，德国法院的判决认为该行为不构成对航空安全的侵害。与之相似，针对旅客的攻击行为，美国最高法院在U.S.v.Flores-Montano 一案中判决，并非所有的攻击行为都构成对机组成员履行其义务的侵害。虽然这一困境根源于各国分殊的立法与实践，但其亦由 1963 年《东京公约》对“行为”过于笼统的表述所致。问题在于修订后的议定书未对“行为”之规定作出任何改动，修订管辖权规则因此受到牵连，作用受限。（4）议定书对降落地国管辖权的规定不尽科学。修订后的议定书仅规定航空器的前一起飞地和其后的实际降落地均在其领土内和下个预备降落地和其后的实际降落地均在其领土内，缔约国方才“作为降落地国”承担确立管辖权的义务。当实践中出现第三种情形式，议定书未予涵盖，即当从 A 国起飞并准备于 C 国降落的航空器上发生可能危害航空器安全的严重罪行，机长对行为人采取管束措施后，根据 1963 年《东京公约》第 8 条第 1 款立即于 B 国临时降落以使该人离机。在此情形下，A 国是前一起飞地，C 国是下个预备降落地，B 国是实际降落地，依照议定书项下的降落地国，B 国虽为事实上的降落地国，却无义务对罪行确立管辖权。这样的结果无疑不利于实践中“并行管辖”

冲突问题的解决。（5）议定书关于“缔约国作为降落地国行使管辖权时应考虑相关罪行与行为在经营人所在国是否也同样构成罪行”的规定表达意图欠妥。修订后的议定书第4条确立了航空器登记国、降落地国、经营人所在国管辖权，但它们并非处于同一序列。航空器注册国管辖权的确立属一般规则，而降落地国管辖权与经营人所在国管辖权的确立属特殊规则，且后两种管辖权得以成立的范围均窄于航空器注册国管辖权。因为在议定书项下，航空器登记国管辖权的用词是“有权行使”与“应当采取”，降落地国管辖权与经营人所在国管辖权的用词是“也有权行使”与“也应当采取”。那么，当具体案件中不存在议定书规定的经营人所在国因而也不存在符合条件的经营人所在国管辖权时，此条规定便毫无意义。例如，在航空器并非干租给承租人的情形下，或干租航空器之承租人在其实际运营航空器的有关国家既无主营业地也无永久居所的情形下，即是如此；议定书同样忽略了对航空器注册国管辖权的关注，并明显违背其自身确立的各管辖权间的序列关系。如果要求降落地国行使管辖权时考虑经营人所在国管辖权，应该明确规定不存在符合条件之经营人所在国时，应当考虑航空器登记国管辖权方为合理。

3. 新设的航空安全员规则流于空泛

1944年《芝加哥公约》附1将航空安全员定义为：“由经营人所在国政府和航空器登记国政府授权部署在某些航班上的人员，旨在保护该航空器及机上人员免遭非法干扰行为侵害。”其附件17还要求缔约国均应审议（但并无义务接受）任何其他国家希望在国际航班上部署航空安全员的申请，且航空安全员的部署应仅在得到所有相关国家同意之基础上方可进行。修订后的议定书对航空安全员的零散规定几乎只是再次重申了《芝加哥公约》附件17本已规定的内容，其未对航空安全员这一术语进行定义；而在航空安全员职权这一关键问题上，议定书的规定授权不够清晰，仅在第7条规定，航空安全员有理由认为必须立即采取行动以保护航空器或机上人员安全免受非法干扰行为或行将犯下的严重罪行侵害时，可在未经机长授权之情形下采取合理预防措施；修订后议定书没有就“非法干扰行为”与“严重罪行”作出任何释义与说明，也未援引或提及其他已经对非法干扰行为作出说明的文件，如《芝加哥公约》附件 17。在各国意见分殊而对数项关键术语又均缺乏一致认识的情形下，在 1963 年《东京公约》这样的国际统一法文件中增设尚欠成熟的航空安全员规则，可谓欲速不达。

4. 基本结论

国际民航组织修订 1963 年《东京公约》所通过的 2014 年《蒙特利尔议定书》，社会影响广泛，其所作出的努力值得肯定。但其无论是对“飞行中”内涵所作的诠释，抑或是对航空器降落地国与经营人所在国刑事管辖权的补充，乃至于对航空安全员与机长职权规则的调整，所取得的成果皆有限，原存于 1963 年《东京公约》的主要问题与内在缺陷未能通过修订后的议定书妥善地解决。各方对 2014 年《蒙特利尔议定书》的反应颇为平淡，其生效前景令人担忧。我们认为，尽管《蒙特利尔议定书》对《东京公约》的修订未能达到令人满意的效果，这一修订所面临的现实困境与所要解决的实践问题却更为清晰地浮现出来，有助于国际社会进一步采取后续立法活动。按照 2014 年《蒙特利尔议定书》的立法主旨，我国可以考虑从国内法层面借着当前修改和完善《民用航空法》或者制定《航空法》之际，主动调整有关机上犯罪与行为的管辖权规则与罪行认定规则，有效遏制航空非法干扰行为与机上暴力犯罪行为，持续提高民用航空治理体系与法治能力，促进民航法治现代化。

2020 年新冠肺炎疫情爆发以来，国际范围内的单边主义、保守主义、民粹主义大行其道，蔓延到国际航空运输领域。许多国家调整了自己国际航空政策以控制外国的疫情输入，不惜代价、不计成本帮助本国早日恢复经济。加之新冠肺炎疫情在全球肆虐的时间周期以年计算，经济复苏乏力，延续时间无法保证，航空业备受打击，遭受前所未有的重创，造成了各种试图用法律手段统一、协调各方立场和观点的努力受到冷遇，应者寥寥。即便如此，人们仍对疫情控制和国际航空业的恢复抱有信心，对航空业的未来前景持谨慎乐观态度。直面百年未有之大变局，我们站在十字路口。人类面临共同的重大灾难之时，也是一次化危为机、培育新机、把控新机的绝佳机会，世界各国只有团结一心、抱薪互助、携手合作，世界才有光明的未来，航空业才能重回正轨，国际航空法才能重拾活力。

第六章　中国民航法治的创新与发展

第一节　新时代民航强国建设中民航法治的地位

党的十九大报告不仅提出了中国发展新的历史方位——中国特色社会主义进入了新时代。而且明确提出要建设交通强国，赋予了交通运输行业在新时代的新使命。民航是交通运输行业的重要组成部分，建设民航强国是建设交通强国的题中应有之义。

在 2008 年的全国民航工作会议上，中国民用航空局党组提出了全面推进建设民航强国的战略构想。2015 年，民航局党组提出并逐步形成了以新时期“12334”总体工作思路为指导、以“八个基本特征”为判断依据、以“一加快、两实现”为战略目标、以民航高质量发展“五个基本特征”为努力方向的民航强国战略框架体系，使民航强国战略的目标任务更明确。十九大之后，民航局在 2018 年出台《新时代民航强国建设行动纲要》，提出了推进新时代民航强国建设的指导思想、总体目标、阶段步骤、主要任务以及举措保障。

我国民航的高质量发展、民航强国目标的实现都离不开民航法治的建设与保障。站在新时代民航强国建设的新起点上，厘清民航法治与民航强国建设重要关系，进一步明确民航法治在民航强国建设中的重要地位，是中国民航发展中的重大历史课题之一。

一、民航法治是新时代民航强国建设的内在要求

交通运输是强国之基、兴国之器。党的十九大提出了建设交通强国的宏伟目标。作为交通强国的重要组成部分和有力支撑，新时代民航强国建设新征程已经开启。当前，我国新时代民航强国建设的阶段性特征

为“民航强国发展制约瓶颈攻坚期、民航强国八个基本特征汇集期、民航强国建设新征程开拓期”。“三期”既相互叠加，又依次递进，贯穿新时代民航强国建设的全过程。做好民航法治建设一方面能协调处理好现阶段民航发展中的各项矛盾，另一方面能更好发挥法治在民航强国建设中的基础性、保障性作用，彰显法治固根本、稳预期、利长远的独特价值，为民航安全、健康发展提供长期的法治保障。

（一）民航法治与民航强国的内在一致性

民航发展及民航强国建设的核心要素是安全，换言之，安全是民航发展的基础、民航强国的核心要素，安全依赖于法治保障。现代法治的核心要义是和谐善治，正是法治的内涵之义为民航发展核心要素的稳固提供了“营养”。二者的内在一致性主要体现在以下几个方面：

其一，对良好秩序诉求的一致性。对任何一个行业而言，保持稳定的行业秩序是行业所有发展中首先要考量的重要因素。就人类社会而言，没有稳定的秩序，人类的社会生活便无法正常进行；就国家而言，良好的秩序是国家治理的本质要求；就行业而言，良好的秩序是行业稳定发展的基础和前提。在众多的法治价值中，首先表现出来的是其秩序之治，秩序价值是法的基础价值。维护社会的稳定、安全，保障人基本的生存权和发展权，是作为调整人的外部行为的一般规则的法律的重要目标。所有的法律，在秩序价值的层面上来说，都是为了建立和保障社会稳定、安全的状态，都是为一定的社会秩序服务的。2015 年 5 月 19 日中国民用航空局在《加强民航法治建设若干意见》中写道：“全面推进民航法治建设，维护民航安全和运行秩序，保护民航经营者和民航消费者的合法权益，确保民航改革发展在法治轨道上稳步前行，为建设民航强国提供有力的法治保障。”这进一步充分明确了民航法治应有的“秩序之义”，同时也揭示出民航法治建设与民航强国目标的内在一致性。

其二，对公平正义追求的一致性。社会主义法治建设中，公正是关键，是法治的生命线。要坚持法治为了人民、依靠人民、造福人民、保护人民，把实现好、维护好、发展好最广大人民根本利益作为法治建设的根本目的，把体现人民利益、反映人民意愿、维护人民权益、增进人民福祉、促进人的全面发展作为法治建设的出发点和落脚点，落实到依法治国全过程各方面。在全面依法治国的实践中，要注重通过法治思维和法治方式促进社会公平正义的实现。通过民航法治建设，积极践行“发展为了人民”的理念，不断实现民航发展中的公平正义，着力解决人民最关心最直接最现实的问题，增强人民群众在民航发展中的获得感、幸福感和安全感。这与新时代民航强国建设的指导思想“实现民航高质量发展，建成保障有力、人民满意、竞争力强的民航强国，更好地服务国家发展战略、更好地满足广大人民群众对美好生活的需要”①具有较强的一致性。

其三，对人民权益保障的一致性。民航强国建设的重要目标是到本世纪中叶，我国全面建成保障有力、人民满意、竞争力强的民航强国，其中民航服务能力是重要指标之一。由于民航运输涉及高空作业，与其他交通方式相比，民航服务所要面对的情况更复杂，在各方面的要求都更高，不仅要求服务人员具备更多的安全意识和细节意识，而且要真正做到以人为本，尊重和保障每一个旅客的感受和权益，才能切实把民航服务做好做实。全方位改善和提升民航服务，重点在于要不断突出民航服务的法治特色。在民航法治建设中，按照全面依法治国的要求，以强化民航行政机关依法行政、民航经营者依法从业和民航消费者依法维权为出发点，重要目的之一是保护民航经营者和民航消费者的合法权益。具体路径为民航法律法规普及深度和广度明显增加，从业人员依法办事水平全面提高，民航消费者守法用法意识普遍增强，矛盾纠纷化解更加及时有效。

（二）民航法治是民航强国的应有之义

古往今来，人们对于“一个国家、社会治理靠人治还是法治”有过一次次的争论。我们党对依法治国问题的认识经历了一个不断深化的过程。我国民航法治进程，也是在这样一个认识的大背景中不断展开的。新中国成立初期，我们党在废除旧法统的同时，运用新民主主义革命时

---

①《新时代民航强国建设行动纲要》，中国民用航空局，2018 年 11 月 26 日，第 2 页。

期根据地法制建设的成功经验，建设社会主义法制，初步奠定了社会主义法治的基础，开启了社会主义法治的新纪元；后来，由于忽视宪法和法律的作用，社会主义法制建设跌入低谷；十一届三中全会以后，邓小平同志提出“还是要靠法制，搞法制靠得住些”，人们再次认识到法制的重要性；党的十八大以来，我们党从理论上对法治的认识更加深刻。习近平总书记曾谈道：“一些国家虽然也一度实现快速发展，但并没有顺利迈进现代化的门槛，而是陷入这样或那样的‘陷阱’，出现经济社会发展停滞甚至倒退的局面。后一种情况很大程度上与法治不彰有关。”他把法治上升到人类文明史的高度来认识，放到人类社会发展规律的整体来把握。总的来讲，就是没有全面依法治国，我们就治不好国、理不好政，我们的战略布局就会落空。这个逻辑对于行业的战略发展亦是如此。

民航业是国民经济的重要基础产业，是综合交通运输体系的有机组成部分，其发达程度体现了国家的综合实力和现代化水平。我国现在已成为名副其实的民航大国，具备了实现由“大”向“强”跨越的内在条件。对于建设民航强国战略，我们应该从关系我国经济社会发展全局的高度，充分认识民航业的战略地位和作用，统筹规划、全面推进。民航强国建设的概念和内涵都表明，参与民航建设的主体是多元化的。多元化主体的参与必然导致矛盾冲突的产生，更加需要统一的法律规范来维持秩序并保障战略推进中的公平正义，能够更公平更有效地化解民航强国建设中的各种冲突与矛盾。从民航强国的战略构想到新时代民航强国的行动纲要，我们不难发现，民航强国建设内在要求民航建设的法治化。因此，民航法治是民航强国建设的应有之义。

（三）民航法治是民航强国的重要标志

当前，能否实行法治已经成为衡量一个国家的治理是否现代化的重要标志。法治能有效维持社会秩序、保障社会正义，从而促进社会的稳定，而稳定是社会发展的前提。因此，法治俨然成为一种生产力，而且是更大的生产力。

中国民用航空局在 2018 年 11 月发布的《新时代民航强国建设行动纲要》（以下简称《行动纲要》）中明确了我国民航强国建设的战略步骤

即“一加快，两实现”战略部署：从现在到 2020 年，是决胜全面建成小康社会的攻坚期，也是新时代民航强国建设新征程的启动期。加快实现从航空运输大国向航空运输强国的跨越。从 2021 年到本世纪中叶，民航强国建设分为两个阶段推进。从 2021 年到 2035 年，实现从单一的航空运输强国向多领域的民航强国的跨越。到本世纪中叶，实现由多领域的民航强国向全方位的民航强国的跨越。2021 年 1 月，《中国民航发展阶段评估报告》（以下简称《评估报告》）正式发布。《评估报告》指出，目前我国基本具备了单一航空运输强国特征，将开启多领域民航强国建设新征程。也就是目前我国民航对“一加快”的战略部署已经实现。而对于“两实现”的目标，《行动纲要》均明确了在各战略阶段要对应实现“高效的民航治理体系”、“民航治理能力领跑全球”。民航强国建设是民航各个领域的体制、机制、规则等方面建设和提升的总和，民航治理体系建设的核心要素便是民航法治。一般认为，治理本身包含有法治精神、公民参与、多元、宽容、和谐等多重现代性要素，其中，法治精神是任何国家治理现代化中不可缺少的要素①。换言之，尽管衡量一个国家的治理体系或者行业治理体系是否高效的指标是一个多元体系，但法治必是其中的关键要素。可以说，行业法治化程度和水平已经成为衡量其治理程度的重要指标。

二、民航法治是新时代民航强国建设的重要保障

中国特色社会主义进入新时代，近代以来久经磨难的中华民族迎来了从站起来、富起来到强起来的伟大飞跃，中华民族伟大复兴的中国梦展现出前所未有的光明前景。习近平总书记在中央全面依法治国委员会第一次会议上的重要讲话中指出：“无论是实现‘两个一百年’奋斗目标，还是实现中华民族伟大复兴的中国梦，全面依法治国既是重要内容，又是重要保障。”

就行业而言，民航是国家战略性产业，在国家开启全面建设社会主

① 韩克芳：《法治在国家治理现代化中的地位、作用及其实现路径》，载《江西社会科学》2019 年第 12 期。

义现代化强国的新征程中发挥着基础性、先导性作用。经过几代中国民航人的接续奋斗，我国已具备从民航大国向民航强国跨越的发展基础，但同时也面临基础保障能力不足、资源环境约束增大、发展不平衡不充分现象突出等问题。2020 年 9 月 24 日，民航局局长冯正霖在民航法治建设领导小组第一次会议上强调，要把思想统一到中央全面依法治国战略部署上来，提高政治站位、强化政治担当，加快民航法治建设进程，为实现民航高质量发展、建设民航强国保驾护航。一方面，新时代民航强国建设赋予了民航法治建设新的使命，提出了新的要求；另一方面，民航法治建设通过树立法治思维、确立制度规范、完善法治实践等方式为新时代民航强国建设提供坚实保障。

（一）民航法治为民航强国建设提供思维保障

民航法治为民航强国建设提供的思维保障，主要指法治思维的保障。“法治思维”是指人们在法治理念的基础上，运用法律规范、法律原则、法律精神和法律逻辑对所遇到或所要处理的问题进行分析、综合、判断、推理和形成结论、决定的思想认识活动与过程。从逻辑层次上来讲，法治思维对法治建设有重要的意义。没有法治思维作为基础，民航法治建设就难以顺利推进。民航法治建设的顺利推进又直接影响到民航强国建设目标的实现。我们从两个方面来探讨法治思维之于民航强国建设的保障意义。

一是法治思维是全体民航强国建设主体的主观必备。民航强国建设依赖于硬件基础也依赖于软件建设。民航从业人作为民航强国建设目标实现的最活跃、最主要的因素，理应作为法治思维培养的主体。从法治思维的内涵出发，法治思维的主体不仅是公权力的享有者和行使者，同时也应该包括全体社会成员。所以民航法治思维主体的范围不仅涵盖民航党员领导干部，也应涵盖一般民航从业人员。一方面，民航领导干部是掌握和运用公权力的人，是民航强国建设的组织者、推动者。领导干部行使公权力的特性，决定了领导干部必须具有法治思维。习近平总书记指出推进全面依法治国必须坚持抓住领导干部这个“关键少数”，强调：“领导干部要把对法治的尊崇、对法律的敬畏转化成思维方式和行为方式，做到在法治之下、而不是法治之外、更不是法治之上想问题、作决策、办事情。”另一方面，民航普通从业人员也应该纳入法治思维培育的主体中。按照马克思主义唯物史观“人民群众才是历史创造者”的观点，民航普通从业人员才是民航强国建设各项具体目标的具体实施者。虽然通常认为不掌握公权力的普通个人符合法治精神、原则、理念和要求的判断、想法和主张，只是“法律意识”。但此类法治意识也可能通过沟通、交流和建议等方式传达、输送和注入与公权力行使者互动，进而演变成法治思维去解决具体的社会问题。所以民航法律思维培育理应覆盖普通从业人员，实现民航人员全覆盖。

二是法治思维是民航强国建设价值思考的重要前提。民航强国建设中将面临诸多现实问题，思考、分析和解决这些问题的思维方式有政治、道德、经济和法治等多种类型。从各自的角度来讲，政治思维方式的核心是利与弊的权衡，道德思维方式的核心是善与恶的评价，经济思维方式的核心是成本和效益的对比，法治思维方式的核心则是合法与非法的预判。法治思维要求在思考、分析和解决这些问题时，不仅要把合法性作为处理问题的前提，而且要求围绕着合法与非法，对有争议的行为、主张、利益和关系进行思考、分析、判断和处理。更重要的是法治思维方式在民航强国建设中还应当具有优先的位次，因为在某种意义上，合法与非法的判断无疑是利与弊、成本与效益、善与恶思考的前提。

（二）民航法治为民航强国建设提供制度保障

西方古代法治先驱亚里士多德在其名著《政治学》中论述法治的含义。他认为，法治应含两重含义：“已成立的法律获得普遍的服从，而大家所服从的法律又应该本身是制定良好的法律。”他从法的制定和实施两个环节给法治下定义。从法的制定来看，首先要有内容良好的法律；从法的实施来看，这一法律又得普遍的服从和遵守。既体现了法治的静态方面（法要是良法），又体现了法治的动态方面（法得到实现）。现代法治和古典法治具有相同的基本原则，都强调“法律至上”，其体现为一种制度形态和法律精神。在观念上，它意味着法律的权威、地位高于一切，是神圣不可侵犯的。在实践上，它表明：法律在最高的、终极的意义上具有规制和裁决人们行为的力量；不论是私人还是政府，都必须首先和主要受法律的约束，服从和遵守法律。

民航法治建设要想实现其价值目标，实现和达到一种良好有序的“法治”局面，为民航强国建设提供制度保障，就必须借助和运用“法制”体现的各个环节和各项规制和措施。特别对这里的“法制”概念进行简单说明，“民航法制”以“民航法治”理论、原则和精神作指导，主要是从静态意义上的理解，体现为两大要素——法律和制度（当然这种制度主要是要由法律来确认和形成）。如果没有“法制”贯穿民航强国建设的全过程，民航法治建设对民航强国建设的制度保障将成为一句空话。

一方面，制度保障体现为民航强国建设全过程有法可依。立法是为行业定规矩、定方圆的神圣工作，是保障行业稳定健康发展的法治起点。党的十九届四中全会通过的《中共中央关于坚持和完善中国特色社会主义制度　推进国家治理体系和治理能力现代化若干重大问题的决定》明确提出，“加强重要领域立法，加快中国法域外适用的法律体系建设，以良法保障善治”。当下，人民群众对立法的期盼，已经不是有没有，而是好不好、管用不管用、能不能解决实际问题。2015 年 5 月印发的《加强民航法治建设若干意见》将完善民航法规体系作为首要任务，并明确了建立立法规划指导、提高立法工作质量、推动重点领域立法、完善法规协调机制四个立法重点方面做好民航立法工作，以期做到覆盖行业各领域和各环节，科学规范、层次分明。

另一方面，制度保障体现为民航强国建设全过程的有法必依。有法必依是普遍的守法原则，是实行社会主义法治的中心环节，也是社会主义法治的基本要求之一。就民航强国建设来讲，首先要求民航国家机关、公职人员在处理各种事务，特别是处理与公民、其他社会团体的关系时，必须依照法律的规定办事，依照实体和程序法的规定，不得滥用国家权力。这一点拓展来讲，也就意味着民航强国建设中的公权力行使者还必须要做到严格执法，以实现公平正义，保障人民的权益。其次要求民航强国建设的建设者及相关公民都必须在国家法律及民航法规的范围内进行活动。只有在民航全行业确立普遍守法的原则才能建立和维护良好的法律秩序，充分发挥法治在民航强国建设中的制度保障作用。

o

（三）民航法治为民航强国建设提供实践保障

在民航强国建设实践中无疑会有各种各样的风险挑战，这些风险来自国内也可能来自国外，风险内容涉及政治、意识形态、经济、科技、社会等。研究这些领域风险的发生机制，都可以找到法律因素，突出表现为相关立法的欠缺、不周密、滞后等问题。

运用法治方式保障民航强国建设的具体实践，首先就要对其所涉及的风险形成的法律因素和风险点进行分析判断，查找法律漏洞，为完善相关立法、扎紧风险防范的法律制度篱笆墙，做好准备工作；同时在找准法律漏洞的基础上，善于制定好的法律规则、完善原有法律规则体系，为实现应对上的游刃有余，做足先手工作，打法律制度的有准备之战。

运用法治方式保障民航强国建设的具体实践，还要求民航从业人员在熟练掌握相关法律规定和宏观政策的基础上，保持高度警惕，密切关注各个领域的风险动态，随时警惕小概率的难以预测的“黑天鹅”事件和大概率的可以预测的“灰犀牛”事件，并进行科学研判，做到心中有数，避免风险爆发时出现“手忙脚乱”甚至“一无所知”的情况。

运用法治方式保障民航强国建设的具体实践，就是要坚持底线思维、增强忧患意识，把运用法治思维防范和化解重大风险始终贯穿于民航工作的各个领域、各个环节，提升应急情况下的依法治理能力，在应对风险中增强法治意识，依规而为、完善制度筑牢风险防线、强化执行确保防控实效，确保民航强国建设稳定、有序、安全推进。

三、民航法治是新时代民航强国建设的推进力量

稳定、改革、发展是新时代民航强国建设的三个重要支点，也是稳中求进的必然要求。稳定是民航改革发展的前提，改革是民航发展的强大动力，发展是解决民航一切问题的关键。当前，国际社会面临大变革大变局大调整，存在不确定性；国内社会结构深刻变动，利益格局深刻调整，思想观念深刻变化，凝聚改革共识难度加大，统筹兼顾各方面利益任务艰巨。运用民航法治建设贯穿“三个支点”，助推民航质量变革、效率变革和动力变革，形成新时代民航强国发展的协同效应。

（一）民航法治以保稳定助推民航强国建设

民航强国梦是全民航人为之奋斗的梦想，需要全国人民齐心协力共同奋斗，才能最终实现。民航强国建设的推进离不开一个稳定的社会环境。改革开放的总设计师邓小平在我国改革开放全面展开的历史进程中，反复强调稳定是中国实现社会主义现代化战略的必要前提，是中国的最高利益。邓小平同志曾说："中国的问题，压倒一切的是需要稳定。没有稳定的环境，什么都搞不成，已经取得的成果也会失掉。"这表明稳定在中国梦实现过程中的极端重要性，只有坚定不移地维护稳定，才能不断为改革发展创造有利的条件。对于国家而言，实现稳定的最佳手段无疑是加强社会主义法治建设。对于行业发展而言，民航法治建设也是为民航强国建设创造稳定发展环境的重要保障。

民航的稳定发展受到内外两个环境的影响。一是来源于行业自身：民航运输安全。民航运输的安全不仅影响到行业自身的稳定，与国家、社会稳定也紧密相连。正如习近平总书记所说"航空运输安全事关国家安全、国家战略，要站在国家安全、国家战略的基点上系统地研究民航的航空运输安全工作"。民航运输与旅客人身、财产关系密切，公众关注度高。民航运输安全涵盖了航空器自身运行安全、航空器外部运行环境安全、航空运输服务的安全。毋庸置疑，民航生产安全有序运行，空防安全维护、真情服务的实施都离不开法治的保障和助力。二是来源于行业外其他各项因素的影响。具体到国内外政治、经济、社会、技术、环境因素都对民航强国建设环境是否稳定产生直接影响。运用法治方式，在宪法和法律的范围内解决民航强国目标实现过程中所遇到的各种利益冲突和社会矛盾纠纷，是维护环境稳定行之有效的必备手段。法治可以为各种利益相互间的博弈搭建制度化的平台，使个人利益与社会利益形成良好的互动关系，让民航强国建设在一个安定有序的环境中，通过辛勤的劳动实现。

（二）民航法治以推改革助推民航强国建设

我国四十多年的伟大历程和辉煌成就有力证明了改革开放是决定当代中国命运的关键抉择，是发展中国特色社会主义、实现中华民族伟大复兴的必由之路；改革成功，兴是必然；不思变革，亡是必然，历史一直以这样的规律演绎着。穷则变，变则通，通则久，这是先哲们对事物发展变化规律的深刻总结，也是当代中国发展进步的现实写照。对民航行业来讲，民航改革开放的历程是国家改革开放的伟大历史进程的成功缩影。1978 年以来，民航经过 1980 年到 1986 年“民航一定要企业化”，从 1987 年到 2001 年政企分开、航空公司与机场分设，从 2002 年到 2012 年政资分开、联合重组、机场属地化，从 2013 年至今进一步深化民航改革四个阶段系统性的改革，行业面貌发生了根本性变化，行业发展取得了历史性成就。2018 年 12 月，中国民用航空局局长冯正霖在民航改革开放 40 周年座谈会上的讲话中谈道：新时代全面深化民航改革开放重在破除制约民航强国建设的体制机制障碍、把全面深化民航改革开放贯穿于新时代民航强国建设的全过程。

实践证明，新时代民航强国的路上我们必须高举改革开放的伟大旗帜。就改革与法治的关系而言，习近平总书记指出，“改革和法治如鸟之两翼、车之两轮”，“在整个改革过程中，都要高度重视运用法治思维和法治方式，发挥法治的引领和推动作用”。全面深化改革的一个鲜明特点，就是把法治贯穿于改革全过程。在法治下推进改革、在改革中完善法治，保证改革和法治相辅相成、相互促进。在 40 多年改革开放的艰辛探索中，中国民航积累了宝贵的经验和重要的启示，其中“必须把运用法治思维和法治方式作为推进民航改革开放的基本方略”，成为为全行业 40 多年艰辛探索的智慧结晶——“六个必须”之一。

改革离不开法治，改革贯穿于新时代民航强国建设的全过程，背离法治的改革，必然会是不健全的改革、不成功的改革；成功的改革，必然是在健全的法治环境下进行的。民航强国建设呼唤改革，改革离不开法治，只有将这三者有机地结合起来，才能早日圆梦。

（三）民航法治以促发展助推民航强国建设

新时代民航强国梦是一个行业的振兴梦，离不开行业方方面面的蓬勃发展，发展是解决民航一切问题的基础和关键。近年来，我国民航发展取得了巨大成就，但行业发展不平衡、不充分的问题依然存在，制约行业发展的空域资源、适航审定能力、服务品质、应急处置四个短板依然突出，关键资源不足、保障能力不强的矛盾凸显，已经成为民航发展过程中的“近忧远虑”。解决行业发展的突出矛盾，也就能使新时代民航强国建设顺利度过民航强国发展制约瓶颈期。

一是以民航法治为支撑，突出行业发展“主线”。2015 年 5 月《加强民航法治建设若干意见》中明确指出“全面推进民航法治建设，维护民航安全和运行秩序，保护民航经营者和民航消费者的合法权益，确保民航改革发展在法治轨道上稳步前行，为建设民航强国提供有力的法治保障”。民航法治建设要着眼于实现民航强国目标、维护民航安全和运行秩序这个“主线”，不能偏向，更不能“跑题”。要体现人民性。人民是历史的创造者，是社会变革的决定力量，每一项民航法规的出台，每一条规章的制定，必须广泛征集群众意见，充分调动群众的积极性，这样法治建设才能体现民意，让守法护法成为人民的思想自觉和行动自觉，推动民航业安全健康发展。法治建设说到底，就是为了维护行业稳定，增加行业发展红利和人民幸福指数。

二是以民航法治为抓手，引领行业发展“路线”。习近平总书记强调：“人类社会发展的事实证明，依法治理是最可靠、最稳定的治理。要善于运用法治思维和法治方式进行治理。”善于运用法治思维和法治方式进行治理，就要完善司法体制改革的顶层设计，使之科学化高效化，为经济社会发展廓出“路线”。突出引领作用。在谈到民航法治与行业发展的问题时，民航局局长冯正霖也谈到“不断完善民航法规体系服务行业发展。要坚持与时俱进的立法指导原则，‘质量与进度并重’，切实补齐立法顶层设计方面存在的短板，拓展行业发展空间。”紧紧围绕民航强国建设的需要，不断完善法治体系，夯实责任下沉，让法治建设紧跟时代步伐，引领行业朝着快捷高效的“路线”健康发展，助推民航强国建设。

三是以民航法治为依托，坚守行业发展“底线”。民航局局长冯正霖曾谈道：“无论在发展中遇到什么问题，需要解决什么问题，民航都要坚持‘飞行安全、廉政安全、真情服务’三个底线，努力做好各项工作，更好服务国家发展战略，更好满足广大人民群众需求”。“三个底线”是民航回应现阶段社会大众诉求、谋划行业未来发展的基本遵循。飞行安全运行的标准通过立法法治化、民航廉政党建和反腐倡廉工作体制机制建设、服务标准依法规范都离不开以法治为依托。归根结底，只有坚持法治，才能为行业发展提供持续安全；只有坚持法治，才能为行业发展提供政治保障；只有坚持法治，才能为行业发展树立标杆服务。

第二节　新时代民航高质量发展中民航法治的治理创新

党的十九大报告指出，我国经济已经由高速增长阶段转向高质量发展阶段。由高速增长阶段转向高质量发展阶段，是新时代我国经济发展的基本特征。推动高质量发展，是保持经济持续健康发展的必然要求，是适应我国社会主要矛盾变化和全面建成小康社会、全面建设社会主义现代化国家的必然要求，是遵循经济规律发展的必然要求。实现高质量发展需要以高效能治理为基础，更大力度地解放和发展社会生产力，提高全要素生产率，增进人民福祉。法治满足了国家治理对于合法性与有效性的需要，法治的事业与国家治理的事业在相当程度上是重叠的，法治能力就是国家治理能力。党的十九届四中全会进一步明确提出了坚持和完善中国特色社会主义制度、推进国家治理体系和治理能力现代化的任务和举措。国家治理体系和治理能力现代化取决于中国特色社会主义制度的成熟定型程度，取决于制度的优越性能否充分展现。法律是最重要的制度形式，也是制度的最高形态[①]。

从行业来讲，民航法治治理的能力提升情况从一定程度反应民航高质量发展情况。能否加快形成民航法治体系，把民航法治体系转化成治理效能，将直接关系到民航治理体系和治理能力的现代化进程，同时也直接影响到民航高质量发展，以及民航强国建设的进程。民航在新时代高质量发展中推进民航强国新征程,民航法治治理承担了新的时代使命,同时也为民航法治治理创新提出了新要求。

---

① 马怀德:《法治是国家治理体系和治理能力现代化的必由之路》，载《人民日报》2019 年 12 月 3 日。

一、民航法治治理创新的时代语境

任何理论的诞生和实践的出现都不是凭空的，都是有着其丰富的出场语境，反映着时代的需求，解决社会发展所面临的时代课题。推动和实现民航高质量发展,是摆在新时代民航人面前的迫切要求和艰巨任务。民航法治创新在新时代建设中的出场就是由国家经济发展和行业发展阶段的转变而决定的，这个出场语境就是民航高质量发展。

（一）民航高质量发展的提出

民航高质量发展的提出可以从时代背景和行业背景两个角度来进行说明：

一是民航高质量发展提出的时代背景。习近平同志在十九大报告中指出，中国特色社会主义进入新时代，我国社会主要矛盾已经转化为人民日益增长的美好生活需要和不平衡不充分的发展之间的矛盾。唯物辩证法告诉我们，矛盾无时不在、无处不在，存在于经济社会发展的全过程，是社会进步的根本动力。在社会的各种矛盾中，起着领导、决定作用，规定、影响其他矛盾的存在和发展的就是主要矛盾。反映到实际工作中，主要矛盾就是指中心工作、主要环节和工作重点。我们只有集中力量找出主要矛盾，才能找到解决复杂问题的重点。这就要求我们深刻认识社会主要矛盾变化带来的新特征、新要求，围绕满足人民美好生活需要着力破解发展不平衡不充分的矛盾和问题。我国社会基本矛盾变化是关系全局的历史性变化，深刻反映了我国社会生产和社会需求的新特点；正是基于这一根本变化，新时期我国的发展环境、发展阶段、发展任务、工作对象和工作条件都相应发生了深刻变化，人民群众在基本文化生活更高要求的基础上，开始逐步聚焦于公平和正义、法治和安全等治理体系和软环境方面的高层次需求。

二是民航高质量发展提出的行业背景。新中国成立后，经过几代民航人的努力，中国民航已经取得了历史性变化，取得了历史性成绩，基本确立了适应社会主义市场经济、符合行业发展规律并与国际接轨的新型民航管理体制，基本形成了全方位、宽领域、多层次的对外开放格局，极大解放和发展了民航生产力，民航三大主体呈现良好发展态势。但在民航大国向民航强国跨越的过程中，推动和实现民航高质量发展，是摆在新时代民航人面前的迫切要求和艰巨任务。一方面，只有推动民航高质量发展，实现民航发展质量变革、效率变革、动力变革，才能切实提高行业核心竞争力，有效应对国际国内一系列不确定因素带来的风险挑战；才能真正突破行业发展瓶颈，较好地解决需求旺盛和保障能力不足的主要矛盾；才能不断汇聚民航强国基本特征，扎实推进新时代民航强国战略进程。另一方面，推进民航高质量发展是一项长期、曲折、艰苦的系统性工程和历史性任务，绝不是一蹴而就的，许多的“坡”和“坎”需要我们去跨越。当前和今后一个时期，必须要把推进民航高质量发展作为确定工作思路、制定发展政策、实施宏观调控的根本要求，必须进一步明确民航高质量发展的目标任务、基本要素、路径方向和效益品质，推动高质量发展在民航落地生根。

（二）民航高质量发展的核心要义

民航高质量发展已成为行业确定工作思路、制定发展政策、实施宏观调控的根本要求。对于民航高质量发展的核心要义可以从要求、内涵、特征、路径和结果五个方面进行阐释，必须深刻理解发展理念新、发展目标明、发展动力足、发展路径清、发展效益好这五个基本要点[①]。

一是民航高质量发展是体现新发展理念的发展。在推动和实现高质量发展的进程中，中国民航面临着新一轮科技革命和产业变革的大环境，发展不平衡不充分的问题长期存在，人民群众的出行需求与日俱增，对民航业服务种类、范围、能力和水平的要求越来越高，国际经济合作和竞争始终存在。要求坚持创新是第一动力，协调是内生特点，绿色是普遍形态，开放是必由之路，共享是根本目的，将新发展理念贯穿各项工作的始终。二是民航高质量发展是目标明确的发展。民航高质量发展的目标和新时代民航强国战略目标高度统一。在推进民航高质量发展的进程中，需要行业各单位以战略目标和总体目标为统领，以阶段目标和专

① 《把握民航高质量发展的核心要义——二论贯彻落实全国民航工作会议精神》，载《中国民航报》2019 年 1 月 15 日。

业领域目标、单位具体目标为支撑，既要始终朝着民航强国这一战略目标坚定迈进，也要聚焦不同阶段的主要矛盾和突出问题，科学制定民航高质量发展的阶段性目标。三是民航高质量发展是动力充足的发展。在推进和实现民航高质量发展的进程中，行业要努力实现发展动力的变革，既加大改造提升传统动能，保证旺盛的市场需求能够充分转化成民航发展的持续动能，又大力培育壮大新动能，通过技术进步、管理创新、结构优化来提高全要素生产率，同时还要激发强大精神动力。四是民航高质量发展是路径清晰的发展。"一加快，两实现"民航强国战略进程是推进民航高质量发展总的路径。"一二三三四"民航总体工作思路是指导当前和今后一个时期民航发展的行动指南。全行业要始终坚持稳中求进总基调，围绕供给侧结构性改革这一主线，正确处理好安全和发展、安全和效益的关系，突出工作重点，掌控节奏力度，补短板，强弱项。五是民航高质量发展是综合效益好的发展。民航高质量发展的成效必须体现在安全底线牢、运行效率高、服务品质好、经济效益佳、发展后劲足的综合效益上。其中，安全水平是民航高质量发展的根本特征，运行效率是民航高质量发展的综合反映，服务品质是民航高质量发展的社会价值体现，经济效益是民航高质量发展的实力所在，发展后劲是民航高质量发展的源头活水。牢固树立安全底线意识，保持行业运行链条完整，把真情服务理念始终贯穿于民航服务的全过程，优化民航企业资本结构，合理配置行业资源，始终保持创新活力，充分释放行业生产力。

（三）民航高质量发展的具体指标

为推动高质量发展在民航真正落地生根，民航局于 2019 年 5 月印发《中国民航高质量发展指标框架体系（试行）》（下文简称《指标框架体系》），明确民航高质量发展的具体指标，并要求民航系统认真贯彻落实，用指标体系引导、评价、规范民航高质量发展各方面工作。《指标框架体系》贯彻了新发展理念的要求，聚焦于民航强国建设的目标，注重对行业发展动力的激发，坚持以深化民航改革为抓手，体现了对高质量发展综合效益的引导，力求使民航高质量发展的理念更清晰、导向更明确、制度更完善、路径更明晰、效益更突显，从而实现对民航高质量发展的引导、评估、考核和推动作用。

《指标框架体系》由基础指标和特征指标两部分构成，主要遵循了典型性、可测量、导向性等原则，分别从不同的侧重点反映我国民航业的发展状况和面貌，共同体现了民航高质量发展的内涵和特征。基础指标既是民航高质量发展的基础，也是高质量发展结果的具体体现，重在反映民航业发展的基本状态、总体面貌，体现了民航业发展的特色和本质要求，包含“关键要素、评价指标、指标内涵、计算方法、备注”5 项元素。特征指标体现了高质量发展的要求和特征，反映了民航高质量发展的过程、方式及路径等内容，包含“特征、关键要素、评价指标、指标内涵、计算方法、备注”6 项元素，重在反映行业对新发展理念的落实情况，重在反映行业动力、协调、绿色、开放、制度及结构等综合质量和效益方面的情况。

攻坚需有“利器”。勾画好民航高质量发展蓝图，必须有明确的指标体系作为基础和先导。一是需要充分发挥指标框架体系对民航高质量发展的引导作用。指标框架体系遵循典型性、可测量、导向性原则，既全面系统又简明扼要，是完善民航高质量发展政策体系、标准体系、统计体系、绩效评价、政绩考核的前提和基础，对民航高质量发展的系统、整体推进具有引导作用。二是需要充分发挥指标框架体系对民航高质量发展的评价作用。这两大类指标既有细化的 68 个评价指标，又阐明了指标内涵、列出了计算方法，具有标准可量化、操作性强的特征，解决了统计体系不完善和指标体系不健全、执行难、评价难的问题。三是需要充分发挥指标框架体系对民航高质量发展的规范作用。这一政策工具不仅能对民航高质量发展的实践成果进行评估考核，而且能为制定相关政策与标准提供科学、合理的依据。充分发挥指标框架体系对民航高质量发展的规范作用，需要从试点经验中提炼出可复制可推广的经验，再转化为行业政策与标准，从而实现民航高质量发展的各项政策标准的协同互动、各类资源要素的高效配置、各大运行主体的齐头并进。

二、民航法治治理创新的目标指引

国家治理体系和治理能力现代化，就是使国家治理体系制度化、科学化、规范化、程序化，使国家治理者善于运用法治思维和法律制度治理国家，从而把中国特色社会主义各方面的制度优势转化为治理国家的效能。可见国家治理体系的现代化，离不开法律制度、法律体系以及法治体系的现代化，也就是法治治理。为了明确民航法治治理创新的目标指引，我们有必要讨论交通强国、民航高质量发展、民航强国建设之间的关系。

（一）民航高质量发展是交通强国建设的支撑

民航是提升交通可达性、提供更高效率和更好出行体验交通服务的重要依托。民航强国是交通强国建设的重要组成部分，深入贯彻新发展理念，发挥民航比较优势，加快供给侧结构性改革，推动民航高质量发展，是建设民航强国的必由之路，也是交通强国建设的内在要求。

民航在交通强国建设中具有支撑作用，主要体现在以下五个方面：一是民航是最适合远距离快速运输的交通方式，是地面交通不便地区改善出行条件最便捷的交通选择，在经济社会发展中具有特殊的重要的作用和地位；二是民航是国际运输市场的核心力量。民航是唯一能通达全球的网络化运输方式，在跨国、跨洋运输中发挥着其他运输方式难以替代的作用，是国家全方位对外开放的重要支撑。三是民航是区际快速交通服务的主力军。民航主要承担远距离地区之间的快速交通运输服务，为旅客提供快捷、舒适的服务，为高附加值、高时效性产品快速运输提供重要保障。四是民航是国家安全应急的战略力量。民航是国防交通的重要组成部分，是执行军事、应急、救援、抢险、救灾等运输任务的重要力量。民航具有机动灵活、高效快捷的特征，在改善偏远地区居民交通服务水平方面发挥关键作用。五是民航是经济社会高质量发展的动力源。民航具有产业链条长、资金和技术密集的特点。民航提供广泛、高效的全球运输服务，是地区扩大开放、改善投资环境和培育新兴产业的重要基础条件。机场周边临空产业的发展促进了地区产业升级和经济增长。

结合民航高质量发展要求，具体的支撑路径为：坚持以开放的发展构建全球通达网络，实现全球通达是国家全面对外开放战略对交通的基本要求，也是交通强国的基本特征；推进与全球主要航空市场及“一带一路”新兴市场的准入开放，建设具有全球竞争力的国际航空枢纽，打造世界一流的大型网络型航空公司；坚持民航协调发展，提升服务质量和效率，进一步促进民航区域协调、干支协调、民航与其他交通方式融合发展；坚持创新发展支撑发展动力转换，创新是高质量发展的基础条件，也是交通实现新旧动能转换的重要驱动力。民航创新发展要求形成产学研深度融合的技术创新机制、强化产业链协同，推动民航装备国产化、大力推进民航与互联网技术的深度融合，加快行业数字化转型。坚持绿色发展助推建设生态交通方式，一是坚持资源集约利用，严守生态保护红线，落实生态保护要求，二是机场整体运行贯彻绿色低碳理念，三是加强行业绿色新技术的研发应用。坚持共享发展促进服务公平普惠，“人民航空为人民”是民航行业发展宗旨。坚持共享发展，就是要提供更多样化的服务产品，加快在偏远地区、山区和海岛地区布局、增强交通应急保障能力，促进军民航融合发展。

（二）民航高质量发展是民航强国建设的本质

2018 年全国民航工作会议召开期间，民航局局长冯正霖表示“高质量发展是新时代我国经济发展的基本特征，也是民航强国建设的本质和根本要求”。

推动民航高质量发展，开启新时代民航强国建设新征程，就是要把新时期民航总体工作思路始终贯穿在处理好‘安全与发展、安全与效益、安全与正常、安全与服务’四个关系的全过程[①]。“四个关系”都是以安全为基础，因此处理好“四个关系”，首先要把握好民航安全的特点和现状。民航的安全工作具有政治性、持续性、阶段性、基础性等特点，当前我国安全形势总体平稳可控，但是安全工作的基础还不牢固，制约航空安全发展的突出问题和矛盾尚未得到根本解决。把控航空安全，一要

① 冯正霖：《推动民航高质量发展 开启新时代民航强国建设新征程》，载《人民论坛》2018 年第 5 期，第 6-8 页。

做到运行总量和安全保障能力相协调。控制运行总量增长过快的势头，在空域资源、基础设施保障能力尚不能满足需求的情况下，在航线航班增加、运力引进等方面坚持严格的标准，从而处理好“安全与发展”“安全与效益”的关系。二要做到安全运行标准和安全裕度相均衡。在确保安全的前提下，梳理运行标准中过严过紧的规定，为航空公司、机场、空管安全运行、优化流程、提升效率提供空间，从而处理好“安全与正常”的关系。三要做到安全管理目标和管理手段相匹配。坚持以人民为中心，践行“发展为了人民”的理念，聚焦人民群众的需求和关切，认真实践真情服务，从而处理好“安全与服务”的关系。

民航高质量发展的成果最终要体现在服务国家战略和满足人民美好生活需要上。推进新时代民航强国建设，要以正确的发展方向为引领，准确把握行业发展的阶段性特征，按照“一二三三四”新时期民航总体工作思路，解决好民航每个发展阶段的主要矛盾和突出问题，进一步谋划好民航强国的战略进程。新中国民航创立伊始，就把保证安全第一、改善服务工作、争取正常飞行、满足人民群众需求作为民航发展的根本遵循，这同样是民航强国建设的根本遵循。“要牢牢把握发展为了人民的理念，大力弘扬当代民航精神，担负起时代赋予的历史使命，始终把服务国家经济社会发展战略、满足人民对美好生活的需要作为民航强国建设的发展方向。”

（三）民航高质量发展推动民航法治治理创新

民航法治治理能力不断提升是民航高质量发展的重要标志之一，良好的法治建设是民航高质量发展的制度保证。民航高质量发展中的新发展理念、新发展目标都对民航法治治理提出了创新要求。

民航高质量发展的理念的五个方面即“创新、协调、绿色、开放、共享”与法治治理密不可分。一是从法治是民航创新发展的要求，创新是民航高质量发展的第一动力，必须推动行业创新体系建设，让创新在行业内蔚然成风。科技进步为法治治理能力提供丰富多样的创新支持和强有力的技术保障；同时法治也不断回应科技进步提出的新问题新挑战，调整新出现的社会利益关系，解决新的社会矛盾，并利用新兴技术成果，实现自身的发展进步。二是法治是民航协调发展的基础，民航发展中的不协调问题，大都可以追寻到民航法治的缺失。当制度缺位或无法实现有效供给时，民航发展的制度失衡，引发民航各类资源之间的失衡。因此，新时代民航的协调的发展势必以法治的方式进行，对法治治理创新提出新的要求即有效处理重大关系，平衡各方的利益，在协调、稳定中扩展发展空间、调整发展结构、提升发展效益。三是法治是民航绿色发展的保障。绿色发展的理念，是发展理念的重大突破。树立并贯彻民航绿色发展理念，关键是要提升民航法治化水平。航空资源节约、航空污染源控制、航空生态保护是绿色发展的基本要素，没有最严厉的法治引领和保障，就不可能保住青山绿水，就有悖于发展的目的。四是法治是民航开放发展的重器。坚持民航开放发展，顺应了我国民航事业深度融入世界的大势。国际航空业的竞争首先是国际规则和国际法航空法律秩序话语权的竞争。在全球经济治理中，争取制度性话语权至关重要。要提高对外开放的水平，就必须进一步加快修改完善适应新形势的相关涉外法律规范，广泛参与和引领国际航空规则制定和全球治理机制变革，推动中国民航法治理论融入世界规则。法治是共享发展的需要。民航共享发展，突出了实现社会公平正义的价值观。以法治思维落实共享发展，有待于我们进一步完善民航涉及消费者权益保护的相关法规、加强民航法治政府建设，加强约束公权力的依法实施。

民航高质量发展具体目标内涵法治治理创新。民航高质量发展以战略目标和总体目标为统领，以阶段目标和专业领域目标、单位具体目标为支撑，一步一步地扎实迈进。建立民航高质量发展的指标体系是用统一的指标引导、评价、规范民航高质量发展。我们需要特别看到在反映民航高质量发展的过程、方式及路径等内容的特征指标中，“创新”特征指标内涵了“科技创新、管理创新、制度创新”三个维度。在制度创新的维度之下，我们可以看到具体评价指标又细化为四个：放管服的政策评价、立法计划的完成率、行业政策效果评价、行业规章有效性评价。其中三项具体指标为法治治理中制度创新明确了方向。可见法治治理创新，特别是法治制度创新对高质量发展的重要意义。

三、民航法治治理创新的具体体现

为贯彻落实党中央、国务院关于全面依法治国的决策部署，加快推进民航行业快速、高质量发展，民航强国建设新征程顺利开启，新时代民航法治建设各项工作有序推进，行政立法与执法均取得丰硕成果，具体体现为以下几个方面。

（一）民航法治政府建设取得新进展

党的十八大把法治政府基本建成确立为到 2020 年全面建成小康社会的重要目标之一，为深入推进依法行政，加快建设法治政府，如期实现法治政府基本建成的奋斗目标，针对法治政府建设实际，2015 年 12 月制定并发布了《法治政府建设实施纲要（2015—2020 年）》。为贯彻落实党中央法治政府的建设目标，民航局结合实际制定了《法治政府建设实施纲要民航任务分工表》，同时确定了从 2016 年开始将此项工作纳入年度重点工作，稳步推进各项具体工作。民航法治政府建设工作主要围绕四个方面展开：

一是增强制度基础，完善民航法规体系。重点领域立法不断加强，按照民航“十三五”立法规划，先后开展事故调查、飞行标准、运输规则、通用航空、机场管理、空管人员执照和设备、航空安保等重点领域的法规、规章审查工作，不断完善民航法规体系。仅 2018 年一年就审查规章 38 部，配合交通运输部审查并颁布规章 20 部。持续推进《民用航空法》修订工作。积极配合相关部门推进《民用航空法》整体修订审查各项工作，协助开展向地方人民政府、中央部门、部分企事业单位、研究机构等征求意见，完成《民用航空法》第五次局部修改。

二是坚守真情服务底线，简政放权转变职能提升效能。取消、下放一批行政审批事项；积极推进行政审批标准化建设，修订标准化服务指南，规范内部审批细则，标准化文书凭证。精简申报材料，以书面承诺形式代替，为企业和群众办事提供方便；推进“互联网 + 政务服务”。通过业务系统建设、云平台建设、政务系统扩展等，让信息“多跑腿”，企业和群众“少跑路”。建成行政审批网上预受理系统。推进民航政务信息系统整合共享，民航局机关9个政务信息系统已完成统一运行和集中管理。提高民航工作的透明度，充分发挥政府信息对人民群众生产、生活和经济社会活动的服务作用完成，民航政府网站改版升级，实现中英文版、移动客户端全覆盖。

三是持续优化民航投资、财经政策，实施《国内投资民用航空业规定》，进一步放宽国有和非国有主体投资民航业准入标准，鼓励、支持国内投资主体投资民用航空业，引导、规范民航企业之间的投资行为。全面参与自贸协定、投资协定谈判，推进与有关国家民航市场高水平双向开放。制定支持国家自贸试验区、自由贸易港、服务贸易发展等试点建设的民航措施。配合有关部门制定“外商投资准入负面清单”和“自由贸易试验区负面清单”民航领域条目，修订完善民航领域市场准入负面清单，制定民航领域跨境服务贸易负面清单。研究提出民航领域中央与地方财政事权和支出责任划分改革方案，成为民航领域各项财政支出政策的基本制度依据。研究提出支线航空和中小机场补贴、基建贴息等办法修订思路，促进行业平衡充分发展。彻底解决了进口租赁飞机双重征税问题，扩围民航安全生产设备抵扣所得税优惠目录，有效减轻企业税收负担。

四是以严守民航安全底线，持续加强监管能力建设。稳步开展行业监管模式改革。在前期开展试点、试用的基础上，启动全国推广工作。建设民航行业监管执法系统，编制、更新监管事项库；强化企业自查自律，出台运输航空公司差异化监管政策。制定《通用航空监管模式调整试点实施方案》，在部分民航地区管理局开展试点。加强监察员资质能力建设。修订《中国民用航空监察员管理规定》，编制发布多份行政执法指导文件，开展执法案卷交叉评查，及时反馈执法规范性问题。开展民航监察员审验，对离开执法岗位监察员的证件及时予以注销。加大监察员、公职律师和立法人员培训力度，改进培训模式，开发网络视频课程和案例课程。

（二）行业法治立法规划实现新突破

坚持以规划统领法治建设。民航局成立了民航法治建设领导小组，进一步加强了法治建设的统筹规划和组织领导，制定了《加强民航法治建设若干意见》对十三五法治建设进行总体安排。2016 年 9 月，民航局印发《民航“十三五”立法规划》，这是行业法治建设历史上首部专门立法工作五年规划，开创性地对行业的立法工作作出了中长期要求和安排，有效协调了民航法规体系 12 个子系统 108 部规章，法规建设的系统性、协调性、针对性得到提升。为了提升立法工作的及时性和有效性，2017 年根据《民航立法规划管理办法》，在编制年度立法计划的同时，民航局对列入立法规划的项目进行了动态调整，形成了新的立法规划项目表。

同时，注重以与时俱进作为立法工作指针。清理存量，组织全面梳理法规规章，2018 年共征集到 59 家单位涉及 73 部民航规章的 492 条意见建议，逐一提出处理措施，与立法计划和规划对接落实；把住增量，将与时俱进等四方面要求全面纳入法规规章审查标准。修订《公共航空运输企业经营许可管理规定》《定期国际航空运输管理规定》等规章，删除与当前民航发展不相适应的条款，增加规范新时期民航运输的相关条款，进一步释放市场活力。开展各类法规清理工作。按照党中央、国务院部署要求，开展不平等保护非公有制经济、民航领域军民融合、放管服改革、生态文明、排除限制竞争、证明事项、产权保护等法律、法规及文件清理工作。初步建立公平竞争审查工作机制，将公平竞争审查内容融入规章和文件合法性审查要点。

（三）民航行业监管模式调整改革取得新成果

随着行业运行规模的不断扩大，运行主体日益多样，运行模式日渐复杂，传统的监管模式已无法适应需求。为此民航局创新了精准监管、信用制度、法定自查、非现场监管等一系列工作方法，以提升监管效能，增进执法水平。不断深化精准监管理念，从微观监管向宏观监管、从“盯人盯事”向“盯组织、盯系统”、从侧重技术监管向侧重治理体系监管转变。建立了涵盖供给侧和需求侧双方面的信用管理体系。供给侧约束在我国境内从事民用航空活动或者在我境外从事需要我国批准的民用航空活动的单位和个人。通过建立严重失信行为记录制度并实施信用惩戒，督促企业诚实守信。目前累计共有 6 家单位和 43 名个人被记入严重失信记录。需求侧通过对因在机场或航空器内实施九种危及民航安全的行为被公安机关处以行政处罚或被追究刑事责任的旅客限飞，防范旅客违法行为对民航飞行安全的不利影响。已累计限飞 19 593 人。建立企业法定自查制度，强化民航单位主体责任，依法督促企业自律，有效减少了问题发生。创新非现场监管，通过远程视听资料、图文、电子数据等方式进行执法检查。受疫情影响大量现场监管工作无法开展，非现场监管能在满足防疫要求的同时确保监管工作有序进行。

（四）以法治方式处置重大突发事件取得新实效

为消除安全隐患，在符合国际民航公约、国内法的基础上，我国在全球率先停飞 737Max 系列飞机，依法维护旅客安全权益；民航局依法依职责向香港国泰航空发出重大安全风险警示并采取有力措施，按照符合国际惯例的航空安全保障要求，有效防控香港至内地的输入性航空安全风险，赢得了广泛好评，实现了法律效果和社会效果的有机统一；为解决北京输入性疫情风险防控问题,依法激活了休眠 30 多年的有关第一入境点机场的法条，会同有关部门发布了调整入境城市的系列文件。

第三节　新时代民航法治的国际化发展

作为中国改革开放战略的重要组成部分，对外开放是中国处理与世界关系的核心路径，它实质性地促成了中国与世界的良性互动，成为中国开创和平发展道路的本质特征。对外开放与对内改革相辅相成，是决定当代中国命运的关键抉择，是发展中国特色社会主义的强大动力，是中华民族伟大复兴的必由之路。民航业具有天然的国际性，我国民航行业主管部门以及相关企事业单位，要开展涉外工作，发展对外关系，民航法治工作的首要任务就是坚定地维护国家利益、主权和民航业的利益。而这一系列活动不可避免地要与国际法和国际航空法打交道，一方面实现中国民航法治建设与世界的融合，助推民航强国目标的实现；另一方面中国民航法治对国际民航贡献的中国方案、中国智慧，也不断实现着我国民航法治工作的国际化的发展。

一、新时代民航法治的国际化背景

新时代民航法治国际化背景的讨论无非两个视野，一是中国民航国际化本身的发展历程。这是中国民航法治走向国际的一个行业对外开放的大背景；二是新时代民航强国征程的开启，民航强国具体目标为新时代民航法治国际化提供了要求。

（一）中国民航国际化发展的简要历程

商业航空是人类交通运输历史上继水运（包括海运）、公路、铁路之后的第四次产业革命，借助于航空工业发展和航空器的技术进步，地球上任意两点的航空直达直通已经成为现实。航空运输通过扩大市场和开放社会实现产业经济和社会政治功能集聚和辐射，是经济全球化发展的主要途径和成长基石。全球范围内航空运输产业价值巨大、意义深远，国际航空运输更是举足轻重。

中国民航的国际化发展始于 1978 年之后的改革开放。1978 年中国民航国际航线旅客运输量只有 11.03 万，国际货邮运输量只有 5 262 吨。经过四十余年的大力发展，2019 年国际航线旅客运输量达 7 425.43 万人次，国际货邮运输量达到 241.91 万吨。改革开放迎来中国经济发展的春天，同时也迎来了中国民航国际发展的春天。中国民航国际化基本保持高速成长，只有在 20 世纪 80 年代末 90 年代初、2003 年亚洲经济危机、2008—2009 年全球经济危机、2020 年新冠疫情四个时期国际业务量下降。政治稳定、经济健康是民航发展的基本保证，更是民航国际化健康成长的主要前提和背景。

中国民航国际化业务量市场指标基本保持高速增长，增速大约为整体增速的 2 倍以上，是国内增速的 2 至 3 倍左右。这样的增速也确保中国民航的国际影响力越来越强。国际航空运输成为中国民航发展的最大亮点和新增长点。中国已经成为全球宽体机最大的潜力市场和订单市场，中国除三大航之外的众多中型航空公司积极补充宽体机机队并大力拓展中长途国际航线。

民航国际市场有别于国内市场，受到国家空域航权的硬性约束；同时民航国际化发展依托主要国际航空枢纽资源以及服务保障能力的制约。中国国际航空运输发展依然面临诸多压力与挑战。中国民航的国际化水平无论是从国际贡献还是规模来说，与世界民航强国相比还是存在不小的差距。中国民航规模虽然居于全球第二的地位，但是与排名第一的美国（航空运输周转量、机队规模、颁证机场、雷达导航、国际航空枢纽等）依然存在1倍左右的差距。中国民航国际化水平和国际竞争力依然落后于美国。当前中国年人均乘机次数远低于欧美及航空发达国家。中国民航产业的经济贡献在全球范围内处于较低水平，尤其是民航产业溢出价值低、航空旅游服务价值较低。中国民航国际化发展的道路依旧漫长和崎岖。

（二）新时代民航强国建设中的国际化目标

民航强国梦是新中国几代民航人不懈努力的民航中国梦。中国民航整体规模已经居于全球第二，根据国际航空运输协会（IATA）的预测，2023年前后中国民航运输周转量将全面超越美国。在2008年的全国民航工作会议上，中国民用航空局党组提出了全面推进建设民航强国的战略构想，并提出中国民航强国的工作目标。2018年11月印发的《新时代民航强国建设行动纲要》（下文简称《纲要》），对实现民航强国梦的奋斗目标做出详细的路径规划，为未来几十年的民航发展指明了方向。

《纲要》明确，到本世纪中叶，将全面建成保障有力、人民满意、竞争力强的民航强国，为全面建成社会主义现代化强国和实现中华民族伟大复兴的中国梦提供重要支撑。民航服务能力、创新能力、治理能力、可持续发展能力和国际影响力居世界前列。为实现这一总体目标，我们在战略规划上，提出“一加快，两实现”的战略部署。《纲要》经过多轮修订，明确了建设新时代民航强国的八大主要任务和三十三项重点举措。民航强国建设的八大主要任务也是民航强国八大基本特征，具体有：（1）拓展国际化、大众化的航空市场空间。（2）打造国际竞争力较强的大型网络型航空公司。（3）建设布局功能合理的国际航空枢纽及国内机场网络。重点是打造世界级超级承运人，打造全球性的航空物流企业，培育多元化的航空市场主体等举措。（4）建设布局功能合理的国际航空枢纽及国内机场网络。（5）健全先进、可靠、经济的安全安保和技术保障服务体系。（6）构筑功能完善的通用航空体系。（7）增强制定国际民航规则标准的主导权和话语权。重点是积极参与国际事务，全面深化国际合作，积极参与全球民航治理等举措。（8）培育引领国际民航业发展的创新能力。民航强国主要具体任务中的五项任务均与中国民航国际化直接相关。民航强国的核心就是全球公认的民航产业国际竞争力。中国民航国际竞争力表现在国家在国际民航市场出售产品和服务的能力，主导国际航空运输市场格局的能力；有效地向国际市场提供航空运输服务，输出相关技术、标准、产品、服务、管理的能力，以及在国际组织和机构中享有的话语权和影响力；同样表现在航空市场的国际竞争力、航空运输企业的国际竞争力、航空枢纽的国际竞争力以及民航产业政策竞争力。

对于中国民航的国家战略产业定位，习近平总书记谈道："民航业是重要的战略产业，要始终坚持安全第一，严格行业管理，强化科技支撑，着力提升运输质量和国际竞争力，更好服务国家发展战略，更好满足广大人民群众需求。"中国民航的国际化发展是中国经济全球化融合发展的动力引擎，同时也是中国社会经济深化改革开放引领世界发展的主要抓手和创新实践平台。真正国际化的中国民航产业才能够真正实现中国人的民航强国梦。

二、"十三五"期间中国参与国际民航法治工作的简述

"十三五"期间我国积极参与国际民航法治工作，在国际民航立法中贡献中国智慧和元素，在涉外工作中，有效地运用国际法作为武器，维护国家利益、主权和民航发展的利益。

（一）中国民航向国际民航法治贡献中国方案的具体体现

1. 继续推进《东京公约》现代化的工作，积极参与国际民航组织288号通告的修订

2014年3月26日至4月4日，国际民航组织在其总部召开了1963年《东京公约》修订外交会议，4月4日外交会议闭幕当天，各国代表在外交会议全会上通过了最后文件，该最后文件授权成立更新288号通告工作队，以进一步更新2002年国际民航组织颁行的288号通告。为此，国际民航组织法律局作为更新288号通告工作队会议秘书处，2015年9月至2018年2月先后召集了四次会议。会议研究了《关于不循规/扰乱性旅客法律方面的指导材料》（国际民航组织288号通告）的更新问题，主要内容是列入更加详细的关于犯罪和其他行为的清单，并根据2014年《蒙特利尔议定书》对该通告进行更新。国际民航组织288号文件修订工作是应对违规旅客问题的重要举措，也是落实2014年《蒙特利尔议定书》的重要内容之一。2019年6月10日，国际民航组织发布了《关于不循规和扰乱性旅客法律问题的手册》（Doc10117号文件）。

2. 参加国际民航组织第37届法律委员会，发表中国民航法治立场

2018年9月4日至7日，国际民航组织第37届法律委员会在加拿大蒙特利尔召开，我国民航局组团参加这次会议。会议议题主要包括无人驾驶航空器（RPAS）法律问题、违规旅客相关文件修改、促进有关国际民航公约批准等问题。中国民航代表团积极参与体现在：一是中国代表团提前准备并提交了无人驾驶航空器（RPAS）法律问题相关工作文件，建议法律委员会成立工作组，对民航公约的修订、条款的解释和适用进行研究。绝大多数国家同意中国的建议，会议决定成立工作组对相关问题进行研究，并由中国、美国等9个国家共同制定了该工作组的研究目标和职权范围。二是参与违规旅客相关文件修订。我国主张，将288号通告修订中对违规旅客进行行政处罚的要求与信用管理关于限制特定严重失信人乘坐飞机的规定相结合，我国与会代表在大会上发言，介绍了中国的做法，一些国家代表发言感谢中国分享本国的实践。三是有关民航公约的批准工作。2010年《北京公约》和《北京议定书》规范了新的

针对民航的犯罪行为的定义、管辖权等内容，两部法律文书已于 2018 年陆续生效。我国已于 2016 年启动公约批准的前期研究等相关工作。2019 年全国民航工作会议提出，积极开展国际立法，推进《北京公约》和《北京议定书》批准。2020 年全国民航工作会议进一步指出，加快《北京公约》和《北京议定书》的审议工作。目前相关工作正在进行中。

3. 积极参与国际民航组织争端解决机制现代化的工作

自 2017 年开始，巴西诉美国案和卡塔尔诉海湾四国案，有关当事国依据《芝加哥公约》第八十四条，向理事会提交了争端解决要求，并按照程序提交了相关文件。理事会在处理过程中，认为争端解决条款应予以更新，以便适应新的情况，决定成立工作组来研究上述问题，中国参与了 2019 年 5 月和 11 月两次在加拿大蒙特利尔召开的《解决分歧规则》工作组会议。中国代表团积极发言，维护我国主权、国家利益和民航利益，会前组织专家制作了争端解决流程图，并在会议上进行了说明，赢得了有关国家的好评。

4. 参加民航法律顾问论坛，维护行业发展利益

中国民航派代表参加了 2019 年 5 月，国际民航组织法律局在新加坡召集的首届民航法律顾问论坛（CALAF）。民航法律顾问论坛的参加者们就有效实施国际航空法条约以及标准和建议措施（SARP）交换了看法，讨论了影响未来航空法发展的最新动态和新出现的问题。中国民航派代表就有关问题与有关各国进行了讨论和交流，坚定地维护了国家利益和民航业的利益，展现了中国民航良好的国际形象。

（二）“十三五”期间中国民航法治国际化发展的具体做法

1. 民航法治国际化下的航权策略

国际航权的对等开放原则决定航权开放对于国际化发展的重要意义。没有开放的航权，就无法形成庞大的国际航空市场。中国需要加大主要贸易伙伴国的国际航权谈判力度，以及航权开放幅度与范围，逐步放开中国二线城市 OD 旅客的国际航线航权限制。同时对于周边主要国

际枢纽城市的国际中转航线进行限制，加大国际枢纽城市周边商旅客流的直达服务。2016 中国民航积极争取国际市场航权资源，中英航权谈判取得突破性进展，中澳达成高水平航空运输安排，为我国航空公司拓展国际市场创造有利条件。编制印发《民航推进“一带一路”建设行动计划（2016—2030 年）》，发挥民航在互联互通方面的战略先导作用。

2. 中国民航法治国家化下国际航线的准入

国际航线受到航权限制需要做到国内航空公司和国际航空公司的均衡，同时因为国际航权的稀缺性广泛存在而使得国内航空公司在国际航线上利益需要平衡。在航权谈判阶段就全面引入国内航空公司多元力量，确保国际航权博弈过程中本国航空公司整体供给充分且力量均衡或占优势。2019 年中国民航对国际航线实施分类管理，放宽一类航线许可审批，取消其航班计划审批，实行网上备案制，极大放活航空公司经营自主性。

3. 民航法治国际化下的国际民航环境保护

随着全球民航业的不断发展，民航业特别是机场运营对于环境的影响也日益受到重视。现在全球机场面临着飞机噪音、当地空气和水质受影响、土地管理和气候变化等诸多方面的挑战。为了帮助各成员应对这些挑战，国际民航组织 2017 年组织召开了绿色机场研讨会，主要聚焦绿色机场技术的最新发展、适应气候变化最新实践、可再生能源解决方案、社区交流、可持续发展报告、循环经济以及为达成这些目标的融资问题。2018 年出台《关于深入推进民航绿色发展的实施意见》，持续推动民航绿色发展；发布《民航贯彻落实打赢蓝天保卫战三年行动计划工作方案》，推动民航机场运行电动化、清洁化水平提升；建立航空碳排放监测报告核查机制，夯实中国民航参与碳市场工作基础；积极参与国际民航组织国际航空减排谈判与磋商，深化对外务实合作。

三、新时代民航法治国际化的当下与未来

2020 年初一场突如其来的新冠疫肺炎情打乱了全球政治、经济发展的格局，还打乱了各个国家或地区的产业链结构和正常的社会秩序，特

别是对 2020 年度世界经济带来不容小觑的影响，同时也对社会多个行业当下与未来产生深刻影响，民航业就是受其影响最大的行业之一。中国政府举“全国之力”迅速有效控制了疫情在中国的肆意传播，但同时由于世界各国疫情恶化此起彼伏，中国抗疫实施“内防反弹、外放输入”的防控布局。中国民航在疫情之下，承担着发展与防控的双重使命与责任。

（一）疫情之下的民航法治国际化的具体做法

根据国际航协的数据，2021 年全球航空交通量将比疫情之前下降 32%～41%。最早要到 2023 年才能恢复到 2019 年的水平。在 2020 年新冠肺炎疫情的大考中，中国民航以改革推动实现夺取疫情防控与经济社会发展双胜利的重大政治任务，我国民航在全球航空业率先复苏，成为全球恢复最快最好的航空市场。但由于全球疫情蔓延之态未熄，我国民航在恢复运营和发展过程中不得不同时遏制境外新冠肺炎疫情输入风险高发态势。

根据国务院疫情联防联控工作关于进一步调减国际客运航班运行数量的工作要求，民航局于 2020 年 3 月 26 日发布了《关于疫情防控期间继续调减国际客运航班量的通知》，通知中明确规定：“从 2020 年 3 月 29 日起，以民航局 3 月 12 日官网发布的‘国际航班信息发布（第 5 期）’为基准，国内每家航空公司经营至任一国家的航线只能保留 1 条，且每条航线每周运营班次不得超过 1 班；外国每家航空公司经营至我国的航线只能保留 1 条，且每周运营班次不得超过 1 班。”这样的民航法治调控方式，后续被简称为“五个一”政策。

随着中国防疫形势与需求的变化，5 月下旬时推出的八国复产复工包机绿色申请通道。为继续做好疫情防控工作，便利国际人员往来，根据国务院联防联控机制要求，依据《中华人民共和国国境卫生检疫法》《中华人民共和国突发事件应对法》和《中华人民共和国民用航空法》等有关规定，对国际客运航班数量进行调整，2020 年 6 月 4 日发布了《民航局关于调整国际客运航班的通知》。这一版通知被称为“民航五个一”政策的加强版，在延续 3 月 6 日通知精神的同时，重点增加了奖励措施

（航空公司同一航线航班，入境后核酸检测结果为阳性的旅客人数连续 3 周为零的，可在航线经营许可规定的航班量范围内增加每周 1 班，最多达到每周 2 班）和熔断措施（航空公司同一航线航班，入境后核酸检测结果为阳性的旅客人数达到 5 个的，暂停该公司该航线运行 1 周；达到 10 个的，暂停该公司该航线运行 4 周。“熔断”的航班量不得调整用于其他航线。“熔断”期结束后，航空公司方可恢复每周 1 班航班计划）。

中国民航“五个一”政策彰显了民航法治治理水平的显著提升，特别是发挥民航法治在国际化中应对重大风险的能力。一是在国际航空事务处理中彰显了现代法治精神——公平，法律指向的平等性。不因国际差别、中国疫情困难时期停飞与否而差别对待。二是处理国际航空事务中体现民航法治的价值目标服务大局。这个大局是国家的利益，是人民生命财产的安全。三是借鉴国际经济运行中的熔断机制，合理运用在国际航班运行调控中，熔断机制在国内外的金融市场运行中被普遍认同和接受，用于处理民航国际航班运行非常巧妙、非常精准，体现了民航法治在处理国际化事务中的原则性与灵活性相一致。

（二）未来中国民航法治国际化的期待

2015 年 5 月 19 日，中国民用航空局发布了《加强民航法治建设若干意见》，该意见明确提出了“深度参与民航国际公约的制定修订”，为我国参与国际民航法治工作指明了方向。国际民航组织第 40 届大会确定了法律委员会总体工作方案，也是未来中国法治国际化发展的重要方向，主要包括 8 个方面的内容：无人（无人驾驶）航空器运行及将其融入民用航空的国际法律问题；审查国际民航组织的分歧解决规则；使各国履行《芝加哥公约》第十二条规定的义务的过程和程序；引起国际航空界关注但现有航空法文书可能未予充分涵盖的行为或犯罪，包括网络威胁；审议关于利益冲突的指导；推动对国际航空法文书的批准；实施《芝加哥公约》第二十一条；研究与为国际空中航行服务提供支持的全球导航卫星系统和服务相关的国际法律问题。国际民航组织理事会于 2019 年 11 月 27 日在其第 218 届会议第七次会上确认和核准了法律委员会总体工作方案。从法律委员会总体工作方案的优先顺序来看，无人（驾驶）

航空器运行及将其融入民用航空的国际法律问题和审查国际民航组织的分歧解决规则，是国际民航组织优先研究的法律项目。国际民航组织已经于 2020 年 1 月正式启动了无人机的法律研究项目，2020 年由于疫情的原因，专家小组会议尚未召集；而国际民航组织的分歧解决规则的研究项目，在疫情之前，已经专门召集了两次小组会议。从目前各国的反映来看，各国对以上两个法律项目也抱有很大的兴趣。一是由于现行的国际民用航空条约体系完全是建立在有人驾驶航空器的场景下，条约制定之初，尚未预测到时至今天，无人驾驶航空器的广泛利用，因此亟需建立有效的国际法律机制来进行规制。经过近百年的发展，现行的国际民航条约体系已被证明是行之有效的，无人机的运行实践是建立在有人机的基础之上的，因此，有必要在现行的国际民航条约体系基础之上进行修订或者更新、完善，使得新的国际民航条约体系能够容纳无人机。另一个原因是，近年来发生的巴西诉美国案和卡塔尔诉海湾四国案，激活了处于休眠状态的《分歧解决规则》，引起了各国广泛的关注，呼吁对《分歧解决规则》进行审查的意见被国际民航组织采纳。

新中国成立以来，中国民航走出了一条中国民航法治治理特色道路，在实现行业安全健康发展的同时，带动了经济的持续增长，为民航高质量发展保驾护航。同时，中国民航的法治工作并非闭门造车，而是动态开放的，它会随着中国特色社会主义现代化进程和中国特色社会主义法治治理实践不断发展完善。未来，中国民航将在实现民航强国梦的同时，为探寻面向未来的世界民航事业更好发展，提供中国经验、中国智慧、中国方案。

附录:《四川省通用航空条例》(草案代拟稿)的条文参考依据

特别说明：本书部分作者全程参与了《四川省通用航空条例（草案代拟稿）》的条文拟定、给出全部条文的参考依据等具体工作。

《四川省通用航空条例》（草案代拟稿）	条文参考依据
第一章 总则	
第一条　为促进四川省通用航空持续健康发展，根据《中华人民共和国民用航空法》、《通用航空飞行管制条例》等法律、行政法规，结合本省实际，制定本条例（试行）。	《国务院关于促进民航业发展的若干意见》（国发〔2012〕24号）二、主要任务……（六）大力发展通用航空。……坚持推进通用航空综合改革试点，加强通用航空基础设施建设，完善通用航空法规标准体系，改进通用航空监管，创造有利于通用航空发展的良好环境。三、政策措施……（十四）加强立法和规划。……加强航空安全、空中交通、适航审定、通用航空等方面的立法工作，建立比较完备的民航法规和标准体系。 《国务院办公厅关于促进通用航空业发展的指导意见》（国办发〔2016〕38号）七、保障措施……（二十二）健全法律法规。推动修订《中华人民共和国民用航空法》、《通用航空飞行管制条例》，研究制定航空法、空域灵活使用管理办法、无人驾驶航空器飞行管理规定。民航局要进一步完善通用机场建设标准，实施分类分级管理。 《通用航空飞行管制条例》第一条　为了促进通用航空事业的发展，规范通用航空飞行活动，保证飞行安全，根据《中华人民共和国民用航空法》和《中华人民共和国飞行基本规则》，制定本条例。 《江苏省民用航空条例》第一条　为了促进民用航空发展，加强民用航空管理，保障民用机场安全和有序运营，维护当事人的合法权益，根据《中华人民共和国民用航空法》、国务院《民用机场管理条例》等法律、行政法规，结合本省实际，制定本条例。

续表

《四川省通用航空条例》(草案代拟稿)	条文参考依据
第二条　在本省行政区域内从事通用航空的机场规划建设与管理保护、空域管制、飞行活动、应急保障、产业促进与创新发展,应当遵守本条例(试行)。 本条例(试行)所称通用航空是指与通用航空器研制、运营、维修等与通用航空活动直接相关的、具有不同分工的、由各个关联行业所组成的业态总称,包括为之进行配套支撑的科研教育、交通运输、公共管理、现代服务等。	《中华人民共和国民用航空法》第一百四十五条　通用航空,是指使用民用航空器从事公共航空运输以外的民用航空活动,包括从事工业、农业、林业、渔业和建筑业的作业飞行以及医疗卫生、抢险救灾、气象探测、海洋监测、科学实验、教育训练、文化体育等方面的飞行活动。 《通用航空飞行管制条例》第三条　本条例所称通用航空,是指除军事、警务、海关缉私飞行和公共航空运输飞行以外的航空活动,包括从事工业、农业、林业、渔业、矿业、建筑业的作业飞行和医疗卫生、抢险救灾、气象探测、海洋监测、科学实验、遥感测绘、教育训练、文化体育、旅游观光等方面的飞行活动。 《江苏省民用航空条例》第二条　本条例适用于本省行政区域内的民用航空发展规划和民用机场的规划建设,运输机场的运营、管理、服务和安全环境保护,通用航空有关管理以及相关活动。
第三条　通用航空发展遵循统筹规划、全面推进、市场主导、军民融合、创新示范、安全优质的原则。	《江苏省民用航空条例》第三条　民用航空发展遵循以人为本、安全规范、统筹协调、适度超前的原则,坚持政府引导、市场主导、军民融合、服务发展。
第四条　省人民政府应当加强对本省行政区域内通用航空发展工作的领导,将通用航空发展纳入国民经济和社会发展规划,完善通用航空发展工作领导协调机制,统筹通用航空发展政策及资源配置,采取必要的扶持措施,促进通用航空发展。	《江苏省民用航空条例》第四条　省人民政府应当加强对本省民用航空发展工作的领导,将民用航空发展纳入国民经济和社会发展规划,建立健全民用航空发展工作领导协调机制,统筹民用航空发展政策、发展资源,采取必要的扶持措施,促进民用航空发展。
第五条　地区民用航空管理机构依照国务院民用航空主管部门的授权,监督管理本省行政区域内的通用航空活动。	《中华人民共和国民用航空法》第三条第二款　国务院民用航空主管部门设立的地区民用航空管理机构依照国务院民用航空主管部门的授权,监督管理各该地区的民用航空活动。

续表

《四川省通用航空条例》 （草案代拟稿）	条文参考依据
第六条　省人民政府应当加强与国务院投资主管部门、国务院民用航空主管部门、地区民用航空管理机构和有关军事机关的沟通，及时协调解决通用航空发展中的重大问题，促进通用航空安全、有序发展。 县级以上地方人民政府发展改革、经济和信息化、教育、公安、财政、自然资源、生态环境、交通运输、卫生健康、应急管理等有关部门，依照职责做好通用航空管理工作，完善政府购买服务政策，稳步推动短途运输、公益服务、应急救援和航空消费等业务发展。	《江苏省民用航空条例》第五条　省人民政府交通运输主管部门按照职责权限负责全省民用航空的有关管理与服务工作。设区的市、县（市、区）人民政府交通运输主管部门按照职责权限负责本行政区域内民用航空的有关管理与服务工作。 发展改革、经济和信息化、公安、财政、国土资源、环境保护、住房城乡建设、规划、商务、税务、工商、安全生产监督、口岸等行政管理部门应当按照各自职责，做好民用航空的相关管理与服务工作。 机场管理机构依法负责运输机场地区的安全和运营管理；依照本条例的授权查处运输机场地区有关违反市容环境卫生、公共秩序管理规定的行为，接受机场所在地设区的市人民政府的监督。 第六条　省交通运输主管部门应当会同发展改革等有关部门根据经济社会发展情况和全国民用航空发展规划、民用机场布局和建设规划，编制全省民用航空发展规划、运输机场建设规划和通用航空专项规划等规划，将其纳入全省综合交通运输发展规划。全省通用机场布局规划由省发展改革主管部门编制。 机场所在地设区的市人民政府可以结合本地区实际需要，依据全省民用航空发展规划和相关专项规划，编制本行政区域民用航空发展规划。 民用航空发展规划、运输机场建设规划和通用航空专项规划，应当与土地利用总体规划、城乡规划、生态红线区域保护规划相衔接。

续表

《四川省通用航空条例》 (草案代拟稿)	条文参考依据
第七条　通用航空活动应当符合国家和地方有关环境保护和环境噪声污染防治的要求，保护生态平衡和人身健康。	《中华人民共和国民用航空法》第一百四十九条　组织实施作业飞行时，应当采取有效措施，保证飞行安全，保护环境和生态平衡，防止对环境、居民、作物或者牲畜等造成损害。 《中华人民共和国环境噪声污染防治法》第四十条　除起飞、降落或者依法规定的情形以外，民用航空器不得飞越城市市区上空。城市人民政府应当在航空器起飞、降落的净空周围划定限制建设噪声敏感建筑物的区域；在该区域内建设噪声敏感建筑物的，建设单位应当采取减轻、避免航空器运行时产生的噪声影响的措施。民航部门应当采取有效措施，减轻环境噪声污染。 《四川省环境保护条例》第六十五条　排放环境噪声的单位和个人应当采取有效措施，使其排放的噪声符合环境噪声排放标准。 《江苏省民用航空条例》第八条第二款　运输机场的规划、建设应当遵循绿色建筑发展要求，节约集约用地，保护生态环境。
第二章　通用机场	
第八条　省发展改革部门负责组织编制本省行政区域内的通用机场规划，经所在地民用航空管理机构和战区空军空域管理部门同意，报省人民政府批准后执行。 通用机场建设应当符合本省行政区域通用机场规划，合理确定通用机场功能定位，合理确定通用机场的建设规模和标准，在确保运行安全的前提下，节约投资和降低运行成本。	《国务院办公厅关于促进通用航空业发展的指导意见》(国办发〔2016〕38号)三、加快通用机场建设……(七)优化规划布局。完善综合交通运输体系，加强通用机场整体布局规划，做好与各类交通运输方式的相互衔接。……(九)完善审核程序。由省级发展改革部门组织编制辖区内通用机场布局规划，征得民航地区管理局、战区空军(空域管理部门)同意，报省级人民政府批准，抄报国家发展改革委、财政部、交通运输部、民航局和中央军委联合参谋部、空军。新建通用机场项目执行现行规定，由省级人民政府按照批准的规划审批(核准)。国家发展改革委、中央军委联合参谋部商有关方面研究建立通用机场升级转换为运输机场的机制。

续表

《四川省通用航空条例》（草案代拟稿）	条文参考依据
第九条　本省行政区域内的通用机场规划应当遵循通用航空发展规律，加强与全国民用航空机场布局规划和其他交通运输方式的衔接。 市（州）、县（市、区）人民政府应当加大通用航空配套场外道路、供水、供电、供气、通信、防汛等公共基础设施和专用应急救援设施设备投入，支持通用机场建设，优化通用航空发展环境，推动通用航空事业发展。	《国务院关于促进民航业发展的若干意见》（国发〔2012〕24号）三、政策措施……（十四）加强立法和规划。……各地区编制本地民航发展规划，要做好与当地经济社会发展、土地利用、城乡建设等规划的衔接。 《国务院办公厅关于促进通用航空业发展的指导意见》（国办发〔2016〕38号）三、加快通用机场建设……（七）优化规划布局。完善综合交通运输体系，加强通用机场整体布局规划，做好与各类交通运输方式的相互衔接。 《江苏省民用航空条例》第九条第二款　编制运输机场总体规划应当符合全省运输机场建设规划，与城乡规划相衔接，并征求有关军事机关、省发展改革和交通运输主管部门、主要驻场单位和运输机场所在地设区的市、县（市）人民政府相关主管部门的意见。 第十二条第二款　运输机场地区的供水、供电、供气、通信、道路、防汛等基础设施由机场建设项目法人负责建设；运输机场地区外的供水、供电、供气、道路、通信、防汛等配套基础设施由运输机场所在地县级以上地方人民政府统一规划、统筹建设，保证运输机场地区内外基础设施的衔接。 第三十六条　省人民政府应当加强与国务院民用航空主管部门、地区民用航空管理机构和有关军事机关的沟通，建立协调机制，及时处理、解决通用航空发展中的重大问题，促进通用航空安全、有序、健康发展。 设区的市、县（市、区）人民政府应当加大通用航空配套场外道路、供水、供电、供气、通信、防汛等公共基础设施和专用应急救援设施设备投入，支持通用机场建设，优化通用航空发展环境，推动通用航空事业发展。

续表

《四川省通用航空条例》（草案代拟稿）	条文参考依据
第十条　按照国家投资项目管理规定实行审批制、核准制的通用机场建设项目，其项目法人应当按照国家规定编制有关申请文件，向省级审批、核准部门提出申请。	《江苏省民用航空条例》第八条第一款　运输机场的规划、建设应当符合国家有关标准和规范，并按照国家有关规定办理相关审批、核准、备案和验收手续。 第九条第一款　运输机场建设项目法人或者机场管理机构负责编制运输机场总体规划。 第三十八条　按照国家投资项目管理规定实行审批制、核准制的通用机场建设项目，其项目法人应当按照国家规定编制有关申请文件，向省发展改革主管部门提出申请。 按照国家投资项目管理规定实行备案制的通用机场建设项目，其项目法人应当按照国家有关规定办理相关备案手续。
第十一条　通用机场所在地市（州）、县（市、区）地方人民政府应将通用机场建设纳入地方国土空间规划，实行规划管理与控制。	《江苏省民用航空条例》第十条　运输机场所在地设区的市、县（市）人民政府应当将运输机场总体规划纳入土地利用总体规划和城乡规划，并根据运输机场的运营和发展需要，对运输机场周边地区的土地利用和建设实行规划控制。
第十二条　鼓励民用运输机场增建（完善）通用航空飞行保障及配套设施，建设通用航空功能区。	中国民用航空局《关于加强运输机场保障通用航空飞行活动有关工作的通知》（2019年7月24日印发）“……二、提高通用航空地面服务保障水平鼓励通用航空企业优先使用非繁忙运输机场开展通用航空活动，鼓励有条件的和新建运输机场分设通用航空专用通道。各运输机场要充分发挥公共基础设施的功能，为通用航空飞行活动提供合理、全面的地面服务保障和必要的气象服务，不得随意以天气、机位、流控等理由拒绝通用航空器起降；在确保安全的情况下，允许通用航空器密集停放，地锚设置可与通用航空企业评估认可后协商确定。各机场特别是非繁忙运输机场和通用机场应根据区域通用航空发展需求，建设通用航空站坪、航空煤油或汽油保障等配套设施，按规定完成建设项目研究论证和报批工作；建设通用航空保障设施设备的，可按民航相关投资政策申请民航发展基金补助。”

续表

《四川省通用航空条例》（草案代拟稿）	条文参考依据
第十三条　积极推进通用机场智慧建设，提高通用机场服务水平。	工业和信息化部《物联网“十二五”发展规划》（2011 年 11 月 28 日发布）“……三、主要任务……（五）积极开展应用示范……2. 开展面向基础设施和安全保障领域的应用示范。重点支持交通、电力、环保等领域的物联网应用示范工程……”该规划指出，要推动设计识别传感器近距离无线通讯、海量数据存储和智能设备等技术和产业的发展，这些技术是推进通用机场智慧建设的关键技术。 《江苏省民用航空条例》第五十二条　省、设区的市人民政府应当组织有关部门采取措施，促进现代信息技术在民用航空领域的应用，加大信息化与民用航空融合发展的扶持力度，推进智慧机场建设，提高民用机场公共服务水平。
第十四条　通用机场应当按照国家有关规定实施运营管理，提供相关服务，并接受国务院民用航空主管部门和地区民用航空管理机构的监督。 驻场单位应当遵守通用机场管理有关法律、法规以及行业标准。	《通用航空飞行管制条例》第四条　从事通用航空飞行活动的单位、个人，必须按照《中华人民共和国民用航空法》的规定取得从事通用航空活动的资格，并遵守国家有关法律、行政法规的规定。 第五条　飞行管制部门按照职责分工，负责对通用航空飞行活动实施管理，提供空中交通管制服务。相关飞行保障单位应当积极协调配合，做好有关服务保障工作，为通用航空飞行活动创造便利条件。
第十五条　通用机场净空保护区域由地区民用航空管理机构和通用机场净空保护区域涉及的市（州）人民政府按照国家有关规定划定并公布。通用机场净空保护区域跨行政区域的，其共同上一级人民政府应当做好协调工作。 通用机场净空保护区域涉及的市（州）、县（市、区）地方人民政府应当建立和完善通用机场净空保护工作责任制和协调机制，督促各有关部门和乡镇人民政府按照规定承担保障净空安全的责任。	《江苏省民用航空条例》第二十八条　运输机场净空保护区域由运输机场所在地地区民用航空管理机构和运输机场净空保护区域涉及的设区的市人民政府按照国家有关规定划定并公布。运输机场净空保护区域跨行政区域的，其共同上一级人民政府应当做好协调工作。 运输机场净空保护区域涉及的设区的市、县（市、区）人民政府应当建立和完善运输机场净空保护工作责任制和协调机制，督促各有关部门和乡镇人民政府按照规定承担保障净空安全的责任。

续表

《四川省通用航空条例》(草案代拟稿)	条文参考依据
第十六条　通用机场净空保护区域内的建设项目应当符合净空保护的要求。	《江苏省民用航空条例》第二十九条　运输机场净空保护区域内的建设项目应当符合净空保护的要求。 设区的市、县(市)人民政府城乡规划主管部门审批运输机场净空保护区域内的建设项目,应当书面征求运输机场所在地地区民用航空管理机构的意见。 机场管理机构应当将运输机场净空保护的具体要求告知有关设区的市、县(市)人民政府城乡规划主管部门。
第十七条　通用机场电磁环境保护区域由通用机场所在地无线电管理机构会同地区民用航空管理机构按照国家无线电管理的有关规定和标准确定。	《江苏省民用航空条例》第三十一条　运输机场电磁环境保护区域由运输机场所在地无线电管理机构会同地区民用航空管理机构按照国家无线电管理的有关规定和标准确定并公布。 第三十二条　运输机场电磁环境保护区域内禁止下列影响运输机场电磁环境的行为: (一)修建架空高压输电线、架空金属线、铁路、公路、电力排灌站; (二)存放金属堆积物; (三)从事掘土、采砂、采石等改变地形地貌的活动; (四)修建阻断无线电信号传输的高大建筑、设施; (五)国务院民用航空主管部门规定的其他影响运输机场电磁环境保护的行为。 第三十三条　任何单位或者个人使用的无线电台(站)和其他仪器、装置,不得对民用航空无线电专用频率的正常使用产生干扰。 民用航空无线电专用频率受到干扰时,机场管理机构和地区民用航空管理机构应当立即采取排查措施,及时消除;无法消除的,应当通报运输机场所在地地方无线电管理机构,有关无线电管理机构应当采取措施依法查处。

续表

《四川省通用航空条例》 （草案代拟稿）	条文参考依据
第三章　空域与飞行	
第十八条　从事通用航空飞行活动的单位、个人使用机场飞行空域、航路、航线，应当按照国家有关规定向所在地战区空军空域管理部门提出申请，经批准后方可实施。	
省人民政府应当加强与国务院民用航空主管部门、地区民用航空管理机构和有关军事机关的沟通，扩大本省行政区域内低空空域改革试点范围。 省低空空域协同管理委员会办公室在省低空空域协同管理委员会领导下，牵头负责协同管理空域的管理与使用工作，承办协同管理空域规划与报批工作，并发布协同管理空域划设与调整信息。协同管理空域的划设与调整批准权限，按照现行国家空域管理有关规定执行。 省低空空域协同运行中心在省低空空域协同管理委员会办公室领导下，接受有关军事机关和地区民用航空空中交通管理部门业务指导，统一负责协同管理空域的运行管理和飞行服务，实行24小时值班制度。	《通用航空飞行管制条例》第六条　从事通用航空飞行活动的单位、个人使用机场飞行空域、航路、航线，应当按照国家有关规定向飞行管制部门提出申请，经批准后方可实施。 《四川省低空空域协同管理运行规则（暂行）》第四条　四川省低空空域协同管理委员会办公室（以下简称“低空办”），负责监督、管理协同管理空域，根据需要调整、完善空域运行规则并及时向社会公布。 第五条　四川省低空空域协同运行中心（以下简称“协同运行中心”）在低空办领导下，接受西部战区空军参谋部和民航西南地区空中交通管理局业务指导，负责四川省低空协同管理空域的运行管理和飞行服务，实行24小时值班制度。

续表

《四川省通用航空条例》(草案代拟稿)	条文参考依据
第十九条　从事通用航空飞行活动的单位、个人，根据飞行活动要求，需要划设临时飞行空域的，应当向所在地战区空军空域管理部门提出划设临时飞行空域的申请。	《通用航空飞行管制条例》第七条　从事通用航空飞行活动的单位、个人，根据飞行活动要求，需要划设临时飞行空域的，应当向有关飞行管制部门提出划设临时飞行空域的申请。 划设临时飞行空域的申请应当包括下列内容:(一)临时飞行空域的水平范围、高度;(二)飞入和飞出临时飞行空域的方法;(三)使用临时飞行空域的时间;(四)飞行活动性质;(五)其他有关事项。 第八条　划设临时飞行空域,按照下列规定的权限批准:(一)在机场区域内划设的，由负责该机场飞行管制的部门批准;(二)超出机场区域在飞行管制分区内划设的,由负责该分区飞行管制的部门批准;(三)超出飞行管制分区在飞行管制区内划设的,由负责该管制区飞行管制的部门批准;(四)在飞行管制区间划设的，由中国人民解放军空军批准。 批准划设临时飞行空域的部门应当将划设的临时飞行空域报上一级飞行管制部门备案，并通报有关单位。
第二十条　划设临时飞行空域的申请,应当在拟使用临时飞行空域七个工作日前向所在地战区空军空域管理部门提出;负责批准该临时飞行空域的战区空军空域管理部门应当在拟使用临时飞行空域3个工作日前作出批准或者不予批准的决定，并通知申请人。	《通用航空飞行管制条例》第九条　划设临时飞行空域的申请,应当在拟使用临时飞行空域7个工作日前向有关飞行管制部门提出;负责批准该临时飞行空域的飞行管制部门应当在拟使用临时飞行空域 3 个工作日前作出批准或者不予批准的决定，并通知申请人。
第二十一条　已经划设的临时飞行空域，从事通用航空飞行活动的其他单位、个人因飞行需要，经批准划设该临时飞行空域的战区空军空域管理部门同意，也可以使用。	《通用航空飞行管制条例》第十一条　已划设的临时飞行空域，从事通用航空飞行活动的其他单位、个人因飞行需要，经批准划设该临时飞行空域的飞行管制部门同意，也可以使用。

续表

《四川省通用航空条例》（草案代拟稿）	条文参考依据
第二十二条　在临时飞行空域内进行通用航空飞行活动，由从事通用航空飞行活动的单位、个人负责组织实施，并对其安全负责。	《通用航空飞行管制条例》第二十四条　在临时飞行空域内进行通用航空飞行活动，通常由从事通用航空飞行活动的单位、个人负责组织实施，并对其安全负责。
第二十三条　在临时飞行空域内从事通用航空飞行活动的单位、个人应当在拟飞行前1日15时前向所在地战区空军空域管理部门提出飞行计划申请并向地区民用航空中交通管理部门报备；所在地战区空军空域管理部门应当在拟飞行前1日21时前作出批准或者不予批准的决定，并通知申请人。执行紧急救护、抢险救灾、人工影响天气或者其他紧急任务的，可以提出临时飞行计划申请。临时飞行计划申请最迟应当在拟飞行1小时前提出；所在地战区空军空域管理部门应当在拟起飞时刻15分钟前作出批准或者不予批准的决定，并通知申请人。	《通用航空飞行管制条例》第十六条　飞行计划申请应当在拟飞行前1天15时前提出；飞行管制部门应当在拟飞行前1天21时前作出批准或者不予批准的决定，并通知申请人。 执行紧急救护、抢险救灾、人工影响天气或者其他紧急任务的，可以提出临时飞行计划申请。临时飞行计划申请最迟应当在拟飞行1小时前提出；飞行管制部门应当在拟起飞时刻15分钟前作出批准或者不予批准的决定，并通知申请人。 《四川省低空空域协同管理运行规则（暂行）》第三十一条　通航用户仅使用固定空域时，由航空器运营人（代理人）或航空器驾驶员在计划起飞时间前1小时，向固定空域责任主体单位报备飞行计划，得到确认后方可实施。
第二十四条　在临时飞行空域内从事通用航空飞行活动的单位、个人应当在拟飞行1小时前向所在地战区空军空域管理部门提出申请，经批复后方可组织实施。	《四川省低空空域协同管理运行规则（暂行）》第三十条　固定空域责任主体单位在本空域开飞前1小时向协同运行中心报备，并确认相关空域限制信息，飞行结束后及时通报协同运行中心。 第三十一条　通航用户仅使用固定空域时，由航空器运营人（代理人）或航空器驾驶员在计划起飞时间前1小时，向固定空域责任主体单位报备飞行计划，得到确认后方可实施。

续表

《四川省通用航空条例》（草案代拟稿）	条文参考依据
第二十五条　在临时机场或者起降点飞行的组织指挥，由从事通用航空飞行活动的单位、个人负责。	《通用航空飞行管制条例》第二十八条　在临时机场或者起降点飞行的组织指挥，通常由从事通用航空飞行活动的单位、个人负责。
第二十六条　从事通用航空飞行活动的单位、个人组织各类飞行活动，应当针对空域性质和指挥主体制定相应安全保障措施，严格按照批准或者报备的飞行计划组织实施，并按照要求报告飞行动态。	《通用航空飞行管制条例》第二十二条　从事通用航空飞行活动的单位、个人组织各类飞行活动，应当制定安全保障措施，严格按照批准的飞行计划组织实施，并按照要求报告飞行动态。
第二十七条　在本省行政区域内低空协同管理空域中的飞行为有序自主目视飞行，其飞行规则按照省低空空域协同管理相关运行规则的要求执行。	《四川省低空空域协同管理运行规则（暂行）》第二条　本规则是组织实施四川省首批低空协同管理空域（以下简称“协同管理空域”）运行管理的基本依据，适用于在协同管理空域内从事飞行活动的单位和个人。
第二十八条　在本省行政区域内低空协同管理空域中从事通用航空飞行活动的单位、个人无需再次申请划设临时空域，其准入条件、运行规则依照省低空空域协同管理相关规定执行。	《四川省低空空域协同管理运行规则（暂行）》第七条　协同管理空域为有序自主目视飞行空域，向遵守本规则的所有通航用户开放。 第八条　协同管理空域包括固定空域（机场/起降点空域）和低空目视通道（含连接线）。 第九条　协同管理空域划设和调整由低空办按国家空域管理规定承办。 第十条　低空协同管理空域的运行管理由协同运行中心统一组织实施。
第二十九条　低空用户在协同管理空域内实施飞行前，应当提前1小时向运行机构报备飞行计划，经确认后方可实施。	《四川省低空空域协同管理运行规则（暂行）》第四十二条　通航用户使用低空目视通道时，由航空器运营人（代理人）或航空器驾驶员在计划进入低空目视通道前1小时，向协同运行中心报备飞行计划，得到确认后方可实施。

续表

《四川省通用航空条例》（草案代拟稿）	条文参考依据
第三十条　从事通用航空飞行活动的单位、个人在临时飞行空域或者在本省行政区域内低空协同管理空域中违反飞行管制规定的，所在地战区空军空域管理部门可以根据情况责令改正或者停止其航空器飞行。	《四川省低空空域协同管理运行规则（暂行）》第五十一条 协同管理空域运行中的空防安全责任主体是军队，飞行安全的责任主体是通用航空经营者和航空器驾驶员，公共安全责任主体是地方政府，其他部门配合责任主体履行安全职责。 第五十二条 西部战区空军负责处置危及空防安全的违规飞行。
第三十一条　地区民用航空管理机构负责对于通用航空器和从事通用航空活动的单位、个人进行行政许可、登记管理，并提供相关许可信息；地区民用航空管理机构监管部门负责对于通用航空运行安全实施监管，并对于违法飞行进行调查处理。	《四川省低空空域协同管理运行规则（暂行）》第五十三条 民航西南地区管理局负责对通用航空器和从事通用航空活动的企业、个人等进行许可、登记管理，并提供相关许可信息；民航四川监管局负责对通航运行安全实施监管，并对违法飞行进行调查处理。
第三十二条　从事通用航空飞行活动的单位、个人所在地的军事机构负责处置危及空防安全的违规飞行。	《四川省低空空域协同管理运行规则（暂行）》第五十条 按照地面管控为主、空中处置为辅的原则，建立由省低空办牵头，西部战区空军参谋部、民航西南地区管理局、民航西南地区空管局、省公安厅等单位和部门参加的军地联合查处工作机制。 第五十一条 协同管理空域运行中的空防安全责任主体是军队，飞行安全的责任主体是通用航空经营者和航空器驾驶员，公共安全责任主体是地方政府，其他部门配合责任主体履行安全职责。 第五十二条 西部战区空军负责处置危及空防安全的违规飞行。
第三十三条　地区民用航空空中交通管理部门负责配合有关军事机构处置危及空防安全的违规飞行，向从事通用航空飞行活动的单位、个人所在地的公安机关提供违法飞行信息。	《四川省低空空域协同管理运行规则（暂行）》第五十四条 民航空管部门负责配合军队处置危及空防安全的违规飞行，向公安部门提供违法飞行信息。

续表

《四川省通用航空条例》(草案代拟稿)	条文参考依据
第三十四条　从事通用航空飞行活动的单位、个人所在地的公安机关负责对于违法违规飞行进行查处并协助相关部门进行现场处置。	《四川省低空空域协同管理运行规则(暂行)》第五十五条　公安部门负责对通用航空器违法违规飞行的"落地查人"及协助相关部门进行现场处置。
第三十五条　县级以上地方人民政府、地区民用航空管理机构和有关军事机关依照相关法律法规加强滑翔机、动力伞、飞艇、热气球、航空模型等低空慢速小型飞行器的升空、飞行等活动的监督管理。 在本省行政区域内从事民用无人驾驶航空器的生产、销售、使用及管理活动，应当遵守省民用无人驾驶航空器安全管理相关规定。	《四川省民用无人驾驶航空器安全管理暂行规定》第二条　在本省行政区域内从事民用无人驾驶航空器的生产、销售、使用及管理活动，应当遵守本规定。 前款所称民用无人驾驶航空器(以下简称民用无人机)是指没有机载驾驶员操纵、自备飞行控制系统，最大起飞重量大于0.25千克(含0.25千克)，并从事非军事、警务和海关飞行任务的航空器。 第四条　省人民政府加强对民用无人机安全管理工作的统一领导，建立军地相关部门信息共享和协同联动机制，协调解决民用无人机安全管理重大问题。 市(州)、县(市、区)人民政府建立分级联动机制，组织协调相关部门对民用无人机实施安全管理。 公安、经济和信息化、安全监管、工商、海关等部门依照职责做好民用无人机安全管理工作。 《江苏省民用航空条例》第四十四条　公安、交通运输、工商、体育、气象等行政管理部门应当配合地区民用航空管理机构、有关军事机关，依法及时处理未经批准擅自飞行、超执照等级飞行、超空域范围飞行等扰乱空中秩序的违法违规行为，确保飞行安全和地面重要目标安全。 有关部门应当依法加强民用无人机、滑翔机、动力伞、飞艇、热气球、航空模型等低空慢速小型飞行器的升空、飞行等活动的监督管理。

续表

《四川省通用航空条例》（草案代拟稿）	条文参考依据
第四章　应急保障	
第三十六条　省应急管理部门统筹全省通用航空应急救援力量规划、布局、调用，遵循通用航空救援安全第一的原则，构建通用航空应急救援保障体系。 县级以上地方人民政府应当将应急保障公益类通用航空服务纳入政府购买服务范围，并加强经费保障。 按照全省应急救援工作要求，可以根据实际需要设立用于应急救援的临时起降点。	《重庆市民用航空条例》第二十三条　市、区县（自治县）人民政府统一领导、协调本行政区域内的运输机场突发事件应对工作，建立健全运输机场突发事件应急物资储备保障制度，按照国家规定制定运输机场突发事件应急预案，并纳入市突发事件应急预案体系。 机场管理机构应当根据运输机场突发事件应急预案，组织运输机场应急救援演练和人员培训。 运输机场发生突发事件，有关地方人民政府及行政部门、机场管理机构等单位应当按照应急预案的要求开展应急处置和救援。 第三十条　市、区县（自治县）人民政府应当将应急救援、防灾减灾、医疗救护、生态环境保护等公益类通用航空服务纳入政府购买服务范围，支持通用航空企业开展农业、林业、工业、人工影响天气、环境监测等生产类通用航空服务。 《江苏省民用航空条例》第四十条　县级以上地方人民政府应当将应急救援、防灾减灾、医疗救护等公益类通用航空服务纳入政府购买服务范围，并加强经费保障；支持通用航空单位开展农业、林业、工业、环境监测等生产类通用航空服务。
第三十七条　市（州）人民政府应当将通用航空单位纳入所在地应急救援和防灾减灾体系，组织通用航空单位开展必要的应急救援和防灾减灾培训以及日常训练。	《江苏省民用航空条例》第三十六条　省人民政府应当加强与国务院民用航空主管部门、地区民用航空管理机构和有关军事机关的沟通，建立协调机制，及时处理、解决通用航空发展中的重大问题，促进通用航空安全、有序、健康发展。 设区的市、县（市、区）人民政府应当加大通用航空配套场外道路、供水、供电、供气、通信、防汛等公共基础设施和专用应急救援设施设备投入，支持通用机场建设，优化通用航空发展环境，推动通用航空事业发展。

续表

《四川省通用航空条例》（草案代拟稿）	条文参考依据
省应急管理部门应与有关军事机关、地区民用航空管理机构、地方人民政府建立通用航空应急救援工作协调机制。	第四十一条　县级以上地方人民政府应当将通用航空单位纳入所在地应急救援体系，组织通用航空单位开展必要的应急救援培训和日常训练。 《四川省低空空域协同管理运行规则（暂行）》第五十七条　对四川省低空协同管理空域内违反安全生产经营管理规定的飞行，由四川省应急管理厅牵头，西部战区空军参谋部、民航西南地区管理局、四川省公安厅等单位配合，依据相关法律法规进行调查处理。
第三十八条　省应急管理部门负责全省通用航空应急救援预案制定，明确突发事件的组织指挥机制、风险评估、监测预警、信息报告、应急处置措施、队伍物资保障及调动程序等内容。 通用航空单位应当制定应急预案，明确应急响应责任人、风险隐患监测、信息报告、预警响应、应急处置、人员疏散撤离组织和路线、可调用或者可请求援助的应急资源情况及如何实施等。	《突发事件应急预案管理办法》第八条　总体应急预案主要规定突发事件应对的基本原则、组织体系、运行机制，以及应急保障的总体安排等，明确相关各方的职责和任务。 针对突发事件应对的专项和部门应急预案，不同层级的预案内容各有所侧重。……省级专项和部门应急预案侧重明确突发事件的组织指挥机制、信息报告要求、分级响应及响应行动、队伍物资保障及调动程序、市县级政府职责等，重点规范省级层面应对行动，同时体现指导性…… 第九条　单位和基层组织应急预案由机关、企业、事业单位、社会团体和居委会、村委会等法人和基层组织制定，侧重明确应急响应责任人、风险隐患监测、信息报告、预警响应、应急处置、人员疏散撤离组织和路线、可调用或可请求援助的应急资源情况及如何实施等，体现自救互救、信息报告和先期处置特点。 《中国民用航空应急管理规定》(CCAR-397)第三十七条　国家、地方人民政府及相关部门要求民航管理部门协助和配合应急处置时，民航管理部门应当依据相关规定、应急处置所需要的行动规模、民航运行情况与相关应急预案，启动相关等级应急响应，组织、协调相关企事业单位给予协助和配合。 企事业单位应当依据民航管理部门的部署和本单位相关应急预案，迅速制定落实方案并组织实施。 企事业单位有义务协助和配合国家、地方人民政府及相关部门的应急处置工作。

续表

《四川省通用航空条例》（草案代拟稿）	条文参考依据
第三十九条　省人民政府应当加强与国务院民用航空主管部门、地区民用航空管理机构和有关军事机关的沟通，协调通用航空应急救援区域及飞行运行，构建灾区临时起降点的特殊审批机制及应急救援中危险品运输的特殊许可机制。	《中国民用航空应急管理规定》（CCAR-397）第二十二条　民航管理部门应当组织、协调相关部门和企事业单位，共同建立民航协助和配合国家、地方人民政府及相关部门应急处置的工作机制。
第四十条　县级以上地方人民政府应当加强对于通用航空应急救援区域净空保护。	《重庆市民用航空条例》第四条第二款　区县（自治县）人民政府应当支持、促进本行政区域内民用航空发展，做好民用机场监督管理和安全环境保护的相关工作。
第四十一条　发生重大自然灾害、公共卫生以及危及社会安全稳定等突发事件时，县级以上地方人民政府可以向省应急管理部门申请调用通用航空单位参与应急救援，通用航空单位应当服从调用。 对于参与应急救援和应急救援日常训练的通用航空单位，县级以上地方人民政府应当安排财政资金给予适当补偿。	《江苏省民用航空条例》第四十一条　县级以上地方人民政府应当将通用航空单位纳入所在地应急救援体系，组织通用航空单位开展必要的应急救援培训和日常训练。 发生重大自然灾害等重大突发事件时，县级以上地方人民政府可以调用通用航空单位参与应急救援，通用航空单位应当服从调用。 对参与应急救援和应急救援日常训练的通用航空单位，县级以上地方人民政府应当安排财政资金给予适当补偿。
第四十二条　省人民政府应当加强通用航空单位救援能力动态数据库建设，确保数据准确完整。	《安徽省人民政府办公厅关于加强通用航空安全监管工作的通知》（皖政办秘〔2015〕106号）……二、强化监管措施（一）建立全省通用航空数据库。……建立全省通用航空数据库。定期开展通用航空数据核查，确保数据全面准确、动态更新……

续表

《四川省通用航空条例》 (草案代拟稿)	条文参考依据
第五章　产业促进	
第四十三条　市(州)地方人民政府应当遵循本省行政区域内通用航空产业发展规划,制定相应扶持政策并组织实施,依托优势资源打造示范性通用航空产业园区,推动本地区通用航空产业发展,落实全省通用航空产业发展总体布局。 省有关部门、地方民用航空管理机构、航空航天类央企在本省派出机构应当积极配合市(州)地方人民政府协调解决规划实施、产业发展、项目引进和建设中遇到的重大问题。	《江苏省民用航空条例》第四十五条　省人民政府及其有关部门应当按照资源优化、共同发展的原则,根据经济社会发展需要,加强部门工作协调,引导区域内机场、航空运输企业资源整合,形成民用航空发展合力。 省、设区的市人民政府及其有关部门应当加强与国务院民用航空主管部门、地区民用航空管理机构和有关军事机关的沟通协调,争取空域使用、航线开辟、航班时刻安排、机场改扩建等方面的支持,促进全省民用航空事业发展。 第四十六条　县级以上地方人民政府应当结合实际情况,加大机场建设、航线培育、通用航空发展、人才培养和引进等方面的政策扶持力度,采取促进本行政区域内民用航空发展的政策措施,由交通运输主管部门会同有关部门组织实施。 发展改革、财政、税务等有关部门应当保障符合条件的民用航空生产、经营、服务单位享受国家和地方扶持民用航空发展有关优惠政策。 《重庆市民用航空条例》第四十七条　市、区县(自治县)人民政府应当加强对规划、用地、资金、科技、人才以及配套基础设施的保障,协调民用航空管理部门及有关单位,促进本行政区域内民用机场建设、运营和航空产业发展。
第四十四条　县级以上地方人民政府及其有关部门应当支持发展围绕通用机场配套和依托通用航空资源的应急救援、公安警务、农林作业、工业作业、维修保障、物流运输(包括民用无人驾驶航空器物流递送)、低空旅游、短途运输等服务业。	《江苏省民用航空条例》第四十条　县级以上地方人民政府应当将应急救援、防灾减灾、医疗救护等公益类通用航空服务纳入政府购买服务范围,并加强经费保障;支持通用航空单位开展农业、林业、工业、环境监测等生产类通用航空服务。 鼓励有条件的通用航空单位拓展公务飞行、航空游览、飞行培训、私人飞行、通航短途运输等消费类通用航空服务。 《重庆市民用航空条例》第五十条　鼓励有条件的地区发展航空产业。鼓励优先发展围绕民用机场配套的航空维修、航空配餐、航空金融等服务业和依托民用航空资源的航空物流、通用航空、航空旅游、飞行教育与培训和高附加值产品制造业。

续表

《四川省通用航空条例》（草案代拟稿）	条文参考依据
第四十五条　具备装备制造产业基础的市（州）地方人民政府应当整合优势资源，支持发展通用航空飞机和民用无人驾驶航空器整机研发制造产业，以及通用航空关键核心零部件研制。	《四川省通用机场布局规划（2016—2030年）》……一、规划基础（一）发展基础……5.通用航空产业发展。我省是国内重要的航空制造基地之一，具有较完整的航空研发制造和配套产业体系，已建设形成我国重要的军用整机研制基地，军民用航空电子研发制造基地、机载设备研发制造基地，民机大部件国际转包生产基地，航空维修和再制造基地，民航信息系统、空管系统、机场弱电系统、航空物流系统、航空安全管理系统等研发制造基地。成都、自贡、德阳、绵阳等多地正规划或筹建通用航空产业园，加快通用航空产业的布局和发展。 《四川省通用航空产业发展规划（2019—2025年）》
第四十六条　市（州）人民政府及其有关部门应当根据本行政区域内的资源优势在通用航空应急救援、科普教育、社会治安、基础配套设施等公共服务领域给予重点支持，鼓励使用国产通用航空器，鼓励各地积极开展政府购买服务，落实航空器进口税收优惠政策。	《江苏省民用航空条例》第四十六条　县级以上地方人民政府应当结合实际情况，加大机场建设、航线培育、通用航空发展、人才培养和引进等方面的政策扶持力度，采取促进本行政区域内民用航空发展的政策措施，由交通运输主管部门会同有关部门组织实施。 发展改革、财政、税务等有关部门应当保障符合条件的民用航空生产、经营、服务单位享受国家和地方扶持民用航空发展有关优惠政策。 《重庆市民用航空条例》第五十条　鼓励有条件的地区发展航空产业。鼓励优先发展围绕民用机场配套的航空维修、航空配餐、航空金融等服务业和依托民用航空资源的航空物流、通用航空、航空旅游、飞行教育与培训和高附加值产品制造业。 开通国际和地区业务的运输机场所在地区县（自治县）人民政府应当支持和协调负责海关、检验检疫、边防、出入境管理等业务的部门采取通关便利措施，提高通关效率，为航空物流发展创造便利。

续表

《四川省通用航空条例》(草案代拟稿)	条文参考依据
第四十七条　县级以上地方人民政府应当保障通用航空产业发展所需的资源要素(包括土地、电力、天然气等)的供给,特别对列入省重点项目计划的通用航空重大项目,优先保障用地指标,优先审批、优先供地。	《重庆市民用航空条例》第五十三条　市、区县(自治县)人民政府应当建立民用航空发展统筹协调机制,及时协调解决民用航空发展和民用机场建设中的重大问题。 发展改革、交通、城乡规划、城乡建设、环境保护等相关部门应当按照政务信息资源共享要求建立政务信息实时共享机制,按照工程建设项目审批制度改革要求,通过并联审批等方式提高政务服务效率和质量。 《江苏省民用航空条例》第四十八条第二款　县级以上地方人民政府对基地航空公司所需用地指标、上缴税费等,在国家相关政策范围内给予政策优惠。
第四十八条　市(州)人民政府及其有关部门应当充分利用国家民航发展专项资金,创新财政资金支持方式,引导社会资本投入通用航空产业。	《江苏省民用航空条例》第四十七条　省、设区的市人民政府应当根据本行政区域民用航空发展实际,设立民用航空发展专项资金,用于引导、扶持、培育民用航空发展。民用航空发展专项资金的使用管理办法,由省、设区的市人民政府财政部门会同交通运输主管部门制定。 第五十三条第一款　鼓励以财政性资金设立的创业投资资金和风险投资机构加大对民用航空发展的投资力度;鼓励其他风险投资机构对民用航空发展进行投资。
第四十九条　市(州)人民政府及其有关部门应当支持搭建银企合作平台,引导银行业金融机构采用供应链融资、物流融资、租赁融资、项目融资、并购融资等多种融资方式支持通用航空相关产业发展。	《江苏省民用航空条例》第五十三条第二款　鼓励银行业金融机构对民用航空器制造、维修、购租以及机场及其配套基础设施建设提供优惠的信贷支持;鼓励各类融资性担保机构为民用航空基础设施建设项目提供融资担保。

续表

《四川省通用航空条例》（草案代拟稿）	条文参考依据
第五十条　县级以上地方人民政府应当根据区域优势资源和经济社会发展需求，支持建设通用航空固定运营基地（FBO）、航空飞行服务站（FSS）和航空维护维修基地（MRO），提高向服务范围内通用航空飞行活动提供“一站式”服务的能力，为通用航空飞机提供有力的技术和维护保障。	《四川省通用机场布局规划（2016—2030年）》……三、布局方案……（二）空间布局……3.配套保障设施。（1）飞行服务站（FSS）。在成都平原地区、川南地区、川东北地区、攀西地区、川西北地区分别选择一个综合型通用机场规划建设飞行服务站，负责该区域的飞行服务。（2）固定运营基地（FBO）。结合通用机场的功能定位，确定固定运营基地的类别及服务内容。具有公商务飞行保障功能的通用机场配套建设商务型 FBO，以短途客货运、作业飞行等功能为主的通用机场配套建设一般型FBO。（3）通用航空维修基地（MRO）。充分利用现有维修基础，结合四川通用机场功能体系的布局，在成都双流国际机场、成都天府国际机场等运输机场临空经济区规划建设MRO；同时，在规划建设通用航空产业园的通用机场，逐步构建专业型的通用航空 MRO；此外，其他通用机场结合规划建设的 FBO 开展部分维修、维护业务。 《甘肃省“十三五”通用航空发展规划》……（三）建设重点……5.全面推进通用机场配套设施建设。据通用机场布局方案及各通用机场的功能定位，在一类通用机场规划建设满足综合服务和飞行保证的固定基地运营设施（FBO）、二类通用机场规划建设连锁型的固定基地运营设施。有运输机场的市州，依托运输机场建设通用航空维修基地（MRO），酒泉肃州百立、张掖临泽等一类通用机场规划建设通用航空维修基地（MRO）。根据《试点地区通用航空飞行服务站运行管理规定（试用）》要求，在酒泉肃州百立、天水张家川 2 个通用机场规划建设飞行服务站（FSS），为通用航空提供 FSS 服务。

续表

《四川省通用航空条例》（草案代拟稿）	条文参考依据
第五十一条　市（州）人民政府及省、市有关部门应当支持本行政区域内各类创新主体搭建通用航空公共服务、对接交流和产业技术创新平台，支持通用航空企业、产品与服务走出去和引进来。	《重庆市民用航空条例》第四十七条　市、区县（自治县）人民政府应当加强对规划、用地、资金、科技、人才以及配套基础设施的保障，协调民用航空管理部门及有关单位，促进本行政区域内民用机场建设、运营和航空产业发展。 第五十一条　鼓励和支持航空运输企业、航空物流企业在本市设立运营基地，加大运力投入，打造航空货运网络体系和航空物流中心。 第五十二条　鼓励支线航空运输企业与其他航空运输企业开展合作，建立干线、支线协同发展网络，推动支线航空运输与旅游资源市场开发相结合。
第五十二条　市（州）人民政府应当组织有关部门采取措施，促进现代信息技术在通用航空领域的应用，加大对信息化与通用航空产业融合发展的扶持力度。	《江苏省民用航空条例》第五十二条　省、设区的市人民政府应当组织有关部门采取措施，促进现代信息技术在民用航空领域的应用，加大信息化与民用航空融合发展的扶持力度，推进智慧机场建设，提高民用机场公共服务水平。
第六章　创新发展	
第五十三条　省发展改革、人力资源和社会保障、经济和信息化、教育等行政部门应当结合实际情况和通用航空发展需要，制定推动通用航空发展的人才培养政策措施，加强通用航空制造、运营管理、飞行培训等领域的国际合作，重点加强飞行、机务、管制、物流以及民用无人驾驶航空器运行等通用航空发展急需的专业技术人才的培养及引进。	《江苏省民用航空条例》第四十六条　县级以上地方人民政府应当结合实际情况，加大机场建设、航线培育、通用航空发展、人才培养和引进等方面的政策扶持力度，采取促进本行政区域内民用航空发展的政策措施，由交通运输主管部门会同有关部门组织实施。 发展改革、财政、税务等有关部门应当保障符合条件的民用航空生产、经营、服务单位享受国家和地方扶持民用航空发展有关优惠政策。 第五十六条　省教育、人社等部门应当结合实际情况和民用航空发展需要，制定推动民用航空发展的人才培养政策措施，重点加强飞行、空管、机务、管理、物流等民用航空发展急需的专业技术技能人才的培养。

续表

《四川省通用航空条例》（草案代拟稿）	条文参考依据
县级以上地方人民政府应当鼓励本行政区域内民航院校扩大通用航空专业办学规模和提高办学水平，创新通用航空人才培养和专业认证模式。在通用航空专业建设、资金保障、教学训练用地方面给予优惠政策支持。 县级以上地方人民政府应当支持本行政区域内高等院校、科研院所与通用航空生产、经营、服务单位合作办学，扩大通用航空专业人才的培养规模，优化培养模式，提高教学水平，加快培养通用航空急需人才。	鼓励高等院校、科研院所与民用航空生产、经营、服务单位合作办学，扩大民用航空专业人才的培养规模，优化培养模式，提高教学水平，加快民用航空急需人才培养。 《重庆市民用航空条例》第四十九条　市人民政府及其相关部门应当将民用航空科技创新纳入科技计划体系，给予科研资金扶持，推动民用航空技术进步。 市、区县（自治县）人民政府及其相关部门应当结合民用航空发展实际需要，加强民用航空专业技能人才和高级管理人才的培养和引进工作。民用航空发展专业技能人才和高级管理人才依法享受国家和本市有关人才优惠政策。
第五十四条　县级以上地方人民政府应当支持开展青少年通用航空科普教育。鼓励各级各类学校开设通用航空兴趣班。重视通用航空科普设施和队伍建设，加强通用航空科普资源开发和媒体推广。	《国务院办公厅关于促进通用航空业发展的指导意见》（国办发〔2016〕38号）二、培育通用航空市场……（六）鼓励航空消费。推动通用航空与互联网、创意经济融合，拓展通用航空新业态。促进通用航空与旅游业结合，在适宜地区开展空中游览活动。鼓励发展飞行培训，提高飞行驾驶执照持有比例。积极发展个人使用、企业自用等非经营性通用航空，鼓励开展航空体育与体验飞行。利用会展、飞行赛事、航空文化交流等活动，支持通用航空俱乐部、通用航空爱好者协会等社会团体发展，扩大通用航空爱好者和消费者群体。
第五十五条　县级以上地方人民政府应当支持 中介机构围绕通用航空发展，开展技术交易、会展交流、项目管理等服务活动。	《江苏省民用航空条例》第五十八条　鼓励中介机构围绕民用航空发展，开展技术交易、航空物流、会展交流、项目管理、培训教育、人才引进等服务活动。

续表

《四川省通用航空条例》（草案代拟稿）	条文参考依据
第五十六条　充分发挥通用航空行业协会的协调组织作用，加强通用航空领域的交流，促进四川省通用航空产业发展。 通用航空行业协会应当加强行业自律和诚信制度建设，接受相关部门监督指导，引导通用航空经营者和使用者依法开展经营、飞行及生产活动。	《江苏省民用航空条例》第五十七条　鼓励设立民用航空相关行业协会。民用航空相关行业协会应当在标准制定、市场调查、信息交流、咨询评估、企业合作、行业自律、纠纷调解等方面发挥作用，并依法提供相关服务，维护民用航空生产、经营、服务单位合法权益。
第七章　附　则	
第五十七条　违反本条例（试行）的违法行为，依照有关法律法规实施处罚；构成犯罪的，依法追究刑事责任。	《中华人民共和国立法法》第七十三条 地方性法规可以就下列事项作出规定： （一）为执行法律、行政法规的规定，需要根据本行政区域的实际情况作具体规定的事项； （二）属于地方性事务需要制定地方性法规的事项。 除本法第八条规定的事项外，其他事项国家尚未制定法律或者行政法规的，省、自治区、直辖市和设区的市、自治州根据本地方的具体情况和实际需要，可以先制定地方性法规。在国家制定的法律或者行政法规生效后，地方性法规同法律或者行政法规相抵触的规定无效，制定机关应当及时予以修改或者废止。 设区的市、自治州根据本条第一款、第二款制定地方性法规，限于本法第七十二条第二款规定的事项。 制定地方性法规，对上位法已经明确规定的内容，一般不作重复性规定。 《江苏省民用航空条例》第五十九条　违反本条例规定的违法行为，有关法律、法规已有处罚规定的，按照有关规定实施行政处罚。 《重庆市民用航空条例》第五十四条　违反本条例规定，机场管理机构、航空运输企业以及其他驻场单位未履行相关运营、安全环境保护义务的，依照《中华人民共和国民用航空法》、《民用机场管理条例》等法律、行政法规的规定处理。

续表

《四川省通用航空条例》（草案代拟稿）	条文参考依据
第五十八条　本条例（试行）下列用语的含义： （一）低空空域协同管理是指在成都地区空中交通管制协调委员会的授权下，由四川省人民政府协同相关军民航管制部门，对四川省低空空域资源组织实施的统筹配置、运行管理和服务保障等相关行为和过程。实施协同管理的空域称为协同管理空域。 （二）通用机场净空保护区域是指为保障通用航空器起飞、降落安全，按照通用机场净空障碍物限制图和《民用机场飞行区技术标准》的相关要求划定的空间范围。 （三）通用机场电磁环境保护区域是指设置在通用机场总体规划区域内的无线电台（站）电磁环境保护区域和通用机场飞行区电磁环境保护区域。	《江苏省民用航空条例》、《重庆市民用航空条例》等均有类似规定的条款。
第五十九条　本条例（试行）自20　年　月　日起施行。	《江苏省民用航空条例》、《重庆市民用航空条例》、《四川省民用无人驾驶航空器安全管理暂行规定》等均有类似规定的条款。

后 记

2021年春，作为向我们党成立一百年华诞献礼的一本书稿，我和我的同事们历经半年多的撰写，顺利完成了二十七万余字的写作。

我们党的成立是开天辟地的一件大事，百年来，党领导全国人民浴血奋战，建立了新中国，也开启了中国民航发展的新篇章，可以说，没有党的领导，就没有中国民航的创立和发展。而在中国民航发展的七十余年的历程中，民航法治也经历了从无到有，从照抄苏联民航法规规章到吸收借鉴欧美民航法律体系，到逐步形成与国际民航法治接轨的具有中国特色的民航法治体系，也正是如此，中国民航法治体系的完善和发展促进了民航的建设和发展，也确保中国民航在全球保持良好的安全记录。

当然，中国民航法治体系的建设尽管取得了举世公认的成绩，但随着民航业的不断深入发展，法律法规规章制度仍然需要不断完善，譬如，当前的运输航空和通用航空要实现两翼齐飞的一个关键因素就是要进一步加强通用航空的法规规章体系建设。总之，要推进民航大国向新时代民航强国的历史性跨越，民航法治建设以及相关探讨和研究只有进行时，没有完成时。

借此后记，我衷心感谢以不同方式给予我帮助的家人、朋友和领导，没有他们的支持、帮助和鼓励，我们很难完成这本书稿。感谢我供职的中国民用航空飞行学院提供的经费支持，感谢与我一起并肩作战完成书稿的同事张世良教授（负责第五章撰写）、许凌洁教授（负责第三章撰写）、张军教授（负责第四章撰写）、饶璟讲师（负责第二章撰写）、石荔菠讲师（负责第六章撰写）、曾星助理（与我一起完成第一章撰写及统稿工作）。带着对党的一片赤诚，带着对民航的一片深情，带着对事业的无限追求，我们认真谋篇布局、收集材料、探讨研究，不辞辛劳地完成书稿的写作，真切体会到成功的喜悦，也感悟到中国民航法治建设的研究只有起点没有终点。

在写作本书过程中，借鉴和引用了不少学者的研究成果，为此向每一位带给我们灵感和启迪的专家学者们表示深深的谢意。

当然，由于作者水平所限，本书对中国民航法治建设的探讨和研究还有不少不足与缺陷，有待深入完善，真诚地期待着每位读者的批评指正。

车　彤

2021 年春于广汉鸭子河畔